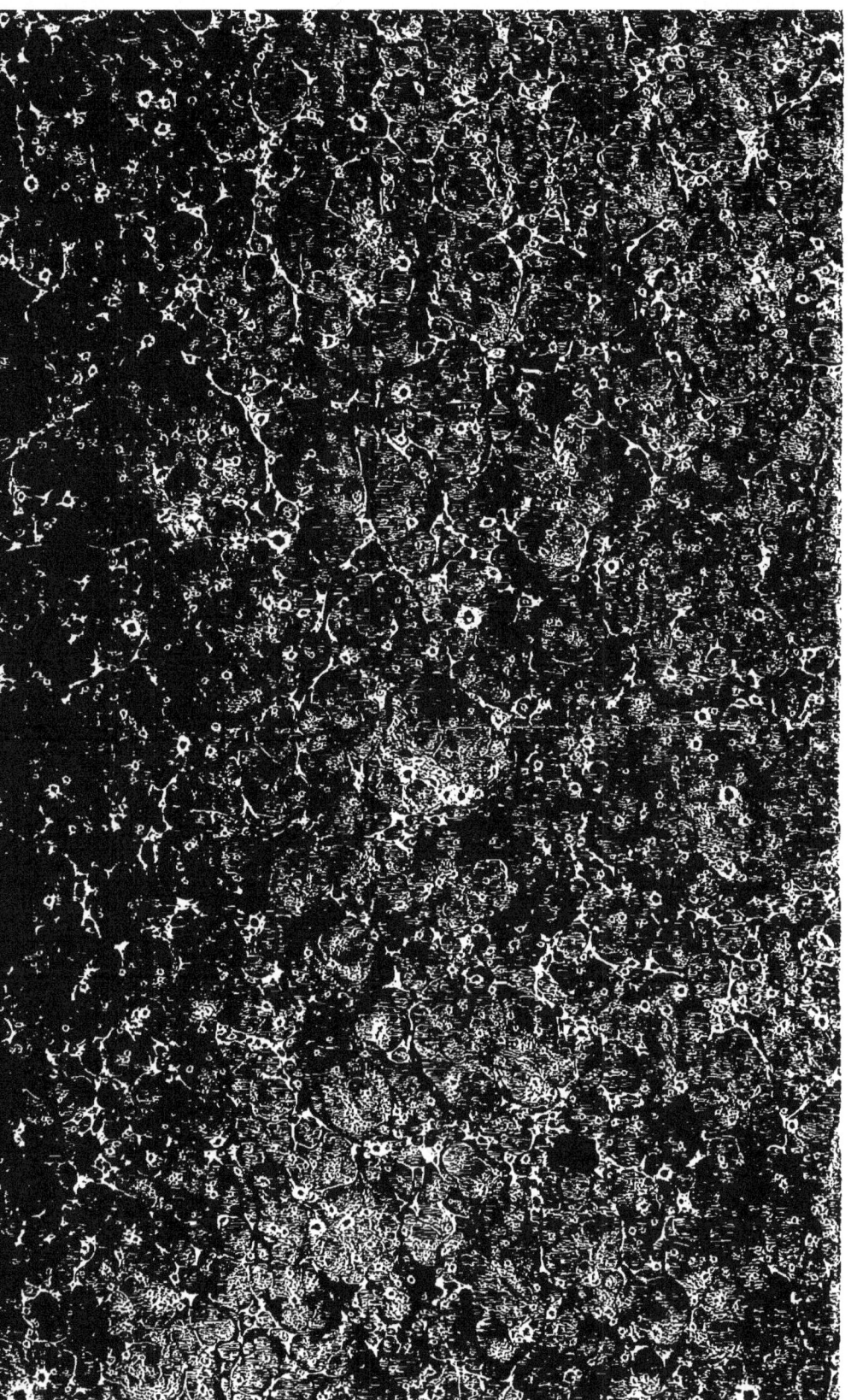

Le plan qui se trouvait entre les pages 204 et 205 a été arraché. 4 Sept. 1899.

LE LOUVRE

ET

LE NOUVEAU LOUVRE

CALMANN LÉVY, ÉDITEUR

ŒUVRES COMPLÈTES DE L. VITET
DE L'ACADÉMIE FRANÇAISE

Format grand in-18

L'ACADÉMIE ROYALE DE PEINTURE ET DE SCULPTURE. . . 1 vol.
LE COMTE DUCHATEL, avec portrait. . . . . 1 —
ESSAIS HISTORIQUES ET LITTÉRAIRES. . . . . 1 —
ÉTUDES PHILOSOPHIQUES ET LITTÉRAIRES, avec notice de
   M. Guizot. . . . . 1 —
ÉTUDES SUR L'HISTOIRE DE L'ART, 2ᵉ édition . . . . . 1 —
HISTOIRE DE DIEPPE, nouvelle édition. . . . . 1 —
LA LIGUE. — SCÈNES HISTORIQUES, précédée des ÉTATS
   D'ORLÉANS, nouvelle édition . . . . 2 —
LES ÉTATS D'ORLÉANS. . . . . 1 —

Format in-8°

L'ACADÉMIE ROYALE DE PEINTURE ET DE SCULPTURE, étude
   historique . . . . 1 —
LE COMTE DUCHATEL, avec portrait. . . . . 1 —
LE LOUVRE, étude historique, revue et augmentée. . . 1 —

TOURS. — IMP. MAZEREAU.

LE LOUVRE

ET

LE NOUVEAU LOUVRE

PAR

L. VITET

DE L'ACADÉMIE FRANÇAISE

NOUVELLE ÉDITION

AVEC UN PLAN DU LOUVRE AUX DIFFÉRENTS AGES

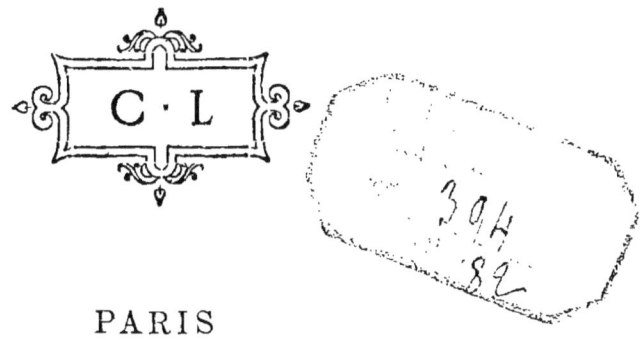

PARIS

CALMANN LÉVY, ÉDITEUR

ANCIENNE MAISON MICHEL LÉVY FRÈRES

3, RUE AUBER, 3

—

1882

Droits de reproduction et de traduction réservés

AVANT-PROPOS

Cet essai sur le Louvre a paru en septembre dernier dans un recueil périodique, la *Revue contemporaine*. Il avait alors pour but d'éveiller l'attention sur des travaux qui n'étaient encore qu'en projet, d'en signaler les dangers, de provoquer des études nouvelles.

Ce but n'existe pas aujourd'hui : les travaux s'exécutent sur tous les points à la fois, et les constructions parasites qu'il s'agissait de prévenir sont fondées et dépassent le sol. Il faut donc renoncer à tout espoir d'un projet meilleur.

AVANT-PROPOS

Mais, de quelque façon qu'on achève le Louvre, l'histoire de ce palais n'en restera pas moins un curieux sujet d'études. C'est à titre de document historique que nous réimprimons ce travail et, pour en rendre l'intelligence plus facile, nous y joignons un plan sur lequel on peut suivre des yeux les phases successives de ces vastes constructions.

Janvier 1853.

LE LOUVRE

L'achèvement du Louvre est décrété. En cinq années, dit-on, cette grande œuvre aura pris fin. La dernière Assemblée a si bien fait les choses, qu'elle a levé l'obstacle à ce prompt dénoûment. Plus de maisons, la place est nette; les travaux peuvent marcher grand train. Il n'est besoin que d'argent, la moindre chose en ce temps-ci. Quant aux plans, ils sont tout dressés, le sol se creuse, on commence à bâtir; il faut donc nous hâter si nous avons des vœux à exprimer, des avis à ouvrir, des écueils à signaler.

On s'était flatté d'abord que l'aspect des lieux suffirait pour modifier le programme officiel. Depuis que cette place est déblayée, depuis que l'œil y pénètre en tous sens, il est si clair qu'elle n'a tout juste de grandeur que ce qu'il en faut pour être majestueuse! Jusque-là le public hésitait; l'incertitude a disparu avec les derniers pans de muraille, et chacun se range au parti qui paraît à la fois le plus simple, le plus grandiose et le plus économique. Le public a-t-il tort? connaît-il bien la question? les raisons qu'on invoque pour rétrécir la place sont-elles solides, ou seulement spécieuses? Voilà ce qu'il faut examiner sans passion, sans prévention, en parfaite sincérité. Nous ne laisserons pas ignorer que le parti qui nous semble le meilleur n'est après tout que le moins défectueux. Dans cette difficile entreprise, il n'y a de choix qu'entre les inconvénients. Raison de plus pour y regarder de près, pour éviter la précipitation, pour laisser librement les idées se produire. C'est un genre de franchises dont jamais en ce pays on n'a dépouillé les beaux-arts. Dans des temps et sous des régimes où nul n'aurait osé parler ni des affaires d'État, ni souvent même de ses propres affaires, jamais on n'a fait au Louvre le moindre changement sans tolérer qu'on en parlât. Les brochures, les mémoires, les projets, les contre-projets, pleuvent sous Louis XIV en 1664, aussi bien que sous Louis XV en 1752.

C'était déjà quelque chose que de laisser ainsi parler, écouter eût été mieux encore. Combien de fois l'avenir du Louvre n'a-t-il pas été compromis par un peu trop d'impatience chez ceux qui commandaient les travaux, par leur désir, bien naturel, mais pas assez contenu, de jouir de leurs propres œuvres? La plupart des difficultés contre lesquelles il faut lutter aujourd'hui n'ont pas d'autre origine : on aurait pu les prévenir en consentant à y penser quelques instants de plus.

Voilà ce qu'apprend l'histoire du Louvre, histoire pleine d'enseignements. Commençons par la consulter. Pour parler des travaux à entreprendre, il faut avoir étudié les travaux exécutés, savoir à quelle fin ils furent conçus, par combien de vicissitudes, par quelle série de plans successivement abandonnés ce vaste ensemble de constructions s'est vu conduire à son état présent; quelles en sont les parties vraiment dignes de vénération, quelles sont celles qui n'ont droit qu'à un moindre respect. C'est le moyen de comprendre dans quel esprit tout doit être achevé; ce coup d'œil sur le passé est la plus sûre indication de la voie qu'il convient de suivre.

Nous ne dirons que peu de mots des temps antérieurs au seizième siècle, car c'est du monument actuel que nous parlons, et il n'y reste pas un vestige apparent d'une époque plus ancienne. Nous glisserons non moins rapidement sur les événements dont il fut le théâtre. C'est renoncer à un puissant attrait, mais nous risquerions trop d'oublier notre but. Ces murailles, depuis trois siècles, ont abrité ou vu passer devant elles presque toute notre histoire ! Ne portons pas notre ambition si haut. Contentons-nous de chercher dans le Louvre des secrets moins importants sans doute, mais moins connus, les secrets de sa propre histoire.

I

LE LOUVRE DEPUIS PHILIPPE-AUGUSTE JUSQU'A FRANÇOIS Ier

Qui n'a vu Paris du sommet du vieux Louvre ne connaît, à vrai dire, ni le Louvre ni Paris. Ces terrasses sont comme un vaste observatoire d'où la vue plonge sur toute la chaîne de bâtiments qui de la colonnade s'étend jusqu'aux Tuileries; le meilleur plan, la meilleure vue cavalière, n'en saurait donner une idée aussi nette, aussi saisissante, en faire aussi bien comprendre la grandeur, les divers caractères, les irrégularités et les complications. Puis, si les yeux se portent au delà, de quelque côté qu'ils se tournent, ils ont devant eux le tableau de Paris le plus complet et le mieux composé. C'est un panorama qu'on ne retrouve ni sur le Panthéon, ni sur le dôme des Invalides, ni même sur les tours Notre-Dame. Tous ces points culminants sont trop écartés du centre, trop voisins des faubourgs; de là des premiers plans sans style et sans grandeur, l'abaissement des principaux édifices dont l'éloignement fait descendre l'échelle, et la diminution de la ville elle-même qui semble en partie s'effacer et disparaître à l'horizon. Du haut du Louvre, au contraire, vous êtes au cœur même de Paris : tout ce qu'il renferme de constructions monumentales se dresse et se groupe autour de vous. La Seine s'élargit sous vos pieds pour embrasser dans sa courbe élégante cette île de la Cité qui semble s'avancer comme un imposant navire; puis, pour couronner ces magnifiques premiers plans, pour encadrer les longues forêts de maisons qui leur succèdent, à tous les points de l'horizon s'élève une ceinture de collines verdoyantes. Quand on veut mettre notre capitale à son vrai rang parmi celles qu'on lui compare, c'est sur ces terrasses de la cour du Louvre qu'il faut avoir soin de la faire admirer.

Eh bien, cette place si favorable pour contempler le moderne Paris est peut-être aussi la mieux faite pour rêver, pour imaginer le Paris d'autrefois, le Paris contemporain des premiers temps du Louvre. Commencez par reconstruire sur l'autre rive de la Seine, autour de ce clocher encore debout de Saint-Germain des Prés, la vaste enceinte crénelée de l'antique Abbaye, avec ses vigies, ses tourelles, ses herses, ses ponts-levis; puis tout à l'entour dans la plaine, en guise de ces îlots de maisons à quatre étages, faites renaître les métairies, les granges, et toutes les dépendances de la puissante communauté; en descendant cette rive gauche du fleuve jusqu'aux coteaux d'Issy, continuez à tout démolir pour laisser reparaître une immense prairie entrecoupée de bouquets de verdure, de petites pièces de vigne et de cultures potagères; des saules, des érables s'élèvent çà et là au bord de l'eau sur la berge mal endiguée; vis-à-vis, sur la rive droite, l'aspect est plus aride, le terrain sablonneux; on voit fumer des fours à briques et quelques pauvres *tuileries* ; mais au delà commence une épaisse forêt qui va se perdre à l'horizon et s'étend vers le le nord jusqu'au pied du Mont-Martre. Ne changez pas grand chose à la silhouette de ce coteau, laissez-lui même ses moulins. En inclinant vers l'est, vous rencontrerez, au delà du rempart de la ville, les tours de l'abbaye Saint-Martin et comme un gros village autour d'elles,

1.

le bourg l'Abbé; puis, en deçà du rempart, de longues files d'habitations et de jardins, qui descendent jusqu'à la Grève. Passant de là dans la Cité, vous y trouvez un amas de maisons plus serrées encore qu'aujourd'hui, et les deux tours de la Métropole, qui, quoique inachevées, dominent déjà la ville entière; enfin, après ce grand circuit, il ne vous reste plus qu'à regarder à vos pieds : transformez en créneaux et en machicoulis ces balustres italiens sur lesquels vous vous appuyez; de ce jardin de l'Infante, faites un fossé plein d'eau, séparez-le de la rivière par une double muraille garnie de robustes tourelles, et vous voilà transporté à six siècles en arrière, vous êtes sous Philippe-Auguste, au sommet de la grosse tour qu'il vient de faire construire, et si le soleil commence à baisser, vous pouvez voir le roi, au retour de la chasse, passer l'eau dans son bateau, s'en retournant coucher dans son palais de la Cité.

Telle est l'idée qu'il faut se faire de Paris et du Louvre au commencement du treizième siècle. Pour remonter plus haut les documents nous manquent. C'est en 1204, l'année où la tour fut construite, que pour la première fois le nom de Louvre est officiellement prononcé.

Jusque-là le champ n'est ouvert qu'aux conjectures. Les uns attribuent à Childebert, les autres seulement à Louis le Gros, les premiers fondements de ce palais de nos rois ; ceux-ci en font d'abord un rendez-vous de chasse, une louveterie, *lupara ;* ceux-là, dès l'origine un château fort, un moyen de commander la rivière en face de la Cité. Ce qui paraît probable, c'est qu'il existait là, avant Philippe-Auguste, un castel fortifié ; que ce roi y fit de grands changements, le reconstruisit même presque en entier, mais n'en fut pas le fondateur. Les historiens du temps désignent sans cesse la grosse tour bâtie en 1204, sous le nom de la tour *neuve,* ce qui constate évidemment l'existence d'autres tours plus anciennement construites.

A partir de 1204, les détails abondent. Nous savons les dimensions, la forme, la position de la nouvelle tour. Elle était moins élevée, mais à peu près du même style que le grand donjon de Coucy, cette merveille de notre vieille architecture militaire, bâtie cinq ans auparavant, en 1199. Elle occupait le centre d'une cour carrée, grande à peu près comme le quart de la cour actuelle du Louvre, et correspondant, sauf quelques toises de plus, à celui des quatre compartiments de cette cour qui en forme la partie sud-ouest[1] ; en d'autres termes, les murs extérieurs du Louvre de Philippe-Auguste, non compris le double revêtement des fossés qui les enveloppaient, s'élevaient, à l'ouest, sur les mêmes fondements que la façade actuelle qui regarde les Tuileries ; au sud, à peu près sur l'emplacement du gros mur qui sépare en longueur le musée des antiques du côté de la rivière ; à l'est sur une ligne correspondante, ou peu s'en faut, à la face orientale du pont des Arts, et au nord, sur une autre ligne aboutissant à l'extrémité septentrionale du pavillon de l'Horloge[2]. Ces limites sont importantes à constater, parce que nous allons voir jusqu'aux premières années du dix-septième siècle cette cour du Louvre, malgré toutes les transformations de son architecture, se maintenir constamment dans ses dimensions primitives.

Les constructions qui du temps de Philippe-Auguste formaient les quatre côtés de cette cour étaient purement militaires, destinées à la défense plus qu'à l'habitation, sans sculptures ni ornements, et percées çà et là de rares et étroites ouvertures. En les surmontant de ce

1. Voir le plan, n° 1.
2. Voir le plan, n° 2.

puissant donjon qui dominait la ville, en doublant leur épaisseur, en les armant d'innombrables tourelles, Philippe-Auguste voulait donner à son pouvoir, à sa suzeraineté, un aspect formidable. On sait qu'il y réussit, et que la tour du Louvre fut bientôt la terreur des vassaux révoltés. Le premier qui l'étrenna, Ferrand, comte de Flandre, pris au pont de Bouvines, y subit une longue captivité, et bien d'autres y furent enfermés après lui. Cette tour devint comme l'emblème de la puissance royale ; c'est d'elle que relevèrent les grands fiefs de la couronne, c'est à elle que les hommages furent rendus, « et maintenant qu'elle est détruite, dit Sauval, maintenant qu'il n'en reste pas la moindre pierre, c'est d'elle que relèvent encore nos ducs et pairs, c'est à elle, ou plutôt à son nom, et comme à son ombre, qu'ils doivent foi et soumission. »

Il ne paraît pas que les successeurs immédiats de Philippe-Auguste se soient beaucoup occupés du Louvre. Saint Louis, seul, passe pour y avoir fait quelque dépense : il y construisit, dans l'aile occidentale, une grande salle qui porta longtemps son nom ; mais toute sa prédilection fut comme on sait, pour l'ancienne demeure des rois ses aïeux, le palais de la Cité, et surtout pour Vincennes, qu'il ne cessa d'orner et d'agrandir. Le seul roi qui, depuis Philippe-Auguste, ait fait au Louvre de longs et importants travaux, c'est Charles V. A partir de son règne commence une nouvelle phase dans l'histoire de ce monument. Le château fort se transforme en palais, ou, pour mieux dire en un lieu habitable. Rien n'est encore changé à l'aspect extérieur des constructions : c'est toujours une forteresse hérissée de tours, entourée de larges fossés ; mais les ouvertures, jusquelà si rares et si étroites, s'agrandissent et se multiplient ; du côté de la cour, elles prennent les dimensions de véritables fenêtres, et sont défendues par des barreaux de fer moins massifs et moins rapprochés. Non seulement on se donne plus d'air et plus de jour, mais on demande à la sculpture de jeter quelque décoration sur ces murailles jusque-là toutes nues. Les mœurs s'étaient adoucies, les usages se modifiaient, un certain besoin d'élégance commençait à se faire jour. Ces premiers essais du luxe, ces superfluités dispendieuses qui révoltent Christine de Pisan chez une riche bourgeoise de son temps, la cour les accueillait avec ardeur, tout en restant le plus souvent fidèle aux simples et rudes habitudes de l'ancienne vie féodale. Contraste dont, à chaque pas, ce temps nous présente l'image.

Ce serait un long récit que de raconter tous les travaux de Charles V au Louvre. Sauval, qui au temps où il écrivait pouvait encore consulter les plus anciens registres des *Œuvres royaux* conservés au trésor de la chambre des comptes, entre à ce sujet dans des détails circonstanciés. Ses explications, quoiqu'un peu confuses, ont permis à M. de Clarac de tenter, dans l'introduction de son *Musée de sculpture*, une restitution, et même une représentation graphique du Louvre tel qu'il devait être vers les dernières années du sage et judicieux monarque. Ce travail, bien qu'en partie conjectural, est instructif et intéressant. De tout l'Essai historique de M. de Clarac sur le Louvre, c'est la partie la plus complète et la mieux étudiée. Nous sortirions de notre plan, si nous le suivions sur ce terrain. Bornons-nous à établir que Charles V ne changea rien, ni à la grande tour, ni au périmètre des quatre corps de logis principaux, reconstruits par Philippe-Auguste; qu'il se contenta de les surélever de quatre à cinq toises et d'augmenter le nombre des tours. Puis, pour arriver aux étages supérieurs, devenus les plus riches et les mieux accommodés, il appliqua, contre une des façades intérieures du château, une vis ou escalier circulaire, dont son architecte, son maître des œuvres, Raymond du Temple, avait fait, dit-on, une merveille, tant il l'avait découpée finement, tant il l'avait enrichie de sveltes statues et de tous les ornements élancés et délicats qui se marient si volontiers à l'élégant ogive du XIVe siècle.

Malgré ces embellissements, et bien qu'on eût ménagé aux appartements royaux des vues sur la rivière, le séjour de cette forteresse eût été par trop sévère, si le roi n'eût fait élever en dehors des fossés une multitude de bâtiments de service et d'agrément d'une hauteur moyenne, formant ce qu'on appelait alors des basses-cours, et reliés au château par des jardins peu spacieux, du côté de la rivière, mais assez étendus du côté opposé. On ne peut imaginer tout ce qui était entassé dans ces dépendances et dans ces jardins. Outre des logements pour tous les officiers de la couronne, nous y trouvons une ménagerie garnie de lions et de panthères, des chambres à oiseaux, des volières pour les *papegauts* du roi, des viviers, des bassins, des gazons taillés en labyrinthes, des tonnelles, des treillis, des pavillons de verdure, parures favorites de nos jardins du moyen âge.

Ces parterres à compartiments symétriques, jetés au milieu de ces bâtiments si divers de forme et de hauteur, ce chaos de tours et de tourelles les unes lourdement assises dans le fond même des fossés, les autres suspendues en quelque sorte aux murailles et soutenues en porte-à-faux, ce pêle-mêle de toits pointus, ici couverts de plomb, là de tuiles vernissées, les uns coiffés de lourdes girouettes, les autres de crêtes, de panaches reluisant au soleil : tout cela ne ressemblait guère à ce qu'on nomme aujourd'hui un palais de souverain ; mais ce désordre, ces contrastes, qui, pour nous, ne sont que pittoresques, parlaient alors tout autrement aux imaginations, et ne manquaient ni de grandeur ni de majesté.

Ce sont là les beaux jours du Louvre féodal, le temps où il fut vivant, peuplé et bien entretenu. Tout va changer à la mort de Charles V. Déjà ce roi lui-même avait fait à son Louvre quelque infidélité. L'hôtel Saint-Pol, fondé par lui dès le temps de la captivité de son père, s'était achevé et successivement agrandi sous son règne. Il en avait fait la plus commode et la plus magnifique habitation, assise au milieu de jardins qui de la rue Saint-Antoine descendaient jusqu'à la Seine. Il y avait là bien d'autres vergers, bien d'autres tonnelles qu'aux alentours du Louvre; aussi le nom en est-il resté à deux rues, la rue de *la Cerisaie* et la rue *Beautreillis*, seuls souvenirs encore vivants de cette royale demeure. L'hôtel Saint-Pol devint la résidence favorite de Charles VI et d'Isabelle, et, pendant tout ce long règne, le Louvre resta désert. Puis, quand le nouveau palais fut à son tour abandonné, le Louvre n'en eut pas meilleure chance. Charles VII, vainqueur et maître de Paris, ne put se résigner à vivre en un lieu qui réveillait chez lui de si tristes souvenirs. Il quitta donc l'hôtel Saint-Pol; mais, au lieu de s'en retourner au Louvre, il ne fit que traverser la rue Saint-Antoine et alla s'établir aux Tournelles.

C'était un séjour moins gai, quoique aussi spacieux. La place Royale tout entière et les maisons qui la bordent n'occupent qu'une partie de l'ancien parc des Tournelles. Cette maison, cédée par la famille d'Orgemont à Jean, duc de Berry, avait été par lui richement décorée. Dans les mains de Charles VII, elle devint un véritable palais, et fit bientôt oublier les agréments de l'hôtel Saint-Pol. On comptait aux Tournelles jusqu'à douze galeries, quantité de préaux et de chapelles, six grands jardins et un labyrinthe merveilleux, surnommé le Dédale. Louis XI, bien qu'il n'eût pas grand goût à imiter son père, adopta pourtant son palais; seulement, il s'amusa à détacher des jardins le fameux labyrinthe, et en fit don à Coictier, son astrologue, pour en jouir sa vie durant. Charles VIII, pas plus que son père, ne vécut beaucoup à Paris, mais, chaque fois qu'il y vint, c'est aux Tournelles qu'il descendit. Louis XII y mourut, et François Ier s'y fixa, après avoir enclos dans une même enceinte son propre hôtel d'Angoulême, qui n'en était séparé que par la petite rue des Égouts. Enfin, sans la mort violente de Henri II, sans cette douleur un peu fastueuse qui poussa sa veuve à demander au Parlement de faire raser les Tournelles, et d'en vendre le terrain pour y bâtir des maisons, il est possible que le palais de Charles VII eût conservé longtemps encore le privilège de loger nos rois, et peut-être en fût-il résulté quelque influence sur la destinée physique de Paris, notamment une moindre accélération dans ce mouvement de l'est à l'ouest, que, depuis cette époque, il a constamment suivi.

Tout le temps que la cour habita les Tournelles, le Louvre fut plus que négligé. On ne prenait souci que de ses fortifications. De loin en loin, on réparait aussi quelques salles où certaines cérémonies se célébraient encore : la chambre aux chartes et aux hommages, par exemple, la chambre aux joyaux, la galerie de saint Louis. Quant au reste du vieux manoir, après cent cinquante ans d'un complet abandon, il était tellement vermoulu que de tous les côtés il tombait en ruines; mais, par bonheur, la situation du Louvre est si belle, et ce vieux nom sonnait encore si bien à certaines oreilles, que François Ier s'en émut, et un jour la fantaisie lui prit d'entamer là quelques travaux. Il commença par faire détruire la grosse tour de Philippe-Auguste, qui jetait, disait-on, dans tout le château une grande obscurité et lui donnait un aspect de prison. La démolition fut entreprise en février 1527, et terminée seulement au bout de quatre mois, après des peines infinies. Cette masse avait duré trois cent vingt-trois ans. Quand la cour fut déblayée, le roi tenta de restaurer, dans un des corps de logis, les parties les plus délabrées, mais sans beaucoup de succès, et, au bout d'un an, il laissa là son entreprise. C'est seulement douze années plus tard, en 1539, à la nouvelle du prochain passage de Charles-Quint par Paris, qu'on vit se rallumer son zèle pour le Louvre. Au lieu de recevoir l'empereur dans son hôtel des Tournelles, ce qui eût été plus simple et plus facile, l'idée lui vint de ressusciter, en l'honneur de son hôte, le plus ancien palais de la vieille royauté française. C'était un tour de force. Des milliers d'ouvriers furent mis à la besogne; on couvrit les murailles de peintures et de tapisseries; la plupart des fenêtres furent agrandies et vitrées à neuf; sur les murs et sur les boiseries, on fit revivre, par la peinture et la sculpture, les armes de France que le temps avait effacées; on redora tout, jusqu'aux girouettes. Puis une bonne partie des gros murs et des tours qui occupaient l'espace entre les fossés du château et la rivière furent démolis, le terrain nivelé, et, sur cette longue rive, on disposa des lices pour les joutes et les tournois. Ces réparations improvisées coûtèrent un argent fou. Sauval nous raconte qu'un registre entier des *Œuvres royaux* était plein de ces dépenses et ne contenait autre chose. Aussi la réception fut-elle splendide; elle rappela les magnificences du Camp du Drap d'or. Mais notre monarque n'en reconnut pas moins, après la cérémonie, qu'il n'avait fait à si grands frais qu'une décoration de théâtre, et que, pour rendre habitable ce vénérable logis, il fallait s'y prendre autrement : ne plus restaurer, mais bâtir.

Ici, nous entrons en matière : c'est à l'histoire du Louvre actuel que nous sommes parvenus.

II

LE LOUVRE SOUS FRANÇOIS Ier
ET SOUS HENRI II

Lorsque François Ier prit cette résolution de jeter bas l'ancien Louvre pour le reconstruire à neuf, il y avait vingt-cinq ans qu'il régnait : on était en pleine Renaissance. L'art de bâtir avait subi, depuis le commencement du siècle une complète métamorphose. Notre vieux style à ogive, après trois cents années d'un règne incontesté, après avoir successivement passé de la plus noble simplicité à la plus élégante richesse, puis au luxe le plus désordonné, s'était en quelque sorte épuisé par l'excès de ses parures, comme un arbre en décadence, dont la sève déréglée produit surabondamment des fruits qu'il ne peut plus nourir et qui présagent sa fin. Ce style si puissant, si fécond, si bien adapté au genre de société sous laquelle il avait fleuri, était devenu peu à peu également hors d'état, soit de recouvrer sa pureté primitive, soit de se rajeunir par de nouveaux raffinements : son heure était venue; il ne pouvait échapper à une transformation. C'est alors qu'on vit apparaître cette alliance, parfois bizarre, mais toujours gracieuse, entre les dernières réminiscences de l'ogive dégénérée et les premiers retours de l'art antique, tel que l'avait ressuscité l'Italie, architecture de fantaisie et de transition, dont les premiers débuts remontent au déclin du règne de Charles VIII, qui se continue sous Louis XII, puis sous son successeur, et qui a laissé de si charmantes traces à Amboise, à Gaillon, à Blois, à Chambord et en tant d'autres lieux.

Mais ce n'était là que la première phase d'une révolution commencée. Pas plus en architecture qu'en politique on ne s'arrête sur une pente. De conséquence en conséquence, on va jusqu'au point extrême vers lequel on est attiré. Le but où tendait alors l'esprit d'innovation, c'était la restauration de l'architecture antique, le rétablissement des ordres grecs et romains commentés par Vitruve, la reconnaissance de leur légitimité, de leur autorité, de leurs prérogatives. Cette restauration s'était accomplie depuis longtemps et tout naturellement en Italie. En France, elle tombait des nues; provoquée seulement par quelques érudits, elle était sans racines sur le sol populaire. Notre vieux goût national, tout blasé, tout hésitant qu'il fût, n'était pas encore d'humeur à se rendre du premier coup; pour le faire abdiquer, il fallait user avec lui de précautions et de ménagements. Voilà pourquoi le commencement du seizième siècle se passa dans une sorte d'armistice et de neutralité : l'ogive ne régnait plus, les ordres ne régnaient pas encore. L'arc surbaissé, cette forme indécise, cette courbe complaisante, qui accepte toute espèce de supports et se prête aux plus fantastiques ornements, était le terme moyen qui ménageait la transition. Mais bientôt les novateurs gagnèrent peu à peu du terrain. Le goût, à son insu, se modifie par la logique : les raisons ne manquaient pas pour décrier ce mélange confus de tous les styles, et pour exalter, au contraire, ces formes savantes dont on souhaitait le triomphe exclusif. D'heure en heure, le public s'accoutuma à voir altérer, puis élaguer, puis proscrire tout élément décoratif suspect d'avoir appartenu, de loin ou de près, à la famille de l'ogive. Bientôt ce travail d'épuration fut à peu près complet, et, de ce jour, la première période de la Renaissance, la période capricieuse et mi-partie fut à son dernier terme. C'est le moment où nous sommes parvenus. Vers 1540, on peut dire que tout pacte, tout compromis avec les idées architecturales des treizième, quatorzième et quinzième siècles était définitivement rompu, et que de notre ancien goût national il ne restait plus vestige. La victoire était à l'Italie, ou plutôt à l'antiquité; nous aurions dit au paganisme, s'il n'était de mode aujourd'hui de faire de ce mot-là un si étrange abus.

Une fois engagés sur ce terrain de l'imitation, allions-nous perdre toute originalité? Le génie de l'architecture qui, dès le milieu du douzième siècle, s'était montré chez nous inventif et initiateur, allait-il sommeiller tout à coup? Après avoir servi d'exemple à l'Europe pendant les plus belles époques de l'ogive, ainsi que l'attestent d'irrécusables preuves que nos plus incrédules rivaux commencent à reconnaître, allions-nous, sous la discipline des ordres classiques, renoncer à toute distinction, à toute phisionomie nationale, et nous mettre purement et simplement à la remorque des Italiens?

L'exemple de l'Italie était alors doublement dangereux : d'abord parce que les constructions appropriées à son climat ne peuvent, dans aucun cas, être impunément transportées sous le nôtre; puis, outre cette raison permanente, parce que vers 1540 l'Italie, en architecture aussi bien qu'en peinture, et dans tous les arts du dessin, commençait à s'écarter du droit chemin, perdant de vue ses propres préceptes, s'ennuyant du simple et du vrai, et se laissant séduire aux premières amorces du style déclamatoire et théâtral.

Nous échappâmes, en grande partie du moins, à l'un et à l'autre de ces dangers, et pourtant la colonie italienne que le roi avait attirée à sa cour, la colonie de Fontainebleau, semblait devoir exercer sur notre avenir architectural une irrésistible influence. Bien qu'elle ne se composât pas d'architectes, elle en comptait quelques-uns, et tous les sculpteurs alors étaient architectes plus ou moins. Les Naldini, les Della Palla, les Antonio Mimi, ne maniaient pas seulement le ciseau, ils se mêlaient volontiers de bâtiments. Si on les eût écoutés, il n'aurait bientôt plus existé en France un seul comble apparent; ces toits d'ardoise, couronnant un édifice, leur semblaient une barbarie, un vieux préjugé gaulois, une tradition incompatible avec la belle architecture ; ils n'oubliaient qu'une seule chose, les 50 ou 60 centimètres de pluie qui chaque année tombent sur nos maisons, sans parler de la neige, de la grêle et des giboulées. D'un autre côté, tout en professant pour les *ordres* un respect religieux, et en ne jurant que par Vitruve, ils se permettaient déjà d'interpréter l'antique d'une façon tant soit peu cavalière, cherchant tous, plus ou moins, ce qui dans leur pays faisait alors fortune, la grandeur et l'effet, même aux dépens du naturel ; accentuant leurs profils un peu plus que de raison, et ne voyant que sécheresse et maigreur dans cette sage mesure qu'on nommait avant eux, finesse et distinction. Ainsi, d'une part, ne tenir aucun compte des plus impérieuses exigences de notre climat, et de l'autre nous faire franchir à pieds joints, dès notre entrée dans la carrière classique, la première phase de ce grand style, sa phase la plus pure, cette période de jeunesse et de candeur où s'étaient immortalisés les maîtres italiens du quinzième siècle, les Brunelleschi, les Alberti, les Baltazar Peruzzi, les Bramante, tel pouvait être le résultat des leçons, des exemples, et surtout des sarcasmes venus de Fontainebleau. On y riait de si bon cœur de tout ce qui n'était pas exactement conforme à la dernière mode italienne, et la renommée des rieurs était si grande ! elle imposait à tant de gens !

Par bonheur, il apparut chez nous quelques vaillants artistes, esprits droits et résolus qui comprirent que les lois de la nature doivent être, avant tout, respectées, et que les habitudes nationales méritent bien aussi quelques égards. Presque aussi familiers aux pratiques de l'art que les plus renommés de ces ultramontains ; tout aussi enflammés qu'eux pour la cause des ordres antiques, en possédant à fond la théorie, les vénérant avec une ardeur de néophytes qui excluait tout soupçon d'hérésie, ils furent en droit de se faire écouter, et exercèrent un salutaire ascendant sur toutes les constructions importantes entreprises de leur vivant. Grâce à eux, cette seconde période de la Renaissance, la période franchement classique, loin de nous faire descendre, comme on pouvait le craindre, au rang de plats imitateurs, nous ouvrit une route nouvelle et nous devint une occasion, sinon de grandes créations comme au treizième siècle, du moins de combinaisons vraiment originales, qui ajoutent encore un titre glorieux à ceux que nous ont conquis nos architectes du moyen âge.

Le premier pas dans cette voie fut un vrai coup de maître. Deux ou trois ans avant son exil, et déjà moins bien en cour, le connétable Anne de Montmorency, pour se désennuyer, s'était mis à reconstruire son vieux château d'Écouen. Peu amoureux de l'Italie, frondant le goût du roi pour les gens de ce pays, il avait pris un architecte français, Jean Bullant, et lui avait laissé le champ libre. Les façades s'élevaient et commençaient à prendre figure vers 1540, précisément à l'époque où François Ier se disposait à s'occuper du Louvre. Bientôt il ne fut bruit que des *bâtisses* du connétable ; c'était la première fois qu'apparaissait en France une construction aussi châtiée, aussi scrupuleusement fidèle aux préceptes de l'antiquité. Son aspect général n'avait pourtant rien d'exotique ni de par trop nouveau ; ces ordres si purement profilés, ces pilastres et ces chambranles d'une si juste proportion, ces détails si sobres et si bien encadrés, se mariaient sans effort et tout naturellement aux données principales et essentielles du château seigneurial français. Non seulement les grands toits à pente abrupte n'étaient pas sacrifiés, mais l'édifice était flanqué de pavillons en saillie, souvenir persistant des anciennes tours féodales ; un fossé en défendait l'approche, et du côté de la campagne les façades, par leur simplicité sévère, conservaient quelque chose des traditions du château fort, tandis que du côté de la cour leur délicate richesse annonçait le plus élégant palais. Le problème était donc résolu. La colonie elle-même ne trouva rien à mordre : il fallut reconnaître chez ce jeune Français une si sérieuse étude, un si parfait sentiment du caractère propre à chacun des ordres, en un mot une telle *maestria,* que le rire était hors de saison. Outre l'honneur historique d'avoir ouvert et inauguré la seconde période de notre renaissance, Jean Bullant venait de s'acquérir un éternel renom en créant un des types les plus exquis de cette gracieuse architecture. Écouen est un chef-d'œuvre original éclos d'éléments empruntés, combinaison à la fois si naïve et si savante que les ennemis du genre classique en admirent, malgré eux, l'expressif et pittoresque ensemble, tandis que les sectateurs fougueux du style antique, Chambray lui-même, en citent les moindres détails comme les plus excellents et les plus sûrs modèles de leurs doctrines et de leurs prescriptions.

Vers cette même époque, on commençait à parler de deux hommes à peu près du même âge que Bullant, et pouvant lutter avec lui de talent et de savoir : l'un était Pierre Lescot; l'autre, Philibert Delorme. Après avoir habité l'Italie pendant toute sa jeunesse, Delorme était venu, depuis quatre ou cinq ans, s'établir à Lyon, sa patrie. Il y avait déjà bâti quelques édifices, et conduit, au point où il était encore il y a peu d'années, le portail de l'église Saint-Nizier, lorsque le cardinal du Belloy, charmé de ce plan neuf et hardi, et de cet ordre dorique déjà sorti de terre, fit suspendre le travail pour emmener l'architecte à Paris. Quant à Lescot, autant qu'on en peut juger par les documents si rares que nous possédons sur son compte, il n'avait, pas plus que Bullant, visité l'Italie, mais, comme lui, il s'était initié, avec un admirable instinct, aux plus intimes secrets de l'art antique. A ces trois noms il faudrait joindre celui de Jean Goujon, si la principale renommée de ce grand artiste n'était due aux suaves productions de son élégant ciseau. Il n'en est pas moins vrai que, comme tous les sculpteurs de son temps, il cultiva l'architecture. Nous n'avons pas la preuve qu'il ait jamais conduit à lui seul la construction d'un monument; mais il ne resta certainement étranger ni à la conception, ni à l'exécution de la plupart de ceux qu'il contribua à décorer.

Tels étaient, à ce moment qui allait décider de l'avenir du Louvre, les jeunes et vigoureux représentants de l'art français. Avant de s'adresser à eux, le roi fit venir Serlio et lui demanda un plan. Serlio était un éminent artiste, bien qu'aujourd'hui il ne soit guère connu que comme théoricien et écrivain didactique. Élève de Baltazar Peruzzi, héritier de ses dessins, demeuré fidèle à ses préceptes autant qu'on pouvait l'être en ce temps-là, il avait quitté l'Italie à la mort de son maître, et travaillait à Fontainebleau depuis environ quatre ans. On ignore quel fut le plan que Serlio proposa pour le Louvre, mais, selon toute apparence, c'était quelque parti radical et dispendieux. Le roi recula, malgré son goût pour le faste et l'éclat; il était arrêté moins peut-être par crainte de la dépense que par respect superstitieux pour le vieux plan du Louvre : il voulait bien se faire un palais neuf, mais il souhaitait qu'il fût construit sur les mêmes bases que l'ancien. Utiliser ces antiquailles, s'enfermer dans cet étroit espace, avoir la moindre révérence pour Charles V et Philippe-Auguste, autant d'idées qui ne pouvaient entrer dans une tête italienne, si bien réglée qu'elle fût. Le monarque et l'architecte ne devaient donc pas s'entendre. Serlio s'en retourna surveiller les stucs de Fontainebleau, et au bout de quelques années vint se fixer à Lyon, où il mourut vers 1552. Quelques-uns ont prétendu que, ne pouvant faire accueillir ses idées, il avait eu le bon goût, ou, selon d'autres, la malice de dire que sa Majesté se serait mieux fait comprendre en parlant à un Français. Sincère ou non, le conseil fut suivi; le roi appela un Français : ce ne fut point l'architecte du connétable, malgré ses récents succès; son choix tomba sur Pierre Lescot.

Il avait eu la main heureuse; personne n'était mieux fait pour cette œuvre royale. D'un goût moins fin et peut-être moins pur que Bullant, mais plus correct et plus sûr que Delorme, Lescot l'emportait sur tous deux par la richesse et l'ampleur des idées; il avait dans l'esprit plus de feu, plus de poésie. Bullant eût mieux combiné son ordonnance, introduit dans le monument plus de calme et de repos, concentré sur quelques points seulement les ressources de l'ornementation, et satisfait ainsi les plus délicats connaisseurs; aux yeux de la foule, il eût manqué de puissance et d'éclat. Quant à Delorme, il se serait probablement permis quelque effet hasardé; son penchant naturel, fortifié par un si long séjour en Italie le poussait aux expériences; c'était un esprit inventif, propre à tout, calculateur, mécanicien. Bien qu'il ait fait, comme architecte, plus qu'il n'en faut pour s'illustrer, sa grande renommée est due à ses talents de constructeur et notamment à l'ingénieux système de charpente qui a conservé son nom. Lescot, surtout uni à Jean Goujon, était donc, à tout prendre, le choix par excellence; nous en avons la preuve dans le peu qui nous reste de l'œuvre commencée par ces deux grands artistes. On rencontre sans doute, en parcourant l'Italie, des monuments où les lois de l'art antique sont comprises et appliquées avec plus d'audace et de génie; on en peut voir aussi d'un fini plus précieux, d'une perfection plus délicate; mais où trouver cet ensemble harmonieux, cette richesse sans confusion, cette symétrie sans froideur, cette imagination abondante et tempérée, toujours maîtresse d'elle-même, unissant constamment aux plus ingénieuses saillies la finesse du goût et la rectitude du bon sens? C'est là, nous pouvons le dire, le grand secret de cette renaissance française dont le Louvre est la plus complète expression. N'oublions pas que nous parlons du Louvre de Lescot, c'est-à-dire d'un fragment seulement de la cour actuelle, et que, pour juger ce fragment, il faut, par la pensée, le débarrasser des voisinages qui l'écrasent, des additions qui l'énervent, et ramener le monument aux dimensions et au point de vue que voulaient lui donner ses auteurs.

Mais n'allons pas si vite; plus tard nous parlerons des accroissements, des retranchements, des mutilations de toute sorte qu'a subis le Louvre de Lescot. Au moment où nous sommes, il n'existe encore qu'en projet; rien n'est construit, les plans seuls sont sous les yeux du roi.

Savons-nous quels étaient ces plans? Sauval nous dit qu'au temps où il écrivait, de 1660 à 1680, ils avaient dès longtemps disparu; que ceux des architectes de Henri IV s'étaient également égarés et il donne à entendre que les uns comme les autres avaient dû être détruits pour couper court à de fâcheuses comparaisons et à d'importuns regrets. Pouvons-nous aujourd'hui combler cette lacune? Où retrouver la pensée complète de Lescot? C'est en vain qu'on s'adresse au seul auteur contemporain qui se soit sérieusement occupé du Louvre, et qui, par le burin mieux encore qu'avec la plume, nous l'ait décrit et représenté. Ducerceau n'a pas pris soin de nous apprendre comme pour les Tuileries et plusieurs autres châteaux, ce que le Louvre eût été si son auteur l'eût achevé tel qu'il l'avait conçu. Il se borne à nous en montrer isolément, et sans les rattacher à l'ensemble, diverses parties déjà terminées au moment où il gravait ses planches, c'est-à-dire au commencement du règne de Henri III, vers 1576. A cette époque Lescot ne dirigeait plus les travaux du Louvre, et voyait, au terme de sa carrière, son grand projet suspendu et ajourné, tandis que la reine Catherine, devenue, par la mort de son mari, maîtresse de bâtir tant quelle voulait et comme elle voulait, avait déjà soudé aux corps de logis édifiés par Lescot, et sans s'inquiéter d'en troubler l'harmonie, des constructions additionnelles orientées selon son goût et sa commodité.

Ducerceau n'est donc d'aucun secours pour rétablir le projet de Lescot; mais ce projet, tout le monde en convient, et c'est un point hors de question, n'ajoutait rien à l'étendue que le Louvre avait eue jusque-là, savoir, le quart à peu près de son périmètre actuel. Ce qui le prouve, c'est qu'au midi et au couchant, les deux seuls points que Lescot ait attaqués, ses constructions sont assises sur les gros murs de Charles V, entés eux-mêmes sur ceux de Philippe-Auguste[1]. Il y a donc lieu de croire qu'au nord et au levant il eût également planté ses nouvelles façades sur l'emplacement des anciennes. Seulement on peut se demander si, dans sa pensée, les quatre côtés du quadrangle devaient avoir la même élévation, et si l'un d'eux n'aurait pas consisté en une simple galerie à rez-de-chaussée, du milieu de laquelle serait sorti un pavillon servant de portail à l'édifice? Cette disposition, dont on a souvent usé depuis, notamment pour le palais de Luxembourg, n'était pas dès lors sans exemple. Nous ne voulons pas dire qu'on eût déjà renoncé à construire des châteaux fermés de toutes parts : les Tuileries, entre autres, com-

1. Ce fait a été mis hors de doute lors de la restauration de la salle des Cariatides, dirigée en 1808 par MM. Fontaine et Percier. Derrière le revêtement du gros mur qui fait face aux Tuileries, vrai mur de forteresse, épais d'au moins dix pieds, on reconnut un appareil ancien, servant de noyau à la muraille, et sur cet appareil un ornement sculpté dans le style du treizième siècle. Cette découverte ne fit que confirmer une assertion de Sauval, lequel, sur la foi des registres de la chambre des comptes, avait dit que Lescot, *bon ménager*, trouvant ce gros mur d'une grande solidité, s'en était servi dans le nouvel édifice.

mencées vingt ans après, devaient former, d'après le plan primitif, un parallélogramme bâti des quatre côtés ; mais la hauteur des constructions eût été calculée pour la grandeur des cours qu'elles devaient environner. Ici, au contraire, la cour, réduite au quart de ce qu'elle est aujourd'hui, pouvait-elle être enclose par quatre façades de soixante-quinze pieds de haut ? N'était-il pas besoin d'une échappée de vue, d'une ouverture pour donner large accès à l'air et au soleil ? Si tel était le projet de Lescot, c'est au levant qu'eût été pratiquée cette ouverture, car on sait, par tradition, qu'il devait placer de ce côté sa principale entrée.

Enfin on suppose encore, et même Sauval affirme, que Lescot, comme complément de son projet, se proposait de convertir en un vaste jardin tout l'espace compris entre le Louvre et l'enceinte de la ville. Cette enceinte, qui sous Philippe-Auguste suivait à peu près la direction de la rue des Poulies, laissant le Louvre en dehors des remparts, avait été sous Charles V portée à sept ou huit cents mètres en aval, environ sur l'emplacement occupé maintenant par la grille qui sépare la place du Carrousel de la cour des Tuileries. C'était donc

sur ce même terrain, aujourd'hui déblayé, que Lescot voulait faire le jardin de son Louvre. Projet facile alors, car dans tout cet espace on ne voyait que deux églises sans importance[1]; deux rues ouvertes, mais non encore bâties[2]; un hospice à peine fondé[3], plus, çà et là, quelques maisonnettes et force terrains vagues ; le tout pouvait à peu de frais être annexé à la demeure royale. Mais à cent ans de là, quel changement! Ce terrain s'était couvert de grands et somptueux hôtels, de maisons entassées les unes contre les autres, d'églises neuves ou agrandies ; les plus beaux noms de France et les plus beaux esprits étaient venus se loger là, attirés par le voisinage du Louvre et du palais Cardinal. Qui se serait alors imaginé que jamais l'occasion pût renaître d'accomplir le vœu de Lescot! Voilà pourtant que deux siècles après, le temps aidant et les millions aussi, ce terrain redevient libre, plus libre que jamais. Pour cette fois du moins, le verrons-nous se couvrir de verdure? Non, ce sont encore des pierres qu'on y veut entasser!
— Mais brisons là ; le moment n'est pas venu

1. Saint-Thomas et Saint-Nicolas.
2. Les rues Froidmanteau et Saint-Thomas.
3. Les Quinze-Vingts.

d'entamer ce sujet : nous n'en sommes qu'à François Ier.

A l'exception des points hypothétiques qui viennent d'être indiqués, le projet de Lescot, malgré la perte des plans, est aisément intelligible. Ce qu'il en a en lui-même exécuté suffit pour expliquer le reste. Lescot, comme Bullant, est avant tout architecte français ; il s'est inspiré des anciens, il s'est approprié leurs idées, mais il parle toujours sa langue maternelle, et même avec accent. Ainsi, loin de chercher à dissimuler ses combles, il les avait nettement accusés ; aux quatre angles de son édifice, il plaçait, conformément à l'usage, quatre grands pavillons carrés ; un seul a été bâti, celui du sud-ouest, connu longtemps sous le nom de pavillon du Roi, construction qui n'est plus apparente aujourd'hui, et s'est fondue dans le massif qui contient la salle des Sept-Cheminées, mais que par bonheur Ducerceau a gravée. Enfin Lescot, toujours dans ce même esprit de respect pour les traditions nationales, avait, à l'extérieur de son Louvre, adopté un tout autre caractère que sur les façades intérieures : du côté de la cour, la richesse et l'éclat ; par dehors, une sévérité robuste, dont la façade qui regarde les Tuileries peut encore nous donner l'idée, bien que devant cette muraille percée de si rares fenêtres il n'y ait plus trace du fossé qui la défendait et qui en dégageait le pied taillé comme un bastion.

Le roi avait le sentiment des belles choses : dès l'abord il fut épris des idées de Lescot, et pourtant son approbation définitive se fit assez longtemps attendre. Il portait dans ce genre d'affaires très grande réflexion, bien qu'il fût déjà d'âge et surtout de santé à vouloir aller vite. On se mit à démolir vers 1541 : on commença par l'aile occidentale. C'est là qu'étaient la grande salle de Saint-Louis, la librairie de Charles V, et d'autres galeries pleines de fines sculptures, déjà très délabrées, dit-on, mais dont la complète destruction n'en inspire pas moins un involontaire regret. Aujourd'hui nous porterions de tels débris dans un musée, il est probable qu'alors on n'en fit que des décombres.

Une fois la reconstitution commencée, elle ne marcha pas très rapidement, bien que Lescot se servît en partie, comme nous l'avons vu, des fondations anciennes. Les soins extrêmes qu'il s'imposa pour assurer la durée de son œuvre, la beauté de l'appareil dans cette partie de l'édifice, le choix des pierres, les joints imperceptibles qui les unissent, expliquent cette lenteur. A la mort de François Ier, en 1547, cette aile en construction n'avait pas atteint son sommet, du moins dans toute son étendue ; la démolition de l'autre aile, parallèle à la rivière, était à peine commencée, et le gros pavillon d'angle ne sortait pas encore de terre. Il est vrai qu'on avait débuté par l'utile : on avait reconstruit de fond en comble la grande cour des offices, une des principales basses-cours de Charles V, grand ensemble de bâtiments dont rien ne subsiste aujourd'hui, mais qui était considérable, puisqu'il occupait tout l'espace compris entre la porte actuelle du Musée et le pavillon de l'Horloge jusqu'à la hauteur de la rue Froidmanteau. Quant au Louvre lui-même, François Ier, nous le répétons, en fit plus abattre que bâtir, et mourut sans avoir vu, même en partie, l'effet de ce beau plan auquel son nom est pourtant attaché.

Il ne faut donc pas prendre à la lettre l'inscription latine, datée de 1548, qu'on grava sur une des portes de la salle des Cariatides [1].

---

1. Henricus II christianissimus, vetustate collapsum, refici cœptum a patre Francisco I rege christianissimo, mortui sanctissimi parentis memor pientissimus filius absolvit, anno a salute Christi MDXXXXVIII.

L'œuvre dont cette inscription annonce l'achèvement n'est assurément pas l'aile occidentale tout entière ; il fallait, lorsque François Ier mourut, en 1547, plus d'une année pour l'achever. Il s'agit à coup sûr d'une partie seulement de cette aile, et par exemple de la salle des Cariatides elle-même, ou, pour la désigner comme on l'appelait alors, de la grande salle des Gardes [1]. Postérieurement à 1548 on travaillait encore à l'aile occidentale, et les sculptures de cette façade, soit celles de Paul Ponce qui décorent l'attique, soit celles de Jean Goujon qui s'encadrent dans les ordres inférieurs, ont dû n'être terminées que vers 1556. Dans l'intervalle, Henri II avait presque achevé le pavillon du Roi, et l'aile méridionale était construite presque aux deux tiers de sa longueur quand la mort vint le frapper.

Cette mort prématurée, qui allait livrer la France aux discordes civiles, ne fut guère moins fatale au Louvre. On peut dire qu'elle a changé sa destinée. Si le roi eût atteint seule-

---

[1]. Quant aux cariatides, on ne peut pas admettre qu'elles fussent terminées en 1548, puisque Sauval dit avoir vu un marché passé avec Jean Goujon, le 5 septembre 1550, pour l'exécution de ces quatre grandes figures, moyennant 737 livres tournois, savoir : 46 livres pour un modèle en plâtre et 80 écus sol pour chaque figure.

ment le même âge que son père, Lescot terminait son œuvre. L'édifice une fois achevé, c'était chose autrement difficile d'en modifier l'économie, d'en altérer le plan. L'admiration presque unanime qui depuis trois cents ans s'est attachée à un simple fragment de ce chef-d'œuvre, et qui l'a protégé, en grande partie du moins, contre les vandales de tout genre, eût bien mieux fait respecter un ensemble harmonieux. Henri II était peut-être de tous les princes le mieux fait pour mener à bout ce grand projet, car il était constant aussi bien avec ses artistes qu'avec ses vieilles maîtresses. Pendant les douze années de son règne, il ne lui arriva pas un seul jour de détourner Lescot de ses plans, d'en imaginer de nouveaux, de les modifier dans un seul point essentiel. Il n'eut pas un caprice, pas même cette impatience que donne aux gens puissants la trop grande habitude de se faire obéir. Il comprenait qu'un prince doit bâtir pour sa renommée plutôt que pour son plaisir, et, bien que le séjour du Louvre eût été sa prédilection, il souffrit pendant ces douze années que le Louvre fût inhabitable et constamment embarrassé de pierres, de manœuvres et de maçons.

III

LE LOUVRE SOUS LES TROIS FILS DE HENRI II

Lorsque Henri II eut succombé, lorsque sa veuve eut quitté brusquement, comme un palais maudit, ces Tournelles ensanglantées, c'est au Louvre qu'elle courut s'établir. De ce jour tout fut changé. Au lieu de continuer à bâtir avec calme, sans se presser, comme il convient à une œuvre d'art, on n'eut plus qu'une pensée, on n'ordonna plus qu'une chose aux artistes, rendre le Louvre immédiatement habitable. Il fallut laisser là les travaux commencés. Non seulement il ne fut plus question d'entamer la démolition des ailes du nord et de l'est pour les remplacer peu à peu, comme on l'eût fait sous le feu roi, par des corps de logis et de grands pavillons d'une fastueuse solidité, mais on suspendit l'achèvement et la décoration de toutes les parties de l'édifice, même à peu près terminées, qui, n'étant pas destinées aux appartements de la reine et de ses enfants, n'avaient pas une urgente utilité. C'est ainsi que certaines sculptures, dans l'escalier de Henri II, par exemple, restèrent ébauchées et le sont encore aujourd'hui, les sculpteurs ayant dû concentrer subitement leurs efforts sur les seuls points qu'on tenait à terminer.

Lescot se prêta-t-il à cette façon nouvelle de travailler au Louvre? On l'ignore, mais à partir de ce moment son nom cesse d'être prononcé. Il est donc permis de croire qu'il déclina le rôle qu'il eût fallu subir. La reine ne voulait, à vrai dire, d'autre architecte qu'elle-même. Elle avait si longtemps été comprimée et traitée en petite fille, qu'en toutes choses il lui fallait une revanche et si, comme Florentine, la politique était de droit la première affaire de sa vie, bâtir était au moins la seconde. Elle n'avait eu le pouvoir jusque-là que de remanier obscurément, au fond de la Touraine, quelques vieux bâtiments; c'était à Paris, en plein jour, qu'il lui tardait de s'exercer. Interrompre les projets du roi, congédier ses amis, ses confidents depuis Montmorency jusqu'à Pierre Lescot, ce devait être pour elle, malgré ses larmes hypocrites, un souverain plaisir. Sa rupture avec Lescot ne fut pourtant pas complète : on voit qu'il garda les pensions, les abbayes et les canonicats dont il avait été comblé sous les deux précédents règnes. Elle le laissa probablement architecte du Louvre *in partibus,* architecte pour continuer son plan quand les malheurs des temps permettraient de le reprendre, ce qui ne devait plus arriver.

Toutefois deux années se passèrent sans que la reine ajoutât rien aux constructions de Lescot. La cour, pendant les dix-huit mois du règne de François II, constamment agitée comme l'État lui-même, n'avait cessé d'être voyageuse. On n'avait fait que traverser Paris, puis successivement on avait habité Saint-Germain, Fontainebleau, Poissy, Amboise, Orléans. Après l'avènement de Charles IX, un moment de relâche permit une installation plus longue. Le Louvre était en état de recevoir ses maîtres; les emménagements intérieurs avaient été menés grand train. Au-dedans du palais régnait une certaine harmonie apparente; mais à l'extérieur, quel bizarre spectacle ! quel étrange amalgame ! Deux siècles en présence, deux architectures si différentes, séparées par la largeur d'une cour ! D'un côté, des tours et des tourelles, des ponts-levis, tout l'appareil d'une forteresse, des ogives, des clochetons, des aiguilles, des statues dans leurs niches effilées suspendues à la grande vis de Raymond du Temple ; de l'autre, les lignes horizontales, les décorations symétriques, les profils réguliers des ordres corinthien et composite ; tout cela juxtaposé tant bien que mal, rattaché par des pierres d'attente et par des soudures en plâtras; du côté du midi, une façade aux deux tiers bâtie et pour l'autre tiers en décombres : jamais assurément l'aspect du Louvre ne fut ni ne sera plus curieux, plus piquant, plus pittoresque ; mais la reine Catherine, avec ses idées italiennes, ne devait trouver cela ni très digne ni très beau.

Ses appartements, placés, à rez-de-chaussée, en partie dans le pavillon du Roi, en partie dans le corps de logis méridional, alors inachevé, étaient, il faut le reconnaître, peu spacieux et d'une distribution peu commode. Elle ne put s'en contenter, et fit aussitôt construire à la suite du pavillon du Roi, et perpendiculairement à la Seine, un bâtiment allongé qu'elle rattacha par un couloir à ses appartements. C'est sur cette construction, d'abord simple rez-de-chaussée recouvert d'une terrasse, que quarante ans plus tard Henri IV éleva sa galerie des Rois, laquelle, à demi détruite par l'incendie de 1661, fut restaurée par Louis XIV et devint la galerie d'Apollon.

Pourquoi la reine avait-elle choisi une direction si peu en harmonie avec la pensée de Lescot ? S'était-elle seulement laissé séduire par le charme de l'exposition, par ce bel aspect de la Seine et de la cité au soleil levant ? ou bien n'avait-elle pas cherché un moyen expéditif d'élever son bâtiment ? Un ancien fossé du château descendait vers la Seine, précisément dans cette direction, et ce sont les deux murs, les deux revêtements de ce fossé qui paraissent avoir servi à asseoir la nouvelle construction dans toute sa longueur. Il est plus que probable que ces fondations toutes faites contribuèrent pour beaucoup au choix de l'emplacement. C'est donc une circonstance accidentelle, en dehors de toutes les combinaisons, de toutes les prévisions de l'art, qui fit prendre un parti plein d'embarras pour les accroissements ultérieurs du palais et qui suscite aujourd'hui même, comme on le verra bientôt, quelques-unes des difficultés contre lesquelles il faut lutter. Nouvelle preuve qu'en maniant la truelle, il y a toujours profit à ne pas se presser.

Sauval, sans expliquer les motifs de ce retour d'équerre, nous dit que la conduite des travaux fut confiée par la reine à un nommé Chambiche. Quel était cet artiste? Nous l'ignorons. Mais comme Sauval, en parlant du Primaticcio, a coutume d'écrire Primatiche, il y a lieu de penser que Chambiche était quelque Italien dont il estropie le nom. A consulter le monument, la conjecture se fortifie : cette terrasse à l'italienne, sans l'apparence du moindre toit, ces pilastres à bossages, et surtout cette alternance polychrome, ces jeux d'incrustations noires et blanches, révèlent presque à coup sûr l'œuvre d'un Florentin travaillant pour sa compatriote.

Catherine trouvait là une image en abrégé de ce qu'avait admiré son enfance. Quel contraste avec ces décorations accentuées à la française, qu'on voyait à deux pas de là dans l'intérieur de la cour! Il est vrai qu'aux deux extrémités de la construction nouvelle, par un reste d'égard pour Lescot, on avait répété un des principaux motifs de sa décoration extérieure, savoir cette fenêtre longue et un peu étroite, légèrement cintrée par le haut et couronnée d'un mascaron, genre d'ouverture qu'il avait déjà employé dans ses soubassements de l'ouest et du midi, et qu'il comptait probablement faire régner sur les deux autres façades. Quant on considère aujourd'hui l'extérieur de cette galerie d'Apollon rendue à sa splendeur première par la plus intelligente restauration, on est d'abord tenté de supposer que ce petit portique florentin, qui occupe le centre du rez-de-chaussée, est une addition faite après coup, et comme une pièce de rapport ajoutée sur un vieux fond. Mais il n'en est absolument rien. On ne saurait découvrir la moindre trace d'un remaniement; et la seule explication possible de cette disparate entre la partie centrale et les deux extrémités, est dans la prudence habituelle de la reine. Elle n'aura pas voulu se donner l'air de répudier absolument les projets de Lescot, peut-être même l'aura-t-elle consulté, et pour rattacher à l'ensemble du Louvre sa création un peu capricieuse, pour lui donner un air de famille avec le reste, elle aura prescrit l'emploi au moins partiel de ces fenêtres. A l'appui de cette conjecture, il faut faire remarquer qu'immédiatement après la galerie, et parallèlement à la Seine, nous retrouvons ces mêmes fenêtres au rez-de-chaussée du corps de bâtiment qui contient aujourd'hui le Grand-Salon, et que Sauval nous dit avoir été commencé par la reine Catherine, dans l'intention d'en faire son musée, *sa salle des antiques* [1]. Ce n'est pas tout : d'autres fenêtres de ce même dessin et pareillement au nombre de cinq, apparaissent encore, un peu plus bas, sur le quai, à côté du guichet Lesdiguières [2]; et, bien que tous les documents soient muets sur l'origine du bâtiment percé de ces cinq fenêtres, nous affirmerions volontiers que cette construction, qui fait corps maintenant avec la grande galerie, mais qui d'abord fut évidemment destinée à servir de pendant au pavillon du Grand-Salon, dut être conçue et commencée soit par la reine elle-même, quand elle s'occupait encore du Louvre, soit du moins sous Charles IX ou dans les premiers temps de Henri III, lorsque Lescot vivait encore, lorsque ses plans et peut-être sa personne conservaient un reste d'influence. Quant à supposer ces fenêtres contemporaines des travaux d'ensemble entrepris par Henri IV pour l'exécution de sa grande galerie, rien n'est moins admissible, comme nous le montrerons tout à l'heure. C'est seulement

1. Voir le plan, n° 5.
2. *Id.*, n° 6.

plus tard, sous Louis XIII et sous Louis XIV, que cette même forme de fenêtres sera de nouveau reproduite et copiée comme un signe d'unité et pour ainsi dire de parenté entre les anciennes et les nouvelles parties du Louvre. Il y aurait en vérité toute une histoire à faire sur cette fenêtre de Lescot, depuis le jour où, selon toute apparence, Catherine de Médicis en commanda l'usage à ce nommé Chambiche, jusqu'au temps où Perrault, non sans de longs combats, dut l'employer, par ordre, dans les soubassements de sa colonnade et de sa façade du midi.

Soit que la reine fût rebutée par cette nécessité de raccorder plus ou moins ce qu'elle voulait faire à des constructions existantes et à des plans consacrés, soit que son fils, entré dans sa quinzième année, commençât à contrarier ses projets, on la vit, vers 1564, se prendre d'indifférence pour les travaux du Louvre et former le dessein de construire pour elle seule, et entièrement à neuf, un palais plus magnifique et plus complet.

En dehors de la ville, immédiatement au delà des remparts, était un vaste terrain, nommé la *Sablonnière,* couvert de fabriques de poteries et de fours à briques, qui, depuis les temps les plus reculés, avaient fourni presque toute la tuile employée à couvrir Paris. Sur une partie de ce terrain, le sous-intendant des Essarts, en 1342, et sur l'autre, à une époque plus récente, Nicolas de Neuville de Villeroi, s'étaient bâti chacun une maison de plaisance assez considérable; puis, en 1518, François Ier, par voie d'échange, avait acquis ces deux maisons à la couronne. Catherine les fit raser ainsi que quelques tuileries voisines, et sur le terrain on commença la construction de son palais et la plantation d'un immense jardin. Pendant cinq ou six ans, elle poursuivit son œuvre avec cette activité fiévreuse qu'elle portait par moments aux affaires. Ne logeant que rarement au Louvre, elle s'était ménagé, près de la rue Saint-Honoré, une petite habitation d'où elle allait sans cesse surveiller et presser les ouvriers. Mais un beau jour cette ardeur s'éteignit : elle venait d'apprendre d'un de ses astrologues qu'il lui fallait se méfier de *Saint-Germain*, qu'elle mourrait près de lui sous les débris d'une grande maison. C'en fut assez pour que la reine, non seulement ne mît plus les pieds à Saint-Germain en Laye, mais renonçât aux Tuileries, attendu que ce terrain sur lequel elle bâtissait, bien que situé hors la ville, dépendait de la paroisse

Saint-Germain l'Auxerrois [1]. Elle fit suspendre les travaux et chercha dans Paris un autre lieu où porter sa demeure. Bientôt elle jeta les yeux sur l'ancien hôtel de Soissons, où plusieurs fils de France, depuis le temps de Saint-Louis, avaient fait leur résidence, et que Louis XII montant au trône avait cédé à une congrégation de filles repenties. Catherine parvint à déloger les saintes sœurs, et vers 1572 se mit à la besogne. Sans reconstruire l'hôtel de fond en comble, elle y fit de tels embellissements et de telles additions, qu'elle le transforma en un magnifique séjour. Il n'en reste, comme on sait, pas le moindre vestige, si ce n'est, contre la Halle au blé, cette grande colonne monumentale construite par Jean Bullant.

C'est en effet à l'ancien architecte du connétable, alors âgé de soixante ans au moins, que la reine avait donné la conduite de son hôtel de Soissons. Bullant s'y montra fidèle aux traditions de sa jeunesse et à ses allures françaises, ainsi qu'on en peut juger par les charmants

1. Les croyants à l'astrologie eurent grand soin de faire remarquer, après la mort de la reine à Blois, qu'elle avait rendu le dernier soupir entre les bras d'un prêtre nommé Saint-Germain, après le meurtre du duc de Guise, et, pour ainsi parler, sous les débris d'une *grande maison*.

dessins d'Israël Sylvestre et par une des vues microscopiques du grand plan de Gomboust. Il y avait environ huit ans que Bullant était au service de la reine : Catherine se l'était attaché, ainsi que Philibert Delorme, au moment où, renonçant au Louvre, elle avait commencé sa grande entreprise des Tuileries. Son choix n'était tombé cette fois ni sur un italien ni sur Lescot, nouvelle preuve que ce grand artiste avait dû jusque-là ne pas très bien vivre avec elle. La reine avait voulu que Delorme et Bullant, ces deux talents si divers, travaillassent en commun et sous sa direction, puis elle les avait spécialement chargés de certaines parties de l'édifice auxquelles chacun d'eux devait imprimer son cachet.

Delorme avait tracé le plan : ce plan, nous l'avons déjà dit, avait la forme d'un carré long ; et, bien que les deux grands côtés dussent avoir en longueur soixante mètres de moins que le palais actuel, comme l'intérieur du parallélogramme se divisait en trois cours d'inégale grandeur entourées de portiques et de galeries, on peut dire que le plan comportait près de quatre fois plus de constructions qu'il n'en existe aujourd'hui. De tout ce vaste ensemble il n'y avait d'achevé, au moment où la reine abandonna les travaux, que le pavillon central, les deux ailes ou galeries qui s'étendent à droite et à gauche, et les deux pavillons auxquels ces galeries aboutissent. Encore, de ces deux pavillons, un seul, celui du côté de la rivière, était complètement construit, l'autre sortait à peine de terre. Bullant en était l'auteur : Sauval nous l'apprend, et, à défaut de son témoignage, on reconnaîtrait aisément l'architecte d'Écouen aux profils si purs et si exquis de ces deux ordres ionique et corinthien qui forment les deux premiers étages. Quant à l'étage supérieur, il a perdu tout caractère et toute originalité. C'était là qu'apparaissait, comme au Louvre, un certain souvenir de la première renaissance française. De grandes fenêtres en saillie sur le rempant du toit, richement encadrées et réunies à mi-hauteur par des motifs de sculpture, couronnaient élégamment l'édifice. Tout cela n'existe plus depuis la restauration de 1660, et a été remplacé par un attique aussi lourd que monotone, percé de petites fenêtres carrées.

Si cette restauration a maltraité Bullant, la partie confiée à Delorme, savoir le pavillon central et les deux galeries, a subi, sans contredit, une transformation plus complète encore. Le pavillon ne consistait alors que dans le corps avancé du pavillon actuel ; il était peut-être trop petit pour la longueur de la façade ; démesurément agrandi, il est devenu une masse incohérente. Un dôme semi-sphérique, de la courbe la plus élégante, lui servait d'amortissement, on en a fait cette énorme calotte à quatre pans sous laquelle les quatre murs ont l'air de succomber. Nos regrets sont moins vifs en ce qui touche la suppression d'une double série de frontons bizarrement enchâssés les uns dans les autres, que Delorme avait fait régner au-dessus des arcades de ses deux galeries. C'était une de ces fantaisies dont il n'était pas assez sobre. Quant aux colonnes à tambours, une de ses combinaisons favorites, elles ont été conservées, sinon au premier étage du pavillon, du moins devant les trumeaux des deux galeries, et, grâce à la finesse des broderies qui les recouvrent, il n'y a qu'à s'en féliciter. Mais ce qu'il faut déplorer avant tout, c'est ce fameux escalier en spirale et à jour qui occupait tout l'intérieur du pavillon central, et que les contemporains appellent *le degré le plus vaste, le plus aisé et le plus admirable qui soit au monde*. C'était un chef-d'œuvre dans cet art de la coupe des pierres, où Delorme était vraiment supérieur. Il fut abattu en 1660, sous prétexte qu'il obstruait l'entrée du vestibule et empêchait d'apercevoir, dès la cour, l'enfilade et la profondeur des jardins.

On se demande pourquoi la reine, en transportant ses maçons et ses sculpteurs des Tuileries à l'hôtel de Soissons, n'y conduisit pas Philibert Delorme, en compagnie de Jean Bullant ? Ceux qui prétendent que Delorme était mort dès 1570 en donnent une raison péremptoire ; mais s'il est vrai, comme d'autres le soutiennent, qu'il ait vécu jusqu'en 1577, on est réduit à supposer, ou qu'il était tombé en disgrâce, ou qu'à ces derniers temps de sa vie il n'était plus en état de présider à des travaux. Pour Catherine aussi, les constructions de l'hôtel de Soissons devaient être un adieu à l'architecture. Ce fut sa dernière entreprise, au moins dans l'intérieur de Paris. L'âge calmait son humeur inquiète. Sans cesser d'agrandir sa nouvelle demeure et d'ajouter à ses décorations, elle l'habita avec constance pendant près de quinze ans.

Lorsqu'elle mourut à Blois, aux premiers jours de 1589, il y avait vingt-quatre ans qu'elle n'avait, par elle-même, rien fait construire au Louvre. Il n'en faut pas conclure que, dans ce quart de siècle, aucun travail ne s'y fût accompli. Charles IX et Henri III passent pour avoir entretenu, constamment et à grands frais, des légions d'ouvriers. Mais, au lieu d'entreprendre quelque chose de considérable, ils ne furent occupés l'un et l'autre qu'à disposer pour leur usage ce palais à moitié délabré, à moitié inachevé. Aussi ne reste-t-il aucune trace de tout ce qu'ils ont fait : ces constructions de circonstance et de caprice, jetées comme au hasard, sans ordre et sans concordance, devaient nécessairement disparaître le jour où de grands travaux d'ensemble viendraient à être exécutés. Et pourtant il y avait dans ces ouvrages éphémères de gracieuses conceptions et des efforts de talent qui méritaient un meilleur sort. Ainsi, la *Cour des Marbres*, bâtie par Charles IX, sur l'emplacement de l'ancien Jeu de Paume de Charles V, du côté de Saint-Germain l'Auxerrois, devait être décorée de très fines sculptures ; et si, comme le veut une vieille tradition, probablement apocryphe, Jean Goujon, le jour de la Saint-Barthélemy, reçut la mort au Louvre, son ciseau de sculpteur à la main, c'est à la Cour des Marbres qu'il devait alors travailler, bien plutôt qu'aux façades de Lescot. Henri III, de son côté, fit faire aussi des œuvres d'art. Son esprit était cultivé, et, malgré ses puérilités, il avait, comme sa mère, le goût des belles choses. Il ne construisit pas seulement des jeux de paume ou des manèges pour ses mignons, et des loges pour ses petits chiens ; il consacra beaucoup de soins et d'argent à élever un grand portique, du côté de la rivière, en remplacement du mur crénelé servant de première enceinte au jardin de la reine, nommé depuis Jardin de l'Infante. Sauval prétend même qu'il mit aussi la main au grand corps de logis méridional, interrompu depuis la mort de son père, et qu'il le conduisit jusqu'au bout, c'est-à-dire jusqu'à l'angle où finissait le reste du vieux Louvre. Ce fait n'est appuyé sur aucun autre témoignage. Quant au portique, c'est différent; il est souvent cité dans les écrits du temps comme une œuvre très élégante et très ornée. Il subsistait encore en 1656, comme on en peut juger par une des grandes vues d'Israël Sylvestre, où il est désigné sous le nom d'Orangerie. Il fut complètement détruit sous Louis XIV.

Ainsi, de toutes les constructions de Charles IX postérieures à 1565, et de toutes celles de Henri III, à l'exception d'une petite partie de l'aile méridionale, s'il est vrai qu'il s'en soit occupé, rien n'est parvenu jusqu'à nous.

Mais nous touchons à un règne où le Louvre va recevoir des accroissements, sinon toujours irréprochables, du moins de plus longue durée.

IV

LE LOUVRE SOUS HENRI IV

Henri IV, à peine en possession de Paris, forma le dessein de travailler au Louvre. Dès le printemps de 1595 il y mettait les ouvriers. Ce n'était pas qu'il y eût chez lui grand désir d'une installation meilleure. Il avait su vivre à la dure ; et si son palais portait les traces des six années du règne de la Ligue ; si Mayenne et ses démocrates amis le lui rendaient en triste état, c'était encore un assez beau logis. Pour sa part, il s'en serait accommodé. Mais la politique voulait qu'il ne laissât pas plus longtemps suspendus des travaux naguère si actifs sous ses divers prédécesseurs, travaux dont l'abandon, depuis le commencement des troubles, portait grand préjudice aux artistes et aux artisans de Paris. Henri savait aussi que, dans cette *grand'ville*, toujours ligueuse au fond, même quand elle bat des mains à qui la délivre de la Ligue, il faut qu'un roi soit toujours sur ses gardes et se ménage des issues. Il savait que son cousin, à la journée des Barricades, serré de près dans ce Louvre, n'avait dû sa liberté qu'aux bons jarrets de son cheval. Son instinct lui disait que ces extrémités, même au milieu des meilleurs règnes, au moment où elles semblent impossibles, peuvent renaître tout à coup; qu'en conséquence, il fallait prendre de prévoyantes précautions. Au lieu de tourner ses vues vers le Louvre lui-même et d'achever l'œuvre de Henri II, en donnant à l'habitation royale son complément naturel et nécessaire, il conçut un tout autre projet, pensée grandiose, dont le but apparent n'était que d'embellir Paris et la rive de la Seine, mais qui, au fond, devait servir à la sûreté du roi, et partant au salut du royaume. Cette pensée n'est plus visible aujourd'hui; mais on la saisit, pour peu qu'on se rappelle qu'au point où nous voyons les guichets de la place du Carrousel la ville finissait; qu'un rempart et un fossé en défendaient l'approche, et qu'au bord de la rivière, à côté d'une porte, en travers sur le quai, s'é-

4.

levait une haute tour crénelée, connue depuis Charles V sous le nom de la *Tour-Neuve*, et servant pour ainsi dire de pendant, sur cette rive de la Seine, à la Tour de Nesle, située sur l'autre rive, un peu plus en amont. Se ménager à volonté l'usage de deux palais, l'un dans Paris, l'autre en dehors, les mettre en communication prompte et facile, en franchissant le rempart, non par un souterrain, mais, ce qui revenait au même, par une galerie très élevée au-dessus du sol : tel fut ce projet, que Henri IV voulut mettre à exécution aussitôt après l'avoir conçu, « afin, nous dit Sauval,
» d'être, par ce moyen, dehors et dedans la
» ville quand il lui plairait, et de ne pas se voir
» enfermé dans des murailles où l'honneur et
» la vie d'Henri III avaient presque dépendu
» du caprice et de la frénésie d'une populace
» irritée. »

Pour mener à fin ce projet, que de choses il y avait à faire ! Les Tuileries, comme on l'a vu plus haut, étaient inachevées. Même en renonçant au vaste plan de Philibert Delorme, en se contentant de terminer l'édifice dans sa partie en construction, c'était encore, pour le relier à sa grande galerie projetée, une œuvre considérable. Ajoutons que, du côté du Louvre, tout était en question. Devait-on prendre pour tête des nouveaux ouvrages les constructions commencées par la reine Catherine, en dehors des données de Lescot? Valait-il mieux n'en tenir aucun compte et se créer un autre point de départ? Le parti qu'on allait prendre était pour l'avenir d'une importance capitale. Ce commencement de réunion du Louvre et des Tuileries allait donner de grandes facilités ou faire le désespoir des architectes chargés, plus tard, de relier complètement les deux palais.

Si le terrain eût été libre au sud-ouest du Louvre; si, pour donner à la future galerie un point d'attache convenable, il n'eût pas fallu raser et ce portique en terrasse que recouvre la galerie d'Apollon, et la salle des Antiques, qui lui était contiguë, et, très probablement aussi, cette autre construction qui se marie maintenant au guichet Lesdiguières, et dont nous avons signalé la symétrique correspondance avec la salle des Antiques; puis enfin, entre ces deux points extrêmes, une série de vingt-neuf arcades, formant alors probablement une autre espèce de portique, terminé, comme le premier, en terrasse; si tout cela n'eût pas été, sinon achevé, du moins à moitié construit (pour toute autre fin, il est vrai, que pour la réunion des deux palais, mais avec une solidité qui permettait de s'en servir pour les projets du roi), il est probable qu'on n'eût pas volontairement fait suivre à la grande galerie la direction qui lui a été donnée. Au lieu de planter le pavillon de Flore si proche de la rivière, on l'en eût un peu plus éloigné, conformément aux intentions de Delorme, et la grande galerie, pour venir en ligne droite se rattacher à ce pavillon, eût nécessairement incliné vers le nord-ouest, ce qui eût rendu beaucoup moins aigu l'angle rentrant produit par la rencontre du pavillon et de la galerie, et, par là, beaucoup diminué, sinon de fait, du moins en apparence, le défaut de parallélisme des deux palais. C'est là un point technique sur lequel nous n'insisterons pas. Nous montrerons plus loin, non seulement que la direction de cette grande galerie, mais que son style et son ordonnance seraient tout à fait inexplicables, si ceux qui l'ont construite n'avaient eu l'intention de respecter et d'utiliser des constructions existantes, respect dont il ne faut se plaindre qu'à demi, puisqu'à ce prix nous avons conservé d'aussi précieux vestiges du Louvre des Valois.

Ce qui nous importe maintenant, après avoir constaté quel était le projet de Henri IV, c'est de voir comment et par quelles mains ce projet fut exécuté. Henri arrivait tard pour lutter avec ses prédécesseurs, surtout avec Henri II et avec Catherine. Nos grands artistes du seizième siècle, les plus nobles représentants de la renaissance française, étaient tous au tombeau. La génération qui les suivait n'avait ni cette sûreté de goût, ni ce grand fonds d'imagination et d'originalité, qui jusque-là nous avaient garantis de la contagion italienne. Nous devenions plus enclins à chercher nos exemples au delà des monts, à mesure que cette imitation devenait plus dangereuse. Les deux seuls architectes italiens qui se fussent montrés fidèles aux traditions de l'antique et du quinzième siècle, et qui eussent tenté, au moins en théorie, d'y ramener leur patrie, tout en les reniant trop souvent dans leurs œuvres, Vignole et Palladio, avaient cessé de vivre. Maderne régnait seul, et le terrain se préparait pour les ambitieuses folies de deux hommes alors au berceau : le Bernin et le Borromini. En France, un seul artiste avait survécu aux Bullant, aux Lescot, aux Delorme. Plus jeune qu'eux, et souvent employé sous leurs ordres, témoin de leurs derniers travaux, Androuet Ducerceau devait passer pour leur légitime héritier. Aussi, dès qu'Henri IV eut conçu son projet, ce fut à lui qu'en fut donnée la conduite. Sous le règne précédent, dès 1578, Ducerceau s'était distingué dans les travaux du Pont-Neuf, qu'il commença, mais ne devait pas finir. Il avait ainsi confirmé le renom qu'il s'était acquis par des œuvres d'un autre genre. Dessinateur actif, grand collecteur des idées d'autrui, il avait passé sa jeunesse à copier des monuments, et la publication de ses dessins l'avait de bonne heure fait connaître. Comme Delorme, il avait visité l'Italie; comme lui, il était, par nature, plutôt ingénieur qu'architecte ; mais il n'avait, à beaucoup près, ni la tête aussi riche, ni l'esprit aussi fin. Son influence devait porter le dernier coup à l'école des Lescot et des Bullant; avec lui c'en était fait des profils purs et délicats, de l'art sobre et contenu; la France allait s'abandonner, sans goût, par mode, puis enfin par habitude, aux effets outrés et fastueux, aux grandeurs de convention.

Ce fut d'abord du côté des Tuileries que Henri porta l'activité de Ducerceau. Veut-on se rendre compte du prodigieux chemin qu'avaient fait, en trente années, nos idées architecturales ? Il suffit de jeter les yeux sur ce pavillon de Flore et sur le corps de logis qui le relie au pavillon de Bullant. Vit-on jamais plus monstrueuse alliance, plus choquante anomalie ? A côté de cette délicate finesse, comment comprendre cette gigantesque lourdeur ? Si, du moins, les deux édifices étaient isolés et indépendants ! Mais non ; c'est pour être accolées, accouplées, pour faire un tout, qu'on associe des formes aussi disparates, aussi antipathiques. Et c'est un contemporain, presque un élève des deux grands maîtres des Tuileries, qui s'en vient écraser leur œuvre sous ces massives additions !

Aussi le public de nos jours, ne pouvant supposer un si brusque revirement, s'est-il avisé d'imputer à Louis XIV, à son siècle, à ses idées, cette façon irrévérencieuse d'achever les Tuileries. Il n'en est rien pourtant. Louis XIV a fait, de 1660 à 1665, d'immenses travaux dans ce palais : il a bâti de fond en comble le pavillon Marsan et l'aile qui lui est attenante, mais sans rien inventer et en se bornant à reproduire le plan et le style des parties construites par Henri IV, à l'autre bout de la façade, du côté de la rivière. Il est vrai que cette restauration de 1660, en altérant profondément, comme nous l'avons vu, les conceptions de Delorme et de Bullant, ne s'est pas gênée non plus pour porter quelque atteinte à l'œuvre de Ducerceau ; mais de simples modifications de détail commandées par une nouvelle distribution intérieure du pavillon de Flore et surtout de l'aile contiguë, le percement de quelques fenêtres et le raccordement des trumeaux, n'ont rien changé, ni à l'ordonnance générale, ni aux membres principaux de l'architecture primitive. C'est là un fait qu'établissent surabondamment les dessins les plus exacts et les preuves les plus authentiques, recueillis notamment par Blondel, dans le quatrième volume de son *Architecture françoise*.

Ainsi, c'est bien Ducerceau qui a volontairement commis cette sorte de sacrilège envers ses prédécesseurs. Au lieu de se raccorder à leur style, il s'en est violemment séparé ; il s'est donné la triste gloire d'importer le premier parmi nous une des plus grandes licences du seizième siècle italien, l'ordre dit *colossal*, qui, de la nef de Saint-Pierre, s'est répandu dans le monde entier, et a complètement perverti la saine architecture.

L'intervention de l'ordre colossal [1] n'est

1. Nous disons l'*ordre colossal*, et non les ordres colossaux, bien qu'il puisse y avoir, à la rigueur, autant d'ordres colossaux qu'il y a d'ordres ordinaires. Nous sa-

pas seulement une licence, c'est une fiction malheureuse, qui, la plupart du temps, manque le but qu'elle veut atteindre : l'apparence de la grandeur. La loi suprême, dans l'art de bâtir, c'est la sincérité. Tout édifice doit franchement exprimer ses dispositions intérieures, et, avant tout, le nombre de ses étages. Du moment qu'on veut appliquer à nos habitations modernes, composées d'étages superposés, le système des ordres antiques, il n'y a qu'un moyen d'en rendre l'emploi pratique et raisonnable : c'est de superposer les ordres, comme ont fait les maîtres italiens du quinzième siècle et nos maîtres du seizième. Autant d'ordres que d'étages, et, par conséquent, pour chaque ordre un seul rang de fenêtres : voilà ce qu'exige le bon sens. Il est vrai que si votre monument est placé dans un espace immense, s'il doit être aperçu de très loin, le diamètre des colonnes

---

vons même qu'on peut citer quelques exemples d'ordres ioniques colossaux ; mais, en général, ce n'est guère qu'à l'ordre corinthien ou à son dérivé, l'ordre composite, que sont appliquées les proportions colossales. L'ordre composite étant même un peu plus élancé que l'ordre corinthien, et ceux qui emploient les ordres colossaux cherchant, avant tout, l'élévation, c'est presque toujours à la forme composite qu'ils donnent la préférence. Voilà pourquoi nous nous servons de ces mots : *Ordre colossal*, dans un sens pour ainsi dire absolu.

5

étant subordonné à l'élévation de chaque étage, vos ordres superposés risqueront de paraître mesquins. C'est là un inconvénient dont, avec du talent, on peut toujours triompher, en imprimant un caractère de grandeur aux lignes générales de l'édifice. Mais les Italiens du seizième siècle, au lieu de s'assujettir à ces efforts de talent, ont trouvé plus commode de remplacer, dans ce cas, les ordres superposés par un seul ordre, d'un seul jet, s'élevant, quel que soit le nombre des étages, depuis le soubassement jusqu'au sommet de l'édifice. Les colonnes devenant ainsi deux ou trois fois plus hautes, et l'ampleur de leur diamètre s'augmentant en proportion, elles peuvent braver la distance. Reste à régler le sort des fenêtres, car il en faut pour éclairer chaque étage. On a le choix entre deux expédients : ou bien on les asseoit sur des moulures horizontales correspondant à chaque plancher et se prolongeant à angle droit derrière les fûts des colonnes; ou bien, pour éviter l'effet désagréable de ces lignes contrariées, on supprime les moulures, la muraille reste lisse, et les fenêtres sont percées, pour ainsi dire, dans le vide, les unes au-dessus des autres.

Voilà l'histoire de l'ordre colossal. On voit ce

qu'il en coûte pour obtenir, par ce moyen, l'aspect de la grandeur. Mais l'obtient-on, du moins? Si, dans l'architecture à ogives, les supports apparents, colonnes ou colonnettes, montent quelquefois aussi d'un seul jet depuis le sol jusqu'au faîte, ce sont des fuseaux d'un diamètre si mince, comparé à leur hauteur, que, par une illusion dont les yeux ni l'esprit ne peuvent se défendre, ils augmentent, en apparence, la légèreté et l'élévation du monument, lui communiquent, pour ainsi dire, un mouvement ascensionnel, et l'enlèvent avec eux vers le ciel. Ici, au contraire, l'illusion est en sens inverse. Les supports, soit colonnes, soit pilastres, ont beau prendre une hauteur insolite, ils n'en restent pas moins assujettis aux règles ordinaires qui déterminent leur diamètre par leur élévation. De là, pour le spectateur, une méprise inévitable : si élevés que soient ces supports, ils ne lui semblent ni plus sveltes, ni plus élancés que s'ils étaient de hauteur ordinaire, puisqu'à mesure qu'ils grandissent ils s'élargissent d'autant; et d'un autre côté, l'échelle habituelle de la hauteur d'un édifice, le nombre des étages ne lui vient pas en aide pour rectifier ses premières impressions. Ne voyant qu'un seul rang de supports, il croit n'avoir qu'un seul étage devant les yeux, et, quelque grand qu'il le suppose, sa pensée reste en dessous des dimensions réelles de l'édifice. A quoi sert donc l'ordre colossal ? Il fait tout juste l'effet d'un ordre ordinaire vu au travers d'un verre grossissant. L'œil perçoit quelque chose de grand ; l'esprit s'obstine à n'y point croire. C'est là ce qui vous arrive, à Rome, au moment où vous entrez dans la nef de Saint-Pierre. Vous ne voyez qu'un seul rang de pilastres ; ces pilastres sont d'une dimension exacte et régulière ; dès lors, vous les supposez de hauteur raisonnable, et vous faites au moins vingt pas sous ces immenses voûtes, en vous croyant dans une église comme une autre. C'est par un effort d'esprit, après que le *cicerone* a bien voulu vous dire que ces deux bénitiers sont plus grands que des chaires à prêcher, que ces chérubins sont d'énormes colosses, c'est seulement alors que vous parvenez à comprendre que deux grandes églises pourraient tenir à l'aise dans cette église-là. Merveilleuse vertu de l'ordre colossal !

Voilà pourtant la découverte dont Ducerceau tenait à honneur de ne pas nous priver plus longtemps. De là les énormes pilastres qu'il a plaqués, et sur l'aile qui rattache au palais de Catherine le pavillon de Flore, et sur la grande Galerie, depuis ce pavillon jusqu'au guichet de Lesdiguières [1], et sur les deux premiers étages du pavillon de Flore lui-même; car, pour le troisième étage, il a fait la concession de lui donner un ordre à part.

Son importation n'eut pas d'abord un immense succès; on en peut juger par l'usage assez restreint qui fut fait de cette nouveauté pendant un siècle. Notre école, bien que dégénérée depuis que ses chefs n'étaient plus, n'avait pas encore renié toutes ses traditions. On ne repoussa pas d'emblée l'ordre colossal, comme on eût fait quelque vingt ans plus tôt, mais on l'accueillit froidement; on s'en servit avec sobriété, presque uniquement dans des portails et dans des frontispices, c'est-à-dire dans les seules circonstances où, sans ce dégager de la lourdeur qui lui est inhérente, il est au moins conforme à la raison. Ce ne fut qu'après la mort des de Brosses, des Lemercier et de leurs contemporains, que cette combinaison prit hautement faveur et commença cette grande fortune qui devait se perpétuer presque

---

1. Voir le plan, signe ' .

jusqu'à nos jours. Elle fut admise alors, non seulement au Louvre pour la seconde fois, non seulement dans d'autres demeures royales, mais jusque dans les maisons des simples particuliers. Employée avec mesure et discrétion comme sur les façades de la place Vendôme, elle est d'un effet tolérable. Dans le jardin du Palais-Royal, un de ses derniers théâtres, elle s'est donné libre carrière, et Dieu sait ce qu'elle a produit ! Nous devons le dire pourtant : le pire de ses méfaits est encore pour nous le premier ; non que ce pavillon de Flore et ses deux lourdes annexes ne soient, malgré leurs défauts, préférables, sous bien des rapports, à tels monuments conçus dans le même système ; mais parce qu'ils écrasent sous leur masse un gracieux et délicat chef-d'œuvre ; qu'en pareil voisinage, on est deux fois coupable de les avoir construits. Ces deux architectures sont tellement hétérogènes, qu'en les trouvant là réunies, vous êtes tenté de croire que ce palais a deux sortes d'habitants de race et de taille différentes ; qu'il a été bâti, d'un côté pour les hommes, de l'autre pour des géants.

Nous aurions bien d'autres querelles à faire à Ducerceau. Pourquoi, au premier étage du pavillon de Flore et de la Grande galerie, ces fenêtres si démesurément longues ? Pourquoi les avoir fait monter jusqu'au-dessous de la corniche, en traversant l'architrave et la frise, et en coupant, pour ainsi dire, par tronçons ces membres essentiels de l'édifice, ces points de force, ces soutiens de la couverture? Il y a là une licence toute gratuite, que rien n'explique ni ne justifie, et que Blondel appelle avec raison le plus grand des abus en architecture. Malheureusement cet abus fit bien vite autorité, et presque toutes les maisons du commencement du dix-septième siècle sont entachées de ce défaut. Que dire, enfin, de cette série de frontons posés, le long du quai, sur le devant de ce comble continu? N'est-ce pas le rebours du bon sens que d'appliquer sur les parties latérales d'un toit des frontons qui n'en peuvent être que l'extrémité, qui en représentent le pignon, la pente à deux égouts? Si, dans de petites dimensions, pour couronner le chambranle d'une fenêtre, on est autorisé par d'excellents exemples à user d'un fronton comme d'un motif de pure décoration, est-ce une raison pour s'en servir dans des dimensions décuples, et surtout dans une partie du bâtiment où le contresens devient si manifeste ? Sans doute, à côté de ces fautes, il serait juste de citer des détails heureux, et de reconnaître dans l'ensemble un certain aspect imposant et majestueux, bien que mêlé de quelque mollesse. Aussi, lorsque ce pavillon et les premières travées de la galerie commencèrent à prendre figure, la foule parut frappée de la grandeur du travail; mais les hommes de l'art murmurèrent. Le roi leur prêta-t-il l'oreille? Leur donna-t-il raison? Montra-t-il à Ducerceau moins de confiance? Est-ce un mécontement de cour qui réveilla chez l'artiste les rancunes du huguenot? Ou bien conservait-il, même aux jours de sa faveur, son vieux levain de calvinisme, et se laissa-t-il emporter à quelque imprudente bravade? On ne sait; mais il est certain qu'avant l'achèvement des travaux qui lui étaient confiés, Ducerceau, compromis dans une affaire de religion, fut obligé de quitter la France. C'était au moins deux ans avant 1604. Au commencement de cette année, le Pont-Neuf fut terminé, et son achèvement fut l'œuvre, non de celui qui en avait posé la première pierre, mais de Guillaume Marchand. Ducerceau, retiré en Allemagne, ne revit plus son pays; il mourut trois ou quatre ans après l'avoir quitté.

Le roi lui donna pour successeur Étienne

Dupeirac, un de ses peintres, très en faveur auprès de la nouvelle reine qui l'avait connu à Florence, et très versé dans l'étude de l'architecture. Dupeirac avait assisté Ducerceau depuis quelques années, et lui-même eut bientôt pour adjoint, et enfin pour successeur, Thibault Métézeau, le père de cet autre Métézeau qui construisit la grande digue de la Rochelle.

Tous ceux qui ont écrit sur le Louvre se contentent d'attribuer à ces changements d'architectes la différence de style si brusque et si tranchée qui divise, pour ainsi dire, en deux parties, cette grande galerie de Henri IV. Nous ne croyons pas que l'explication soit suffisante. La disparate est trop profonde pour ne tenir qu'à cette cause. D'un côté, un seul ordre, un ordre colossal; de l'autre, non seulement deux ordres, mais une sorte d'attique intermédiaire, ou, comme disent les Italiens, un *mezzanino*. Impossible d'imaginer deux dispositions plus dissemblables. Quel serait l'architecte, si jaloux qu'on le suppose de rompre avec son prédécesseur, qui, chargé de continuer un édifice en cours d'exécution, eût osé le transformer ainsi, à moins d'y être contraint, en quelque sorte, par de graves considérations de convenance ou d'économie? On comprendrait qu'il se fût permis des modifications, des variantes, un accent tout nouveau dans les détails ; mais un changement de fond en comble, c'est impossible. Admettons-le pourtant. Supposons que le roi, mécontent de la première moitié de sa galerie, ait dit à ses artistes : « Faites-moi tout autre chose. » Dans ce cas même, nous l'affirmons, ce n'est pas cette combinaison de deux ordres séparés par un attique qui eût été inventée. L'ordre unique n'avait pas réussi : on en eût proposé deux, pas davantage. C'était là le parti qui venait naturellement à l'esprit, sans recourir à ce demi-étage, à ce demi-ordre intermédiaire, supplément inutile, si la pensée de l'artiste eût été libre, pièce de rapport qui n'est évidemment qu'un expédient, un moyen ingénieux de tirer parti d'une construction existante et de la faire servir à l'établissement du plain-pied entre les deux palais. Si cette partie de la galerie n'est pas un remaniement, un rajustement, si elle a été conçue en liberté, nous demandons qu'on nous explique pourquoi elle est fondée à deux mètres au moins plus bas que la première partie ? Qui pourra jamais se persuader que Dupeirac et Métézeau eussent voulu, de gaieté de cœur, enterrer ainsi leur monument, pour l'unique profit de l'enrichir d'un *mezzanino* ? Car de cet enfoncement seul vient la possibilité d'introduire entre les deux ordres ce demi-ordre de contrebande. Si vous relevez le soubassement de deux mètres, il n'y a plus de place pour le *mezzanino*, la hauteur du premier étage étant fixée invariablement par le niveau du plain-pied de la galerie. La présence de cet étage intercalé est donc une preuve sans réplique que ce long soubassement toscan, à bossages et à pilastres accouplés, exixtait avant qu'Henri IV eût conçu le projet de sa galerie, qu'il contribua peut-être à lui en suggérer l'idée, et que les architectes, invités à ne pas le détruire, durent se creuser l'esprit pour trouver une ordonnance qui atteste sans doute leur rare habileté, mais qu'ils n'eussent jamais volontairement choisie. Libres de leurs allures, ils auraient commencé par relever leurs fondations; puis, au lieu de l'ordre toscan, ils en auraient pris un de proportions plus élancées, et auraient ainsi rejoint, très aisément et sans intermédiaire, leur ordre supérieur.

Faut-il des preuves d'un autre genre pour établir que ce portique en contre-bas n'est pas de la même main que les étages qui le surmontent? Qu'on veuille bien examiner la nature de l'appareil, la disposition des pierres, et surtout l'épaisseur des reliefs réservés pour la sculpture. Dans la partie intérieure, il y a plus de fruit, c'est-à-dire prévision chez l'architecte d'une sculpture plus grasse et plus fouillée, tandis que dans le haut il y a tendance à plus de sécheresse. Or c'est le contraire qui aurait eu lieu, si le tout eût été conçu en même temps. Enfin, par un renversement des notions les plus élémentaires, l'ordre toscan, qui, lorsqu'il s'associe à l'ordre corinthien, doit toujours être plus ramassé, est dans le soubassement plus élevé d'un module que l'ordre corinthien du sommet. Le niveau de la galerie commandait, comme nous l'avons vu, les dimensions de l'ordre supérieur : il est donc évident que l'inférieur a été trouvé tout fait, sans quoi des hommes imbus de leur Vitruve comme Dupérac et Métézeau lui auraient-ils jamais donné de pareilles proportions ?

Nous demandons pardon de tant insister sur ce point, mais l'existence préalable et indépendante de ce soubassement, eu égard aux constructions qu'il supporte, n'étant signalée nulle part, et les notions les plus confuses et les plus contradictoires régnant dans tous les documents écrits sur cette partie de la grande galerie, la conviction que nous a inspirée l'étude du monument lui-même demandait à être appuyée de ses principaux motifs.

Ce qui serait plus intéressant peut-être, ce serait de savoir quand et par qui ce soubassement a été construit. Mais sur ce point tout n'est que conjectures. Nous pouvons affirmer pourtant, quoi qu'on en ait pu dire, que Serlio n'y fut pour rien. Ce nom de Serlio a été prononcé par une de ces méprises si fréquentes chez nous dès qu'il s'agit de nos arts et de leur histoire. C'est un sujet qu'on s'est avisé si tard de traiter avec un peu d'exactitude ! Ces méprises une fois imprimées ont été gravement reproduites, et le sont encore aujourd'hui. C'est ainsi que, faute de la moindre critique, on a pu supposer que la partie de la grande galerie la plus proche du Louvre, et dans cette partie, non pas le soubassement seulement, mais les étages qui lui sont superposés, avaient été construits sous Henri II d'après les dessins de Serlio. Or, comment imaginer que les parties supérieures de cette galerie eussent pu être édifiées lorsque ni le grand salon ni la galerie d'Apollon n'existaient encore, pas même à rez-de-chaussée? Mais, sans parler de cette impossibilité évidente, il est parfaitement certain qu'Henri II n'eut jamais affaire à Serlio pour les travaux du Louvre, qu'à peine put-il avoir, au début de son règne, quelques rapports avec lui au sujet de Fontainebleau, et que Serlio, retiré à Lyon, y passa deux ou trois ans infirme et solitaire, et finit par y mourir dès 1552. Il n'y a donc aucun prétexte pour le faire intervenir dans des travaux commencés, tout au plus tôt, dix ans après sa mort.

S'il fallait absolument hasarder une conjecture, nous serions bien tenté de croire, comme nous l'avons indiqué déjà, qu'avant de s'occuper des Tuileries, Catherine aurait jeté là, le long de l'eau, comme les amorces d'un palais à son usage, sorte d'annexe du Louvre, qu'elle aurait bientôt abandonné pour sa grande conception. Ne pourrait-on pas supposer que, de même qu'au rez-de-chaussée de la galerie d'Apollon, elle s'était servie, pour aller plus vite, des revêtements d'un ancien fossé, ici elle aurait pris pour base un des murs crénelés des basses-cours de Charles V, lesquelles, comme on sait, étaient situées en contre-bas des parapets du Louvre. Cette circonstance expliquerait un fait extraordinaire et sans motif, la fondation de cette partie de la galerie sur un sol exceptionnellement si bas. Ajoutons que les bossages et le caractère florentin de ce soubassement lui donnent une certaine analogie avec le petit portique de la galerie d'Apollon et deviennent un argument de plus ; enfin, on pourrait aller jusqu'à se demander si Delorme lui-même n'aurait pas mis la main à ce travail ; nous y retrouvons ces colonnes à tambour qui lui tenaient si fort au cœur, et qui probablement plaisaient aussi à la reine, puisqu'elles étaient en si grand nombre aux Tuileries.

Il faut pourtant à cette conjecture en opposer une autre qui n'est guère moins plausible. Ne serait-ce pas Henri III qui aurait ébauché ce travail ? A la manière un peu confuse dont l'*Estoile* et d'autres contemporains parlent du Louvre sous ce règne, il est presque permis de croire qu'indépendamment du portique servant d'enceinte au jardin de la Reine, il en fut entrepris un autre également vers la rivière. Or, ce long soubassement, qui, du côté du nord, se compose d'une série d'arcades, n'était-il pas un véritable portique ?

Après tout, que ce soit Henri III ou sa mère qui ait fondé, préparé, dégrossi cette construction, il n'en est pas moins vrai que ce fut Henri IV qui la fit décorer. Les emblèmes de tout genre entremêlés à la décoration ne laisseraient à cet égard aucun doute, quand même nous n'aurions pas les affirmations de

Sauval, témoin de plus en plus sûr à mesure que les temps dont il parle sont plus voisins de lui. Les deux sceptres de France et de Navarre, les bandelettes qui les unissent, portant cette devise : *Duos protegit unus*, les H couronnées au milieu de quatre jambages indiquant le chiffre IIII, voilà certes des preuves qu'on ne peut récuser, sans en compter une autre, que Sully devait trouver mal séante, allusion un peu trop publique à un amour qui faillit, il est vrai, devenir légitime, les initiales du nom de Gabrielle, entrelacées aux H couronnées. Ces chiffres presque effacés naguère sur toute la façade du midi, Sauval nous disait les avoir vus et s'étonnait que Marie de Médicis au temps de sa régence ne les eût pas fait biffer. Malgré cette assertion, nous aurions été tenté de croire que Sauval avait de mauvais yeux, si, du côté du nord, à la cinquième travée, il n'existait encore un de ces chiffres dans un état de complète conservation et échappé, on ne sait comment, ainsi que les attributs royaux qui l'entourent, aux mutilations de 93. Le fait n'est donc pas contestable, et nous devons reconnaître qu'en ce genre de sculpture Henri IV avait fait un pas de plus qu'Henri II, car celui-ci du moins se sauvait par une équivoque :

Deux C placés dos à dos dans l'intérieur d'un H prennent en se soudant aux deux jambages l'aspect de deux D dont l'un est renversé ; les initiales de Catherine cachaient donc celles de Diane, et l'hommage allait à son adresse sans que la morale eût rien à dire. Ici, au contraire, ces G sont moins accommodants. Marie de Médicis ne pouvait s'y méprendre, et nous trouvons, comme Sauval, qu'il lui aurait été permis de les faire disparaître. Mais l'habile architecte qui vient de diriger la restauration de cette façade n'avait pas les mêmes droits, et c'est avec raison qu'il a rétabli ces chiffres partout où ils ont existé.

Malgré ces témoignages répétés qui impriment le nom de Henri IV sur toute cette décoration, la sculpture en est si souple et d'un faire si charmant, il est si rare de retrouver cette finesse de taille et de dessin dans les monuments de ce règne, et l'analogie est si grande entre ces contours à la fois arrêtés et moelleux, cette grâce fluide et coulante, et la manière de nos derniers maîtres du seizième siècle, qu'involontairement on se demande si quelques parties de cette décoration n'auraient pas été commencées dès le temps de la construction première et si la nécessité de se raccorder à ces fragments n'aurait pas engagé les sculpteurs de Henri IV dans une voie que par eux-mêmes ils n'auraient pas suivie. Sur cette question de détail, Sauval n'est d'aucun secours : il nous dit seulement que la charmante frise de ce soubassement, représentant des petits génies marins si gracieusement groupés, est l'œuvre de Pierre et de François l'Heureux. Ces artistes en avaient-ils trouvé une partie commencée ? Sauval n'en dit mot. Quant au côté du nord, le même doute ne se présente pas : là tout porte bien sa date; l'accent de la sculpture est tout autre et beaucoup plus conforme au style habituel de cette époque. Il est vrai que ces tailles un peu lourdes n'ont pas reçu la dernière main; les sculpteurs, on le voit, ont abandonné leur travail sous le coup de la mort du roi et ne l'ont plus repris. Ils n'en avaient ébauché que le tiers; le reste est aujourd'hui, comme il y a deux cent quarante ans, simplement équarri. Mais quel admirable champ pour le ciseau ! Quand on voit du côté de la rivière cette même façade, maintenant qu'elle est si habilement et si fidèlement rajeunie, on ne peut s'accoutumer à l'idée que bientôt, si rien ne modifie le projet approuvé, une moitié de celle-ci sera comme emprisonnée dans les cours de service, et l'autre à jamais noyée dans des masses de moellons ! Nous ne voulons pas croire qu'un pareil sacrifice puisse être sciemment consommé. N'est-ce pas un devoir que d'achever cette façade, et surtout de la laisser voir ?

Si longuement que nous ayons parlé des travaux de Henri IV au Louvre, nous sommes loin d'avoir tout dit. A peine avons-nous indiqué la galerie des Rois, c'est-à-dire le surhaussement de l'aile bâtie par Catherine perpendiculairement à la Seine, le raccordement de cette galerie avec le pavillon du Roi, l'achèvement et la surélévation de la salle des Antiques ! En ajoutant à ces travaux le prolongement des Tuileries du côté de l'eau, et enfin la grande galerie tout entière, on trouve une étendue de constructions monumentales égale à près d'un quart de lieue. La quantité sans doute est dans ce vaste ensemble, ce qui étonne, ce qu'il faut admirer plus encore que la qualité, bien qu'il y ait, nous l'avons vu, des beautés du meilleur aloi dans la partie décorative et même dans l'architecture, à mesure surtout qu'on se rapproche du Louvre, comme si le voisinage et le souvenir de Lescot avaient eu cette heureuse influence. Mais le travail principal de ce règne, le but de quinze ans d'efforts, c'est la grande galerie. Elle était terminée, c'est-à-dire élevée et couverte d'un bout à l'autre, avant la mort du roi. Le fait est attesté par le plan cavalier de Quesnel, daté de 1609, et confirmé par un plan plus finement gravé, dont l'auteur est Vassalieu dit Nicolay. Ce second plan, publié également en 1609, est accompagné d'un texte dans lequel on lit à propos du Louvre : « Henri IV, » qui règne à présent, a avancé en telle sorte » cette architecture parfaite, que la galerie » joint maintenant. » Il est probable qu'elle *joignait* dès 1608, puisque c'est en cette année, au dire de Péréfixe, que le roi fit arpenter ses galeries à don Pèdre, ambassadeur d'Espagne, en lui demandant si son maître avait à l'Escurial des promenades de cette longueur-là avec un Paris au bout.

V

LE LOUVRE SOUS LOUIS XIII

Henri mort, les travaux s'arrêtèrent. On continua seulement certains ouvrages qu'un complet abandon aurait laissés en trop grande souffrance, mais sans rien entreprendre à nouveau. Au bout de trois ou quatre ans, la régente, se croyant mieux assise et commençant à jouir du pouvoir, voulut se donner à son tour ce royal amusement de bâtir. Elle fit alors comme Catherine, elle laissa là le Louvre et s'en alla se fonder un palais à l'autre bout de Paris, sur les terrains de l'ancien hôtel Luxembourg. Moins inconstante en ces sortes d'affaires que la veuve de Henri II, elle ne changea ni de projets ni d'architecte, et son œuvre parvint régulièrement à son terme. Dupeirac étant mort, elle avait donné sa confiance, non comme le feu roi à Thibaut Métézeau, mais à un homme qui ne valait pas moins et qui est resté plus célèbre, Jacques de Brosses. Celui-ci, sans renoncer aux traditions de notre ancienne école à laquelle il appartenait, et sans se lancer dans les nouveautés de l'*ordre colossal*, fit pourtant à la reine une importante concession. Il appareilla son édifice à la manière florentine et le couvrit du haut en bas de bossages, afin de lui donner un certain air de ressemblance avec le palais Pitti, où Marie avait passé sa jeunesse. Chaque chose est bonne en son pays. Sous nos grands toits d'ardoise il faut de la sculpture, des effets accidentés, du mouvement, de la vie; mettre, comme au Luxembourg, ces masses sombres et uniformes en contact avec un appareil où ne peut se glisser aucun motif sculpté, c'est se priver de tout contraste, se condamner à la monotonie. Aussi, malgré de grandes qualités de style, malgré l'imposante ampleur de la pensée et le rare mérite d'une régularité parfaite, le palais de de Brosses a-t-il, dans son aspect, quelque chose de lourd et de bâtard. Ce n'est ni la fierté robuste d'un palais florentin, ni la spirituelle majesté d'un vrai palais français.

Pendant qu'on travaillait au Luxembourg, le

Louvre était tombé à l'état d'abandon, à peu près comme sous la Ligue; mais Richelieu fut à peine au pouvoir que tout changea de face. Il entrait dans ses desseins que le roi, laissant sa mère préparer sa propre demeure, reprît grandement et royalement les travaux de son Louvre.

Le feu roi n'avait rien fait dans le Louvre proprement dit : ses efforts s'étaient constamment portés au dehors. S'il eût vécu, une fois les Tuileries achevées, c'est-à-dire prolongées vers la rue Saint-Honoré, où tout était encore à faire, sa galerie sculptée au dehors et décorée au dedans, il est probable qu'il se fût tourné vers le cœur même du palais, vers cette cour du Louvre, restée depuis Henri II dans un délabrement qui empirait chaque jour. Richelieu voulut qu'immédiatement ce fût de ce côté qu'on se remît à l'ouvrage. Il y voyait, pour faire honneur au roi, une occasion meilleure que le simple achèvement des projets de Henri IV. Ces projets avaient d'ailleurs perdu une partie de leur utilité première. Les Tuileries n'étaient déjà plus hors Paris. Sous la pression d'une population toujours croissante, l'ancien rempart avait en partie disparu pour faire place à des maisons. La ville s'étendait au delà du palais de Catherine, comprenant dans son enceinte non seulement les parterres plantés par cette reine, mais les longues allées, les bosquets et les immenses treillages que Henri IV y avait ajoutés. On creusait les nouveaux fossés de la ville au bout de ce vaste jardin que Lenôtre, cinquante ans plus tard, devait planter à nouveau. Ces fossés ont subsisté pendant plus d'un grand siècle et même après que le Cours-la-Reine et les Champs-Élysées furent à leur tour enclavés dans Paris, et c'est pour perpétuer ces souvenirs par une sorte de respect historique, qu'en 1760, Gabriel, chargé de dessiner la place Louis XV dont il venait d'élever les façades, eût l'ingénieuse idée de construire, alentour, comme une ceinture de fossés d'un dessin vigoureux et simple; décoration à la fois symétrique et accidentée qui encadrait si bien cette noble place, qui vient d'être détruite avec une précipitation tout au moins regrettable, sans que personne puisse expliquer pourquoi!

Henri IV, à l'aspect nouveau que Paris avait pris moins de quinze ans après sa mort, se serait peut-être tout le premier détourné de ses anciens projets. Le cardinal avait plus d'un motif pour en préférer d'autres et pour concentrer les travaux dans l'enceinte du vieux Louvre. C'était là comme le berceau de la royauté française ; il voulait y porter cette grandeur et cet éclat qu'il rêvait pour la royauté elle-même ; puis il était bien aise de nettoyer et de remettre à neuf ce quartier de Paris, où lui-même il méditait déjà de placer sa somptueuse demeure.

Une fois le parti pris d'achever le Louvre de Henri II, on se mit à démolir pour faire place aux constructions nouvelles. Il ne restait du vieux palais que deux corps de logis, celui de l'est et celui du nord : on commença par celui-ci. On jeta bas ces tours et ces tourelles qui sont encore indiquées dans les plans de Quesnel et de Vassalieu, et ces longues tonnelles du grand jardin du nord, dont ces mêmes plans nous donnent aussi l'image. Il fallut enfin sacrifier l'escalier de Raymond du Temple, cette vis merveilleuse, chef-d'œuvre bien malade, mais pourtant encore debout. Le sol ainsi rasé, qu'allait-on faire ? Fallait-il, comme Lescot, se maintenir sur les fondements du bâtiment démoli, fallait-il au contraire changer et agrandir le plan ?

Les travaux étaient confiés à un homme qu'affectionnait le cardinal, dont il avait éprouvé les talents, et qu'il devait bientôt mettre à la tête de deux autres grandes constructions, la Sorbonne et son propre palais. Récemment revenu d'Italie, Lemercier n'en avait rapporté aucun engouement dangereux; c'était un esprit judicieux et solide, capable de trouver belles les choses qu'il n'avait point faites, un peu froid, mais sans l'ombre de vanité ni de charlatanisme. Il admirait sincèrement les façades de Lescot, et, s'il avait pu suivre son penchant, il eût sans doute achevé l'édifice sans s'écarter de ses proportions primitives. Mais ce projet modeste n'avait aucune chance d'être agréé. Depuis que les parties accessoires du palais avaient pris cette immense étendue, la partie principale pouvait-elle conserver ses anciennes dimensions? Puis la politique ne disait-elle pas qu'il fallait au roi de France le plus grand palais de l'Europe? On ne pouvait donc plus songer au petit Louvre de Lescot.

Mais dans un nouveau plan, d'une grandiose échelle, comment tirer parti de ces deux bâtiments non achevés à leurs extrémités, ne pouvant se raccorder à rien, et dont la forme en équerre devait produire dans toute composition régulière l'effet le plus gauche et le plus disgracieux? D'un autre côté, comment se décider à détruire ces ravissantes façades qui depuis soixante ans excitaient une admiration unanime? Le cardinal lui-même ne l'aurait pas osé.

Lemercier tira tout le monde d'embarras en proposant un moyen terme qui permettait, sans toucher à ces deux façades, de bâtir un palais quatre fois plus grand que celui de Lescot. Pour cela, il ne s'agissait que de continuer chacun des deux corps de logis déjà bâtis, de les conduire jusqu'au double de leur longueur, en reproduisant exactement sur la partie prolongée l'architecture de la partie existante, puis de faire du côté de l'est et du côté du nord, pour compléter le quadrangle, deux autres corps de logis égaux aux deux premiers. Par ce moyen, on doublait l'étendue des bâtiments et on quadruplait la superficie de la cour; au lieu d'un arpent, elle allait en avoir quatre. La seule innovation que se permettait Lemercier était d'ajouter aux quatre grands pavillons du plan primitif, dont un seul, celui de l'angle sud-ouest, était déjà bâti, quatre autres pavillons de même importance et de même hauteur, placés au centre de chacune des quatre façades, et destinés à interrompre l'uniformité de ces lignes si longuement prolongées. L'addition de ces quatre pavillons avait un autre avantage : elle fournissait à Lemercier le motif naturel de quatre grands vestibules donnant des accès faciles et commodes dans le palais. Un seul de ces vestibules, celui de l'ouest, a été exécuté par lui, et avec un rare bonheur; il est vrai qu'on peut y reconnaître une réminiscence assez peu déguisée de l'entrée du palais Farnèse.

Le projet de Lemercier fut bien vite approuvé, et aussitôt on se mit à l'œuvre. La première pierre de l'achèvement du Louvre, cérémonie si souvent renouvelée depuis, fut posée par le roi en grande solennité, le 28 juin 1624, et bientôt s'élevèrent les premières assises du pavillon qui fait face aux Tuileries. Ce pavillon, dit de *l'Horloge,* eût été un pavillon d'angle dans le plan primitif; il devenait dans le nouveau plan le pavillon central de l'aile occidentale [1].

Scrupuleux observateur des idées de Lescot, Lemercier, pour composer ce pavillon, s'était inspiré des dispositions principales du pavillon

---

1. Lemercier avait, comme on voit, commencé ses travaux à partir de l'escalier d'Henri II, au pied duquel le roi avait rendu le dernier soupir; escalier contigu au pavillon de l'Horloge, et qui a été reproduit par Lemercier de l'autre côté du pavillon. C'est donc à tort que ce pendant de l'escalier d'Henri II est appelé aujourd'hui escalier d'Henri IV, puisqu'on n'a entrepris de le construire que dans la quinzième année du règne de Louis XIII.

du Roi, c'est-à-dire du pavillon de l'angle sud-ouest, en façade sur la rivière. Il l'avait même exactement copié pour son élévation du côté du couchant; mais, du côté de la cour, il avait bien fallu chercher plus de richesse pour se mettre en harmonie avec le reste de la façade. Aux étages inférieurs, les avant-corps de cette façade lui avaient fourni les motifs de sa décoration; mais au dernier étage, ne voulant pas laisser vides les trumeaux des trois grandes ouvertures à plein cintre pratiquées par Lescot, force lui fut d'inventer, et il imagina de grouper deux à deux, en guise de colonnes accouplées, huit grandes figures de femmes cariatides. Ces figures soutiennent trois frontons concentriques de forme différente et enchâssés les uns dans les autres, disposition bizarre, peu digne du bon esprit de Lemercier. Quant aux cariatides, elles sont, comme on sait, le chef-d'œuvre du ciseau de Sarazin, et, quoique bien inférieures au modèle qui les a probablement inspirées, c'est-à-dire aux cariatides de Jean Goujon [1], quoique leurs dimensions un peu trop colossales et la lourdeur du dôme qu'elles

---

1. Placées sous la tribune de la salle des Gardes, aujourd'hui dite la salle des Cariatides.

soutiennent puissent donner lieu à de justes censures, on ne peut méconnaître qu'elles couronnent le pavillon d'une façon imposante et hardie, sans jeter un trop grand trouble dans l'aspect général du monument.

Encore un coup, ce fut là tout ce que Lemercier se permit d'inventer. Depuis ce pavillon central jusqu'à l'extrémité nord-ouest de la façade, il ne fit autre chose que de reproduire fidèlement, trait pour trait, comme l'eût fait un disciple soumis, le modèle que lui avait laissé Lescot. Puis à l'angle de cette façade, ainsi complétée, il construisit un pavillon exactement semblable au pavillon du roi, et enfin il commença, toujours sur le même patron, l'aile en retour du côté du nord. Mais il ne la conduisit qu'à moitié environ de sa longueur, vers la naissance du vestibule, et jusqu'au premier étage seulement. Les travaux en étaient là, en 1643, lorsque Louis XIII mourut ; on en peut voir l'indication précise dans une jolie planche d'Israël Sylvestre, intitulée : *Vue et perspective du dedans du Louvre faict du règne de Louis XIII.*

Les travaux de ce règne avaient eu deux sortes de résultats. D'une part, ils avaient fixé d'une manière irrévocable les dimensions futures du palais. Cette aile occidentale achevée dans toute sa longueur, cette amorce de l'aile septentrionale correspondant à ce qu'il y avait de fait du côté du midi, c'en était assez pour qu'il fût désormais impossible, soit de revenir à de moindres proportions, soit de chercher encore à les étendre. D'un autre côté, ces travaux avaient donné pour ainsi dire une consécration nouvelle aux façades de Lescot, et assuraient dans l'avenir leur inviolabilité. C'est là un vrai service rendu par Lemercier, service d'autant plus estimable que ni de son temps ni peut-être à aucune époque, soit plus ancienne, soit plus récente, on ne trouverait beaucoup d'artistes disposés à se mettre ainsi à la gêne et à descendre à un rôle si modeste pour respecter les chefs-d'œuvre d'autrui. Mais, tout en rendant justice à cette abnégation, il faut qu'on nous permette de dire que Lemercier, avec les meilleures intentions du monde, n'a sauvé que la vie matérielle de ces précieuses façades, et que, quant à leur vie morale, à leur âme pour ainsi dire, à cette beauté qui naît de la justesse et de l'harmonie des proportions, il en a fait presque aussi bon marché que s'il les eût grossièrement mutilées. On ne conserve pas un monument en l'allongeant ainsi, en l'étirant, en le passant en quelque sorte au laminoir. Si Lescot revenait au monde et qu'on lui dît : « Voilà votre œuvre, » il se révolterait. Laquelle de ses idées trouverait-il intacte et respectée ? Il avait pu, sans s'exposer à la moindre monotonie, donner à toutes ses façades une même ordonnance ; trois avant-corps encadrant deux parties rentrantes, c'était un élément de variété en même temps que de symétrie, et, en répétant cette disposition dans une aussi sobre mesure, il était sûr de son effet ; mais il croirait rêver en trouvant sur chacune de ces façades six avant-corps au lieu de trois, et entre chacun de ces avant-corps, ces trois fenêtres, toujours les mêmes, répétées seize fois de suite ; puis, par comble de disgrâce (ce qui n'est plus du fait de Lemercier), ses pavillons d'angles rasés, et sur trois des côtés de la cour ses façades surélevées ! Les idées de ce grand artiste ont donc été dénaturées en longueur par les uns, en hauteur par les autres, à qui mieux mieux, et pourtant telle était leur puissance native, qu'elles triomphent de cette double épreuve, et conservent, même en si triste condition, un attrait et un charme indicibles, comme un vin généreux qui, même étendu d'eau, laisse encore deviner son bouquet et sa saveur. Que si dans ce mélange on veut retrouver aujourd'hui quelque chose de pur, il n'y a qu'un moyen, tourner le dos aux nouvelles façades, et se rapprocher assez de celles que sculpta Jean Goujon pour ne plus voir au delà. On sent alors au bout de quelques instants se condenser, se raffermir tout ce qui semble lâche et détendu dans ce grand ensemble factice, et peu à peu on se fait une idée du rythme délicat, mais fortement accusé, qui eût réglé tout l'édifice s'il fût resté tel qu'il avait été conçu.

Dans nos idées modernes, nous aurions conservé ces deux ailes telles qu'elles étaient, comme un chef-d'œuvre inachevé et un spécimen à jamais respectable du goût exquis de nos pères. Nous les aurions soignées, consolidées et fait vivre artificiellement pour l'exemple et l'admiration des siècles à venir. Ce sont là des soins et des devoirs qui n'appartiennent qu'aux époques critiques et impartiales, sans passion et sans action. La France n'en était pas là sous Richelieu. Elle marchait, elle allait en avant. Quel que soit notre zèle pour nos vieux monuments, et dût le Louvre en souffrir de nouveau, si nous pouvions choisir, nous aimerions mieux marcher.

VI

LE LOUVRE SOUS LOUIS XIV

Il faut glisser rapidement et sur la minorité de Louis XIV et sur la Fronde. Ce n'est pas, comme on serait tenté de le croire, que, pendant ces temps orageux, on ait cessé de travailler au Louvre ; il y fut fait au contraire d'assez nombreux ouvrages, mais plutôt d'emménagement que de construction. On continua pendant les premiers temps d'ajouter, chaque année, quelques assises à l'aile septentrionale, seulement pour n'avoir pas l'air d'abandonner les projets du feu roi. Les vrais travaux n'étaient plus là. Lemercier et tout son monde ne s'occupaient que des appartements de la régente. Retirée avec son fils au palais Cardinal pour prendre possession du legs de Richelieu, Anne d'Autriche n'avait pas dessein de s'y établir. Elle voulait être royalement logée, et au rebours de Catherine et de Marie de Médicis, c'était au Louvre qu'elle préparait sa demeure. Elle avait repris et s'était approprié les premiers projets de Catherine, c'est-à-dire la réunion du rez-de-chaussée de la petite galerie aux anciens appartements de la reine. C'est elle qui avait fait disposer les distributions intérieures de ce long rez-de-chaussée, qui, dans le plan de Ducerceau, gravé en 1576, ne forme qu'une seule salle sans aucune division. Elle en avait composé cinq beaux salons de formes diverses, et tous d'une grande magnificence, ainsi qu'on en peut juger par ce qui reste, autour des plafonds, des stucs et des sculptures des Anguier. Quant aux plafonds eux-mêmes, ils étaient l'œuvre d'un talent facile et déjà célèbre, de ce Romanelli que Mazarin allait bientôt appeler à décorer aussi la galerie de son palais. Vers cette même époque, la reine s'était fait faire, dans le pavillon du Roi, cette merveilleuse salle de bain toute tapissée d'or et de marbre, que Sauval ne peut se lasser d'admirer et de décrire ; elle avait aussi, non loin de là, fait précédemment construire, à peu près dans l'emplacement qui forme aujourd'hui la cage de l'escalier du Musée, une salle de spectacle dont quelques substructions se laissent encore deviner dans l'habitation du concierge, et qui servit aux divertissements de la cour jusqu'au moment où Louis XIV éleva dans les Tuileries le théâtre qu'on y voit encore.

Tous ces travaux et beaucoup d'autres de même sorte, ne peuvent être qu'indiqués par nous. Décrire les remaniements continuels qu'a subis l'intérieur de ce palais, serait une tâche infinie ; nous ne cherchons à nous rendre compte que des changements de quelque importance qui ont modifié son aspect extérieur. Or, c'est seulement en 1660 que commence sous Louis XIV, une première série de travaux de ce genre. Mazarin vivait encore, puissant et respecté ; il venait de marier le roi et de donner la paix à la France. Il voulut que, dans la capitale, le traité des Pyrénées ne fût pas célébré seulement par des fêtes et des jeux, mais par spectacle plus durable, par de grandes et belles constructions. Une autre cause avait aidé à cette grande reprise des travaux. Lemercier venait de mourir, dans la plus honorable pauvreté, après trente ans et plus de cette grande charge de premier architecte du roi. Bien que jusqu'au dernier jour il se fût occupé du Louvre, et que de temps en temps il proposât des projets d'achèvement, il n'était plus d'âge à les éxécuter. Son successeur, au contraire, Louis Levau, avait, quoique approchant de la soixantaine, toute l'activité d'un jeune homme. C'était comme Lemercier un artiste sérieux et instruit; plus animé, plus hardi, mais moins correct, et professant moins de respect pour nos maîtres du seizième siècle, tout en conservant en partie les traditions de leur école. Il devait sa nouvelle position à Fouquet, alors encore puissant, quoique bien près de sa chute. C'était Levau qui avait construit pour le surintendant le splendide château de Vaux-le-Vicomte. Fouquet, dès 1653, lui avait ouvert les portes de la direction des bâtiments royaux, et il mettait le comble à sa fortune en le faisant héritier de Lemercier. Nous signalons cette origine de la faveur de Levau, parce que bientôt, en devenant une des causes de sa disgrâce, elle provoquera un immense changement, une vraie révolution dans l'avenir du Louvre.

A peine entré en charge, Levau était à l'œuvre sur plusieurs points à la fois. Du côté des Tuileries, il fondait et construisait à neuf le pavillon Marsan et le corps du logis contigu; puis il restaurait et remaniait de fond en comble le reste de l'édifice, raccordant à sa manière et d'une façon un peu brutale tous ces styles différents, supprimant à Bullant son charmant étage supérieur, donnant au pavillon central de Delorme cette ampleur sous laquelle allait disparaître sa fine et gracieuse coupole, ampleur si regrettable, mais commandée en quelque sorte par le gigantesque voisinage du pavillon de Flore ; du côté de la rivière, il entreprenait le ravalement de la partie de la grande galerie élevée par Ducerceau, et faisait sculpter dans les frontons d'Henri IV le soleil de Louis XIV ; dans la cour du Louvre enfin il continuait cette aile septentrionale que Lemercier avait fait avancer à si petits pas depuis dix-sept ans, et en même temps il commençait la prolongation de l'aile méridionale, travail tout nouveau, qui exigeait qu'on fît d'abord disparaître la vieille tour ronde qui flanquait l'angle sud-est de l'ancien Louvre [1], et dont le toit pointu et les flancs crevassés, en s'accolant à la façade de Lescot, parallèle à la rivière, produisaient cet étrange contraste qu'expriment si finement plusieurs eaux-fortes d'Israël Sylvestre, antérieures à 1660. Outre cette tour de Charles V,

---

1. Voir le plan, lignes ponctuées, n. 2.

il fallait, pour procéder à la continuation de l'aile méridionale, abattre aussi la cour des Marbres de Charles IX, bâtie à peu près au pied de cette tour, puis raser tous les vieux bâtiments d'une ancienne basse-cour qui s'étendait du côté de l'est depuis le fossé extérieur du Louvre jusqu'au palais du Petit-Bourbon.

Démolitions, restaurations, constructions, tout cela était mené de front par Levau, aidé de son gendre François Dorbay, avec un entrain et une rapidité qui devait plaire au jeune roi. Louis commençait alors son véritable règne. Sept ou huit mois après cette reprise des travaux du Louvre, Mazarin était mort, et le roi, devenu son premier ministre à lui-même, s'adonnait avec la même ardeur et aux affaires de son royaume et à ce goût des constructions monumentales qui devait l'entraîner si loin. Il ne songeait encore qu'à son Louvre, sans se douter qu'il y aurait un Versailles. Un autre eût été troublé par l'incendie qui, au début de toutes ces entreprises, au commencement de 1661, vint dévorer la petite galerie de Henri IV et les précieuses peintures de Bunel, de Dubreul, de Porbus, dont elle était décorée! Il n'en fut que plus animé, et ordonna de réparer immédiatement le désastre, sans se ralentir sur aucun autre point. C'était pour lui une construction de plus à gouverner, et pour Lebrun, qui, lui aussi, était alors au début de sa royauté, une occasion de faire briller la souplesse et la variété de ses talents.

Mais parmi tous ces travaux simultanément entrepris, il n'en était pas que Levau conduisît avec autant d'amour que ceux de l'aile méridionale du Louvre. Chargé vers cette même époque, par suite du legs du cardinal, d'élever sur l'emplacement de la tour de Nesle et de ses abords, le collège des Quatre-Nations, il avait aussitôt conçu l'idée de mettre les deux édifices en communication pour ainsi dire, malgré la Seine qui coulait entre deux, en leur donnant le même axe. Le pont des Arts est venu de nos jours rendre cette communication plus réelle, mais il n'a pu rétablir l'harmonie à jamais détruite de la combinaison première, il n'a pu atténuer l'effet de cette immense façade du Louvre qui, à la fois plus rapprochée de la rivière et beaucoup plus élevée que ne l'avait voulu Levau, écrase de sa masse ce pauvre collège Mazarin, et lui laisse en apparence encore moins d'élévation qu'il n'en a. Nous verrons tout à l'heure comment et pourquoi la façade de Levau dut, à peine achevée, être à jamais masquée par celle qui existe aujourd'hui ; nous n'en sommes pour le moment qu'à sa construction. Levau, pour prolonger cette aile méridionale, s'était assujetti, comme Lemercier pour les prolongations de l'ouest et du nord, à reproduire l'architecture de Lescot partout où l'imitation littérale était possible. Quant au pavillon central, dont le modèle n'existait pas chez Lescot, il avait, du côté de la cour, accepté l'ajustement de Lemercier, en changeant seulement quelque chose à ses cariatides, mais, du côté de la rivière, la place lui semblait trop ouverte et trop grandiose pour qu'il pût s'en tenir à l'extrême simplicité de la face extérieure du pavillon de l'Horloge ; il avait donc innové, et avait appliqué contre son pavillon central six grandes colonnes corinthiennes égales en hauteur aux deux premiers étages de l'édifice, et portant un entablement d'où s'élevaient, au milieu de riches bas-reliefs, six grandes statues sur de hauts stylobates. C'était la première fois qu'un ordre colossal apparaissait dans le Louvre de Lescot. Essai timide, il est vrai, invasion moins brutale qu'aux Tuileries, mais dangereux exemple. La barrière était forcée. Moins sage et moins ferme que Lemercier, Levau quittait le terrain de la résistance ;

il croyait ne pas céder grand'chose à la fausse grandeur : six colonnes sur cette façade, quelques pilastres sur les pavillons du collège Mazarin, quelques colonnes aussi à Vaux-le-Vicomte; mais ces demi-partis ne contentaient personne, et il ouvrait la porte à plus hardi que lui, comme il allait bientôt l'apprendre à ses dépens.

Toutefois, malgré l'introduction de ces colonnes parasites, comme la façade de Levau n'était dans les sept huitièmes de sa longueur qu'une reproduction des idées mâles et nerveuses de Lescot, elle doit exciter tous nos regrets. Par sa hauteur modérée elle se mettait en juste rapport avec les monuments de l'autre rive de la Seine, aussi bien qu'avec la galerie d'Apollon et toutes les lignes environnantes; enfin les combles apparents dont elle était couronnée, entrecoupés par ces trois grands pavillons, donnaient à sa silhouette autant de mouvement qu'il y a de sécheresse et de roideur dans les lignes droites et uniformes de cette grande décoration de théâtre qui la remplace aujourd'hui.

Telle fut l'activité des travaux, que, dès la fin de 1663, la grosse construction de cette aile méridionale était à peu près terminée, et la sculpture très avancée, bien que l'exécution en fût, dit-on, irréprochable et le dessin d'un goût et d'une richesse qui faisait grand honneur à Levau. Le moment était donc venu d'attaquer la seule partie du palais à laquelle personne n'avait encore mis la main, l'aile de l'est. Levau, qui ne s'endormait pas, avait depuis quelque temps fait approuver au roi ses idées nouvelles. Tout en conservant à peu près le même caractère que du côté de la rivière, il donnait à sa nouvelle mode un peu plus de richesse, attendu qu'il avait l'intention, comme autrefois Lescot, d'établir de ce côté l'entrée principale du Louvre. Mais, pour que cette entrée eût quelque majesté, ce n'était pas assez d'enrichir la façade, il fallait pouvoir ouvrir aux abords du monument une grande et belle place. Or le terrain ne s'y prêtait guère, obstrué qu'il était de bâtiments d'habitation. Quelques-uns étaient d'un grand effet. C'était d'abord cet hôtel du Petit-Bourbon, immense demeure royale, palais crénelé, construit sous Charles V par son beau-frère le duc de Bourbon. Un arrêt de justice en avait commencé l'abolition il y avait plus d'un siècle, après la trahison du connétable; la grande tour était à demi rasée en signe de félonie et la porte principale barbouillée de cette couleur jaune dont le bourreau enduisait les maisons des criminels de lèse-majesté. Cependant après 1527, le Petit-Bourbon pouvait être démoli sans qu'il en coûtât rien à la couronne ; mais le public allait y perdre cette vaste galerie ou salle des gardes qui n'avait dit-on sa pareille qu'au château de Montargis, et dans laquelle on avait, fort à l'aise, trouvé moyen de construire un assez grand théâtre où se donnaient parfois des bals et des spectacles. Tout récemment le roi venait de prêter ce théâtre à la troupe de Molière. Au delà du Petit-Bourbon, pour déblayer l'accès du Louvre, il fallait acquérir à prix d'argent, comme on vient de le faire au Carrousel, d'abord le petit hôtel de M. de Choisy, puis le grand et bel hôtel du duc de Longueville, ci-devant hôtel d'Alençon, puis enfin les hôtels de Villequier, d'Aumont, de la Force et de Créquy. Le roi donna des ordres pour que tout fût acquis, et par là le terrain redevint libre depuis le Louvre jusqu'à la rue des Poulies. On se réservait par la suite, pour donner à la place de plus nobles proportions, d'entamer le massif de maisons au delà de la rue.

Déjà on avait fait brèche au Petit-Bourbon pour bâtir le pavillon d'angle de la façade du sud ; la démolition continua, et bientôt il ne resta plus du grand manoir féodal que d'informes débris. Quant aux hôtels, ils restèrent provisoirement debout ; on abattit seulement les parties les plus voisines de la façade qu'il s'agissait de construire. Levau, pendant ce temps, s'était mis en mesure de commencer sa campagne, pressant les démolisseurs, évitant le moindre retard, comme s'il eût eu le pressentiment de ce qui allait lui arriver. Déjà il avait ouvert ses tranchées et arrasé ses fondations, quelques parties de son bâtiment étaient même élevées à huit ou dix pieds hors de terre, lorsqu'au mois de mai 1664 on l'invita à tout suspendre.

Qu'était-il arrivé ? M. de Ratabon n'était plus surintendant des bâtiments ; Colbert avait acheté sa charge et venait d'entrer en fonctions.

Colbert, depuis la mort de Mazarin, n'avait jamais songé à se rendre nécessaire qu'en matière de finances et d'administration ; mais il sentit bientôt que, dans l'intérêt même de ses grands desseins, il lui importait de diriger aussi les goûts et les plaisirs du roi. Celui-ci jusque-là s'était contenté de bâtir à la manière de son aïeul Henri IV, aimant à faire vite et beaucoup.

L'activité infatigable et la grande pratique de Levau lui avaient parfaitement suffi ; mais, en architecture comme dans tout le reste, l'horizon commençait de lui sembler étroit. A cette vraie grandeur que Richelieu et Mazarin avaient donnée à la France, que lui-même dans son noble esprit avait d'abord si bien comprise, allait succéder peu à peu la grandeur d'apparat. Colbert devait plus tard essayer vainement d'en arrêter les dispendieuses conséquences ; à l'époque où nous sommes, il ne cherchait encore qu'à en favoriser le goût naissant.

Sans attacher trop d'importance au malheur qu'avait Levau d'avoir été l'architecte et l'obligé de Fouquet, nous ne pouvons nous dissimuler pourtant que ce n'était pas un titre au bon vouloir du nouveau surintendant. Plus on fouille les secrets détails de ce moment du règne de Louis XIV, où le monde des arts, aussi bien que des lettres, se divise en deux camps, où le vieil esprit français, l'esprit *trouvère*, qu'on nous passe ce mot, se voit brusquement détrôné au profit du nouvel esprit de cour, plus on retrouve à chaque pas, comme une des causes accidentelles de ces déchirements et de ces divisions, la catastrophe de Fouquet. Quoi qu'il en soit, Colbert, à peine entré dans sa charge nouvelle, ne tarda pas à inspirer au roi de grands doutes sur le mérite du projet de Levau. C'était là, disait-il, un parti trop mesquin pour un si grand morceau que l'entrée du palais d'un grand roi. L'auteur était sans doute un habile homme, mais ce qu'il proposait sentait son ancien goût. Il fallait consulter, faire examiner ce projet par tous les architectes de Paris, puis les inviter eux-mêmes à faire aussi des projets, en promettant de faire exécuter celui que le roi trouverait à son gré. — Devant un tel tribunal, Levau était condamné d'avance ; Colbert ne pouvait l'ignorer. Quant au roi, il ne résista pas longtemps ; encouragé dans son penchant, il autorisa et la consultation et le *concours* que lui demandait Colbert.

Nous voici parvenus à ce qu'on peut appeler la seconde série des travaux de Louis XIV au Louvre, travaux empreints du nouvel esprit du règne. Cette même pompe un peu conventionnelle, dont nos poètes même les plus exquis vont commencer à n'être pas exempts, l'art de bâtir devait s'y conformer aussi bien que tous les autres arts. Deux traits caractéristiques signaleront cette nouvelle période : d'une part, le triomphe éclatant, incontesté, de l'*ordre colossal;* de l'autre, la déroute complète de notre ancienne et sincère façon de couvrir nos monuments. Les combles en saillie, ces grands toits, aussi vieux que la France et son climat, vont être condamnés comme une excroissance inutile et sans majesté; réputés bourgeois, presque frondeurs, ils seront, Dieu sait jusqu'à quand, bannis de nos constructions monumentales, et nos professeurs d'architecture, voire les plus sages et les plus modérés, ne tarderont pas à proclamer cet axiome : que, dans la décoration d'un palais, *les combles apparents sont contraires à la bienséance*[1]. Chose étrange, cette révolution tout italienne, que Serlio et sa colonie avaient en vain prêchée à Fontainebleau, que notre école tout entière, malgré ses dissidences, avait pendant plus d'un siècle constamment repoussée, la voilà qui va s'accomplir, et par qui? Par un médecin de la faculté de Paris !

Au nombre des projets qui furent présentés à Colbert, et qu'il fit exposer en public vers l'automne de cette même année, il y en eut un qui attira vivement l'attention. Il n'était pas signé, et personne n'en soupçonnait l'au-

---

1. Blondel, *Architecture françoise*, t. IV, p. 67.

teur. C'était un dessin très fini, très rendu, représentant une longue série de colonnes corinthiennes, accouplées deux à deux, et posées sur un immense soubassement. Au-dessus de l'entablement porté sur ces colonnes régnait, en guise de toit, un simple cordon de balustres à jour dont la ligne horizontale se dessinait sur le ciel. Que voulait dire ce splendide péristyle ? Était-ce un jeu d'esprit pour faire valoir la main d'un dessinateur habile, un de ces plans idéalement conçus, sans condition de mœurs ni de climat, qui vous transportent en rêve devant les ruines de Balbeck et de Palmyre ? Cet édifice sans fenêtres, car ni le soubassement, ni le fond du péristyle n'étaient percés de la moindre ouverture, pouvait-il servir de frontispisce à un palais habité, et surtout à ce palais du Louvre dont il ne rappelait aucun des caractères, dont il contrariait toutes les proportions ? C'était pourtant là le projet qui, après bien des vicissitudes, comme nous allons le voir, devait, dans cette lutte, sortir victorieux. A la cour, comme à la ville, on se perdait en conjectures sur l'auteur de cette brillante fantaisie. Colbert seul savait son nom, on le lui avait dit à l'oreille.

Ce grand ministre avait le bon esprit de se

sentir novice dans les questions qu'il n'avait point apprises; peu artiste de sa nature, comprenant mieux l'utile que le beau, plus apte à diriger l'achèvement du canal de Languedoc que la décoration du Louvre, il avait, dès son entrée à la surintendance, attaché à sa personne une espèce de petit conseil secret composé de gens de lettres et d'amateurs des arts dont il se réservait de prendre les avis. L'âme de ce comité était Charles Perrault, esprit actif, un peu léger, plein de finesse et de savoir faire, qui, par ses seuls écrits semés de paradoxes et d'éclairs de bon sens, aurait eu chance de voir vivre son nom, même sans les épigrammes de Boileau. Perrault avait deux frères beaucoup plus âgés que lui : l'un, qui lui avait servi de père, et chez lequel il avait été commis pendant dix ans, était receveur général des finances à Paris; l'autre, docteur en médecine, versé dans toutes les sciences exactes, habile surtout en physique, et dessinant en perfection la mécanique et l'architecture. Charles nous dit, dans ses Mémoires, que la première pensée du péristyle était de lui, qu'il l'avait communiquée à son frère, lequel, après l'avoir fort embellie, en avait fait ce dessin dont personne ne devinait l'auteur. Ce qui peut donner crédit à cette confidence un peu présomptueuse, c'est la façon dont Charles Perrault devait travailler au succès de l'œuvre fraternelle : à ces efforts persévérants, infatigables, on reconnaît le cœur d'un père. Assurément il n'est pas douteux que c'est Claude qui a bâti la colonnade du Louvre, mais il est au moins aussi vrai que c'est Charles qui l'a fait bâtir.

Il nous apprend qu'avant l'exposition publique, il avait eu soin de montrer le dessin à Colbert, que celui-ci en fut content, charmé surtout des éloges qu'on en fit. Mais comme à ces éloges s'étaient mêlées quelques critiques judicieuses, comme les architectes, qui tous avaient blâmé le projet de Levau, n'étaient guère moins sévères pour le projet anonyme, Colbert était embarrassé. Il eut l'idée de demander à Rome les lumières qu'il ne trouvait point à Paris. Charles Perrault, comme premier commis de la surintendance, reçut l'ordre d'expédier les projets de tous les concurrents, et de demander l'avis des architectes romains. L'envoi fut fait; seulement, par une habile négligence, Perrault oublia d'y comprendre un dessin, c'était celui de son frère. Les architectes romains firent une critique foudroyante du projet de Levau, mais ne donnèrent pas une idée. Pendant ce temps, on allait répétant aux oreilles du roi que ce n'étaient pas des avis, mais un homme qu'il fallait demander à l'Italie ; qu'on trouverait à Rome le successeur de Michel-Ange, le prodigieux génie qui avait élevé les colonnades de Saint-Pierre, la place Navone, et tant d'autres merveilles, *il cavaliere Bernini*, ou, comme on disait alors en France, le cavalier Bernin ; que lui seul était l'homme qu'il fallait au roi ; que, s'il consentait à quitter son pays, le Louvre deviendrait le premier palais de l'Europe. M. de Bellefonds, l'abbé Benedetti, le cardinal Barberini, citaient à qui mieux mieux les miracles dont ils avaient été témoins, les traits de génie de l'incomparable artiste. Ces propos passaient de bouche en bouche, une sorte de cri public appelait le Bernin. Perrault jugea prudent de laisser passer l'orage, d'autant plus que Colbert trouvait commode d'y céder.

On entama une négociation en règle près de la cour de Rome, car c'était une grave affaire que de décider le pape à se séparer de l'artiste, et surtout l'artiste à quitter son soleil et son pays ; il était dans sa soixante-huitième année, et craignait pour sa santé. Vingt ans plus tôt, en 1644, il s'était déjà refusé aux offres les plus brillantes et aux instances de Mazarin. Cette fois il voulut bien envoyer des croquis; mais, quant à sa personne, il persista dans son refus. On pensa qu'une lettre de la main du roi lui-même pourrait seule triompher de sa résistance. La lettre fut écrite le 11 avril 1665, et portée par l'abbé Benedetti. Le roi chargea en même temps le duc de Créquy, son ambassadeur à Rome, d'aller en sortant de chez le saint-père, et avec le même cérémonial, chez le cavalier Bernin le prier de venir en France.

Le Bernin quitta Rome; les honneurs qu'il reçut en partant, et dans les villes d'Italie qu'il traversa, dépassent toute croyance; puis quand il fut en France, à partir du pont Beauvoisin, chaque ville où il mit les pieds lui offrit des compliments et des présents; à Lyon même, où ce devoir n'était dû qu'aux princes du sang, on s'en acquitta pour lui. Des gens du roi lui apprêtaient à manger sur sa route, et quand il approcha de Paris, un maître d'hôtel de Sa Majesté, M. de Chantelou, qui avait visité l'Italie et parlait bien l'italien, fut envoyé jusqu'à Juvisy pour le recevoir, lui tenir compagnie et le suivre partout où il irait.

On le logea dans l'hôtel de Frontenac, qu'on avait fait meubler pour lui. Outre les meubles de la couronne on lui donna une table bien servie et des gens à ses ordres. Peu de jours après son arrivée, le 5 juillet 1665, il salua le roi à Saint-Germain en Laye et en fut admirablement reçu. Admis à présenter ses dessins, il obtint qu'il en serait fait mystère : les dessins furent tendus dans un cabinet où personne ne devait pénétrer que lui, Colbert et M. de Chantelou.

Quinze jours se passèrent sans que Charles Perrault, impatient, comme on le pense, de connaître ces dessins, pût venir à bout de les voir. Enfin, c'est lui qui le raconte, grâce à un sieur Fossier qui avait ordre de fournir au Bernin ce qui lui serait nécessaire pour dessiner, il parvint à s'introduire dans le mystérieux cabinet. « M. Colbert, dit-il, me demanda si
» j'avais vu les dessins, et je lui répondis que
» non. (Je puis assurer que c'est la seule fois
» que je n'ai pas dit la vérité à ce ministre.)
» C'est, me dit-il, quelque chose de grand. — Il y
» a, sans doute, des colonnes isolées, lui répon-
» dis-je? — Non, reprit-il, elles sont au tiers du
» mur. — La porte est fort grande, lui dis-je? —
» Non, répliqua-t-il, elle n'est pas plus grande
» que la porte de la cour des cuisines. Je lui dis
» encore quelque autre chose de semblable qui

» allait à lui faire remarquer que le cavalier
» Bernin était tombé dans les même défauts que
» l'on reprochait aux dessins de M. Levau et de
» la plupart des autres architectes, et ce fut à
» cette intention que je feignis de ne point con-
» naître les dessins du cavalier ; ces critiques
» devant avoir plus de force, ne les ayant pas
» vus, que si je les eusses faites après les avoir
» examinés, outre que je n'aurais peut-être pas
» osé en dire alors mon avis avec autant de li-
» berté. »

On peut juger par cet échantillon, quelles embuscades se dressaient, et de quelles armes on allait faire usage. Les Perrault ne conspiraient pas seuls ; Levau, son gendre et ses nombreux amis, travaillaient de leur côté contre l'ennemi commun ; puis, avec eux, une foule d'artistes n'aspirant pas à l'héritage, mais furieux de cet excès d'honneurs rendus à un étranger ; puis enfin le plus acharné peut-être, Lebrun, dont les projets de domination suprême allaient s'évanouir si un tel homme s'établissait en France. Il fallait, à tout prix, le débusquer de la cour, le ruiner dans l'esprit du monarque. Seul contre tous, que pouvait le cavalier ? Le sol était miné sous ses pas. Ce petit homme, un peu trapu, de bonne mine, à l'air hardi, à l'esprit vif et brillant, s'était d'abord mis fort à l'aise ; beau parleur, et comme dit Perrault, « tout plein de sentences, de paraboles, d'his- » toriettes, de bons mots dont il assaisonnait » ses réponses, » sa pantomime italienne, son enthousiasme en parlant des beaux-arts, de Michel-Ange et de lui-même, faisaient ouvrir de grands yeux à nos hommes de cour, et donnaient à ses adversaires beau jeu pour le rendre ridicule et l'affubler du nom de charlatan. Quand il s'aperçut du danger, il essaya de changer d'allures, prit garde à ses paroles, et s'observa surtout chaque fois qu'on lui faisait voir des ouvrages de nos artistes vivants ; ceux-ci n'en furent que plus irrités. Lebrun disait avec aigreur : « Il n'est silencieux que devant » mes tableaux. » Ne sachant plus comment s'y prendre, le pauvre cavalier se réfugia dans le travail. Mais là ses tribulations redoublèrent. Il avait fait venir de Rome des ouvriers maçons, des *muratori*, s'imaginant, comme autrefois Benvenuto Cellini, qu'il venait chez des gens qui ne savaient pas même faire du mortier. Ces *muratori* devaient donner des leçons à nos entrepreneurs, et leur apprendre à bâtir comme à Rome. Ceux-ci ne voulurent point, prétendant que, s'ils écoutaient ces étrangers, s'ils établissaient leurs fondations sur des moellons jetés à l'aventure, non équarris et mouillés avant d'être mis en œuvre, leurs murailles ne tiendraient pas debout. La querelle s'anima, il fallut que Colbert intervînt et ordonnât de faire un essai des deux sortes de constructions. Les *muratori* bâtirent, à leur manière, deux murs de six pieds de haut, sur lesquels ils firent une voûte également à leur façon ; nos maçons élevèrent des murs de même hauteur, une voûte de même forme, avec les mêmes matériaux, mais employés à la française ; puis on chargea fortement les deux voûtes, et l'italienne s'écroula. Les *muratori*, stupéfaits, s'excusèrent en prétextant qu'ils ne connaissaient pas la qualité des matériaux ! mais on pense quel éclat de rire ce fut du côté des Français.

Colbert ne riait point : ces débuts lui semblaient de triste augure. Il avait les oreilles rebattues d'avis officieux ; c'était à qui l'avertirait qu'il prît garde à ce faux grand homme. Le roi, de son côté, perdait un peu de confiance, et commençait à le laisser voir. Charles Perrault crut le moment venu de démasquer ses batteries. Il écrivit un mémoire sur le projet de Bernin, et le fit passer à Colbert, qui était alors à Saint-Germain auprès du roi. Dans ce mémoire, il ne se bornait pas à relever tous les défauts d'architecture qu'il avait pu découvrir, il signalait surtout, connaissant l'esprit de son lecteur, le manque de convenance dans les distributions intérieures, l'oubli de tous les dégagements nécessaires au service du roi, minuties, disait-il, qu'un si grand architecte a sans doute trouvées trop au-dessous de lui. La première fois qu'il revit le ministre après l'envoi de son mémoire, il l'aborda d'un air inquiet et le pria de lui dire s'il y avait de l'imprudence dans la liberté qu'il avait prise. « Vous avez bien fait, dit Colbert, continuez ; on ne peut trop s'éclaircir sur une matière de cette importance. Je ne comprends pas comment cet homme l'entend, de nous donner un dessin où il y a tant de choses mal conçues. » Dès ce moment, ajoute Perrault, M. Colbert vit bien qu'il s'était mal adressé ; mais il fallait soutenir la gageure.

En effet, après avoir fait venir, avec tant de bruit et d'éclat, un homme de cette renommée, pouvait-on le renvoyer avant qu'il eût rien fait ? Le jour fut pris pour poser la première pierre. Le nouveau plan n'ayant aucun rapport avec celui de Levau, il avait fallu détruire les fondations faites l'année précédente et creuser de nouvelles tranchées. Le roi y descendit en grande cérémonie le 17 octobre 1665, prit la truelle des mains de Colbert, auquel le Bernin venait de la présenter, et cimenta le premier fondement de cette construction, qui, comme la précédente, ne devait pas dépasser le sol.

On commença pourtant à travailler avec ardeur. Au bout d'un mois, les fondations inférieures étaient jetées sur toute la ligne, mais l'artiste était à bout de patience. Harcelé par Colbert, qui, sur les instigations de Perrault, lui demandait tantôt d'agrandir telle salle des appartements du roi, tantôt d'ajouter des logements nouveaux ou de changer les distributions convenues ; poursuivi jusque dans son propre atelier par ce même Perrault, qui profitait de son titre de premier commis de l'intendance pour s'en venir en personne contrôler ce que faisaient ses dessinateurs, il ne put contenir sa colère et déclara à M. de Chantelou « qu'il en avait assez ; qu'on le traitait en petit garçon ; que ces gens-là faisaient les habiles et n'y entendaient rien ; qu'il voulait s'en aller ». Sur les prières de M. de Chantelou, il se calma d'abord ; mais, vers la fin de novembre, les premiers froids s'étant fait sentir, il en fut effrayé au moins autant que des intrigues qui se tramaient contre lui, et demanda hautement qu'on le laissât partir. Colbert exprima des regrets et fit quelques instances; mais en même temps, comme s'il eût craint un changement de résolution, il courut à Saint-Germain et obtint l'agrément du roi. Louis XIV voulut faire à son hôte des adieux magnifiques. Il envoya, la veille de son départ, trois mille louis d'or avec un brevet de 12,000 livres de pension par an, et un autre brevet de 1,200 livres pour son fils. Ce fut Charles Perrault qui se trouva chargé de porter lui-même, *en trois sacs*, ces trois mille louis d'or, presque aussi satisfait que s'il les avait reçus.

Le Bernin s'en retournait à Rome, charmé d'être si bien sorti d'un aussi mauvais pas, et avec la promesse du roi que son projet ne serait pas abandonné. Son élève favori, Matteo Rossi (qu'on nommait chez nous Mathias) restait à Paris, chargé de continuer les travaux. Ce n'était pas le compte de Perrault. Colbert, de son côté, n'eût pas été fâché de n'avoir plus affaire à ces imaginations italiennes qui fatiguaient son esprit méthodique. Mais la promesse du roi ne permettait pas de renvoyer Matteo. Pour lever tous les scrupules, Perrault fit un nouveau mémoire, qu'il qualifie lui-même de fort pressant et fort décisif. Il priait le ministre de vouloir bien considérer que la promesse du roi n'était que conditionnelle ; qu'on avait toujours dit au cavalier Bernin qu'il devait respecter l'ancien Louvre, l'achever, mais n'en rien détruire ; que le roi lui avait lui-même fait connaître sa volonté de ne point abattre ce qu'avaient élevé les rois ses prédécesseurs ; que dans ses premiers croquis, le cavalier semblait s'être soumis à la volonté du roi, mais que ses projets définitifs, complétés pendant son séjour à Paris, ne laissaient rien subsister du vieux Louvre, puisque, pour suivre ces plans, il fallait, d'une part, raser les dômes du milieu des façades ; de l'autre, bâtir en avant des quatre côtés de la cour de gigantesques portiques ; que, masquer ainsi les façades de Henri III et de Louis XIII, en ôter les colonnes, les corniches et tous les ornements, les convertir en murs de refend, c'était en réalité les abattre, aussi bien qu'on ruine un tableau en appliquant sur sa toile une peinture nouvelle ; que dès lors, le cavalier n'ayant point obéi au roi, le roi n'était point engagé.

L'argument parut décisif. L'hiver avait fait suspendre l'achèvement des fondations ; on attendit quelque temps ; puis, quand le printemps fut venu, Matteo, dont Perrault, on ne sait trop comment, avait gagné les bonnes grâces, ne demanda pas mieux que de partir pour l'Italie, bien payé, et laissant là le projet de son maître désormais abandonné.

Perrault avait mis le doigt sur le défaut de la cuirasse; le plan qu'il combattait détruisait l'ancien Louvre, mais ce n'était pas à lui d'affecter ce grand zèle pour la conservation de notre vieux chef-d'œuvre, puisque le projet de son frère, avec moins de franchise, avait, peu s'en faut, les mêmes conséquences que le plan du Bernin. Que celui-ci fît peu de cas des façades de Lescot, qu'il n'en sentît ni le charme ni la délicatesse, il n'y a rien là qui nous étonne. Il n'avait, depuis son enfance, vécu qu'en Michel-Ange ; habitué à ne comprendre la beauté que sous ses formes énergiques, et croyant, à plus forte raison, la majesté inséparable de la grandeur matérielle, pouvait-il ne pas appliquer ses principes aux façades de son Louvre, à celle de l'est, à celle du bord de l'eau et surtout à celle qui regardait les Tuileries, la plus riche de toutes dans son plan ? Dès lors c'eût été une inconséquence que de conserver, dans l'intérieur de cette cour, ces petits ordres superposés qui lui semblaient des joujoux d'enfants : en les masquant par un ordre colossal, il n'avait fait qu'obéir, en esprit vigoureux qui va jusqu'au bout de son système, à un sentiment d'harmonie, à une juste horreur des disparates et des incohérences.

Dieu merci, on ne l'a pas laissé faire! mais on n'a pas compris non plus quel danger c'était pour le Louvre, que de faire les frais d'apprentissage d'un architecte amateur, d'un savant monté à l'art par les mathématiques, déplorable chemin qui tantôt conduit à la sécheresse, tantôt au luxe abstrait, c'est-à-dire sans raison. En lui livrant cette entrée du palais pour la couvrir de colonnes non moins grandes que celles du fougueux Italien, ne devait-on pas prévoir qu'on préparait, entre le dedans et le dehors, non seulement une discordance de style, mais une disproportion matérielle? Que ces façades intérieures, pour lesquelles on professait de si beaux sentiments, seraient bientôt comdamnées, par la surélévation de l'intérieur, à subir des additions presque aussi déshonorantes que le placage dont par bonheur on venait de les préserver? Plût à Dieu qu'on se fût lancé de nouveau dans les consultations, dans les concours; qu'on eût interrogé, écouté, gagné du temps! Ne pouvait-on rien attendre de nos artistes de profession? Si Levau, après tous ses déboires, était découragé, s'il lui manquait, pour une telle tâche, un peu de style et de distinction, n'y avait-il donc personne en état de mieux faire? Le projet de Jean Marot, à peine examiné dans le concours, ne reposait-il pas sur une donnée intelligente? Conçue dans l'esprit de Lescot, sa façade, après quelques corrections de détail, ne pouvait-elle pas devenir un excellent frontispice du Louvre? N'avait-on rien à espérer non plus du vieux François Mansard, qui vivait encore, et de François Blondel, qui venait de débuter? Et si un homme supérieur à ceux-là, selon nous, un esprit expressif et pur, égaré comme Le Sueur dans cette bruyante époque, si Libéral Bruant eût été convoqué à concourir, s'il eût vaincu cette timidité qui le tenait à l'écart, l'inspiration ne lui fût-elle pas venue, à lui qui, dans l'unique occasion qui lui ait été donnée de conduire seul un grand monument, a fait le vrai chef-d'œuvre de son temps, la grande cour des Invalides, ce cloître militaire, dont la destination est si admirablement écrite sur ces mâles arcades, sur ces sobres profils? Mais tous ces hommes, Bruant surtout, étaient des représentants du vieil esprit français, et il était écrit que l'avenir ne leur appartenait plus. Ce qui garantissait à Perrault son triomphe, indépendamment de tous les coups d'épaule que lui donnait son frère, c'était la magnificence, le séduisant éclat, l'emphase de son projet. Le roi y trouvait en partie cette splendeur dispendieuse qui l'avait charmé dans les projets du Bernin; il avait hâte de prouver au monde que, s'il avait renvoyé l'architecte et renoncé à ses projets, ce n'était point par peur de la dépense. Aussi, lorsque Colbert, quelque temps après le départ de Matteo, s'en vint à Saint-Germain demander d'après quel plan on reprendrait les fondations, s'il fallait suivre le dessin de Perrault ou bien en revenir au projet d'abord approuvé, au projet de Levau, le roi n'hésita pas, tout en faisant semblant d'interroger son ministre. Les deux dessins étaient devant ses yeux : « Lequel préférez-vous? » dit-il. — Colbert, soit calcul d'habile courtisan, qui voulait laisser l'honneur du choix à son maître, soit retour sincère à ses penchants financiers, répondit : « Si j'en avais le pouvoir, je choisirais celui qui n'a pas de galerie, parce qu'il sera moins coûteux. — Et moi, reprit le roi, je choisis l'autre, parce qu'il est plus majestueux. »

Malgré cette déclaration solennelle, rien n'était décidé; et six mois se passèrent sans que Colbert osât prendre sur lui de confier un tel travail à un homme qui n'avait encore rien construit. Ce qui le troublait surtout, c'était d'entendre les gens du métier soutenir tous que ce péristyle ne pourrait tenir debout, qu'il avait trop de profondeur; que les plates-bandes d'un si large plafond, surchargées par le poids des caissons qu'elles devaient soutenir, auraient bientôt poussé les colonnes au vide et jeté tout à bas. L'objection était sérieuse, sans compter que les mauvais plaisants se mêlaient de la partie, et disaient que l'architecture était sans doute bien malade, puisqu'on allait lui donner un médecin. Charles Perrault sentit que, pour ne pas tout perdre, il fallait transiger. Il fit un troisième mémoire, où il offrait un moyen de décharger le ministre de toute responsabilité : c'était de mettre son frère en tutelle sous la direction d'un conseil qui reviserait les plans, conduirait la construction, et sans l'avis duquel rien ne pourrait être fait. Le comble de l'habileté fut de demander, « par amour de la paix », que Levau fît partie de ce conseil. Dès lors, disait Perrault, tout rentrera dans l'ordre naturel; l'auteur du plan rentrera dans l'ombre, et ce sera, comme il est juste, le premier architecte du roi qui sera effectivement chargé de construire le palais du souverain. Il demandait seulement que Lebrun fût membre du comité comme Levau, que Colbert voulût bien prendre la présidence et lui permît à lui de tenir la plume en qualité de secrétaire.

L'expédient fut adopté, et de ce jour les obstacles disparurent. Les travaux, interrompus depuis le printemps de 1666, recommencèrent à la fin de l'année. On ne fit d'abord que détruire les fondations du Bernin, comme le Bernin avait détruit les fondations de Levau ; mais cette fois on allait bâtir pour tout de bon. Dès l'ouverture de la campagne, en 1667, la construction fut vivement poussée, et au bout de trois ans, en 1670, la façade était élevée, mais non sculptée. Les grosses constructions n'avaient même pas reçu leur complément ; car ce n'est qu'en 1674 que fut terminé le fronton central. Ce retard provenait de l'idée que Perrault s'était mise en tête de n'employer qu'une seule pierre pour chacune des corniches rampantes de ce fronton. Tour de force inutile, qui plaisait à son esprit inventif. Il avait fait extraire, des carrières de Meudon, deux énormes pierres, longues de plus de cinquante pieds. Il prit des peines infinies pour les amener à pied-d'œuvre ; puis, quand on voulut les hisser, ce fut chose impossible. Une machine immense imaginée exprès, fut construite à grands frais, et, au bout de deux ans, Perrault en vint à son honneur ; les pierres furent mises en place, mais presque aussitôt la gelée les fit fendre : il eût été plus simple de les monter en deux morceaux.

Cette faute n'était ni la seule, ni la plus grave qu'on eût laissé commettre à Perrault. Il ne fallait souffrir à aucun prix qu'il corrigeât, par une armature en fer, le défaut de solidité inhérent à son projet. Les barres de fer, les tirants, les crampons, sont des moyens dont on peut faire usage dans un vieux bâtiment, pour relier tant bien que mal les parties qui se disjoignent ; mais introduire cet expédient dans une construction neuve, établir dès l'origine une solidarité nécessaire entre le fer et la pierre, ce n'est pas rendre un monument plus solide, c'est préparer sa ruine à coup sûr et dans un délai fatal. On a beau sceller le fer profondément, le peindre, le goudronner, la rouille y pénètre ; il s'oxyde, fait éclater la pierre, et se descelle peu à peu ; bientôt tout cède, tout s'ébranle. La colonnade en est déjà là. Il n'y a pas trois ans qu'une brèche s'est formée dans la corniche : un morceau s'en est détaché. Avec le temps, ces effets iront croissant, et Dieu sait si, dans un siècle, même à force d'art et d'argent, on pourra maintenir debout ce splendide placage.

Levau, dans le conseil, avait vivement attaqué les armatures en fer, et Lebrun, il faut lui rendre cette justice, s'était rangé à son avis. Mais comme les Perrault tenaient tête, comme le conseil était coupé en deux, force fut à Colbert de trancher à lui seul cette question technique. Pour lever ses inquiétudes, Perrault fit faire un petit modèle avec de petites pierres et de petits tirants de fer de même figure et en même nombre que dans l'ouvrage en grand. Devant cette façade en miniature, on démontra au ministre que le fer ne portait rien, et ne faisait que retenir la poussée des architraves. C'était déjà beaucoup trop. La démonstration n'en parut pas moins suffisante à Colbert, et les armatures furent ordonnées. S'il les eût interdites, il fallait renoncer au projet; mais alors qu'aurait dit le roi !

Cette question de solidité fut la seule qu'on agita sérieusement. Il y en avait pourtant bien d'autres tout aussi graves. Comprend-on par exemple, qu'on n'ait pas dit à Perrault : Le Louvre a quatre cent soixante-seize pieds de long, la façade que vous nous proposez en a cinq cent quarante-huit ; voilà soixante-douze pieds de trop, soit trente-six pieds à chaque extrémités. Si nous vous laissons construire, qu'arrivera-t-il ? Votre façade fera saillie sur les ailes latérales, et vous serez conduit, pour cacher cet effet disgracieux, à construire latéralement de nouvelles façades à trente-six pieds en avant de celles qui existent. Or, vous avez dit au Bernin qu'il fallait respecter l'ancien Louvre ; profitez donc de la leçon, et remaniez votre projet. — Il n'est guère probable que Levau n'ait pas fait cette observation ; comment n'eût-il pas vu qu'il s'agissait d'ensevelir toute vivante sa façade méridionale, son œuvre favorite ! Du côté de l'Oratoire, où aucune rue n'était encore ouverte, où le public ne pénétrait point, on pouvait se résigner, comme l'événement l'a prouvé, à rompre la symétrie et à ne pas déguiser l'étrange et inexplicable saillie de la façade de Perrault : mais du côté de la rivière, en vue de tout Paris, une telle anomalie ne pouvait être tolérée. Levau était donc certain que, s'il ne parvenait pas à faire raccourcir la façade de Perrault, c'en était fait de la sienne. Il dut, par conséquent, essayer de se défendre ; seulement il n'y réussit point, soit que Lebrun, cette fois, ne l'eût pas soutenu, soit que l'impatience du roi ou la lassitude de Colbert eussent coupé court au débat.

La sévérité, nous dirions presque les tracasseries du conseil et de Colbert ne portèrent que sur des points de détail. Ainsi, Perrault avait voulu ne pratiquer aucune ouverture dans son soubassement, et, son système décoratif admis, il avait certainement raison. Il se proposait seulement d'interrompre la monotonie de cette longue muraille par de grands trophées, sculptés en haut-relief au-dessous de chaque couple de colonnes. On exigea qu'il ouvrît des fenêtres, et, sous prétexte de mettre la nouvelle façade en rapport avec les parties du Louvre déjà construites, on voulut que ces fenêtres eussent les dimensions et le galbe de celles dont Lescot avait fait usage. C'était du respect mal placé ; car ces ouvertures énervent le soubassement sans l'enrichir, et rien ne se marie plus mal que le style épanoui de la colonnade et les chambranles contenus de Lescot. Enfin Perrault avait aussi dessein, et pour cause, de ne point ouvrir de fenêtres sous son péristyle ; on lui demanda d'en percer ; mais, ces fenêtres ne correspondant pas avec celles de la façade sur la cour, il fallut les boucher presque aussitôt et les remplacer par des niches et des statues. Ce défaut de parallélisme n'eût pas été si sensible, si le corps de logis eût été double ; par malheur il ne l'était pas, et, dans ces grandes salles sans mur de refend, c'eût été le plus discordant spectacle que deux rangs de fenêtres dont pas une n'était vis-à-vis de l'autre. Bouchées pendant plus d'un siècle, ces fenêtres de la colonnade ont été percées de nouveau il y a cinquante ans, mais seulement à titre d'ouvertures postiches et n'éclairant rien. Perrault n'avait, comme on voit, oublié qu'une chose, c'est que, du côté de la cour, l'emplacement des fenêtres était invariablement fixé par la décoration de Lescot. Cet oubli prouverait, s'il en était besoin, que son projet était conçu et étudié non comme une œuvre sérieuse d'architecture, mais comme un dessin fait pour plaire aux yeux et pour briller dans un concours. De là tant de défauts, tant de lacunes que la pratique a révélés. Toutefois cette brillante conception, exprimée en pierres de taille, n'en conserve pas moins les qualités principales qu'elle avait sur le papier, elle éblouit, elle étonne, elle séduit les yeux ; mais sa réputation, étourdissante au début, très grande encore pendant plus d'un siècle, ne peut aller qu'en décroissant à mesure que la réflexion aura fait ressortir les vices de cette architecture d'apparat.

Pendant la construction, grâce à la combinaison inventée par Charles Perrault et à une certaine discrétion mystérieuse qu'il croyait politique de garder, grâce à la présence assez fréquente de Levau dans les chantiers, le public et même quelques écrivains contemporains ne surent pas exactement quel était le véritable auteur de l'édifice, si bien que Boileau put croire et soutenir de bonne foi que son adversaire se parait des plumes du paon [1]. Mais bientôt la vérité se fit jour, et Claude Perrault, alors âgé d'environ cinquante-sept ans, admis tout récemment comme physicien à l'Académie des sciences, prit avec plus d'éclat encore une des premières places parmi les artistes de son temps. Sans abandonner les sciences, il se donna dès

1. Ainsi Sauval, dans son chapitre sur la colonnade, écrit probablement vers 1680, ne prononce même pas le nom de Perrault, et s'exprime ainsi en terminant : « Les travaux (de cette façade) ont été commencés en 1667 et conduits dans l'état où on les voit à présent, en 1670, par les soins et sur les dessins de Louis Levau, né à Paris, premier architecte du roi. François d'Orbay, son élève, ne contribua pas peu à la construction de ce bel ouvrage, et c'est à ces deux excellents architectes à qui on doit attribuer toute la gloire du dessin et de l'exécution de ce superbe édifice, malgré tout ce que l'on a publié de contraire. »

lors presque tout entier à l'architecture. Colbert lui confia la construction de l'Observatoire, édifice savamment bâti, mais d'un aspect lourd et bizarre. Puis, après l'Observatoire, Perrault entreprit un monument à la gloire de Louis XIV, grand arc de triomphe qui devait orner l'entrée du Faubourg Saint-Antoine. Les fondements en furent jetés, mais la construction, poursuivie dès lors avec lenteur, ne tarda pas à être abandonnée.

Telle fut la vie d'artiste de Perrault. L'année même où s'achevait la colonnade, en 1670, Levau avait cessé de vivre, affaibli moins par l'âge que par ses chagrins d'architecte. On devait croire que Perrault serait son héritier; mais malgré tout le bien que lui voulait Colbert, il ne fut pas choisi. Le titre de premier architecte du roi tomba aux mains d'un jeune homme de vingt-trois ans, qui jusque-là n'avait encore rien fait que porter, il est vrai, un nom illustré par son oncle. Beaucoup d'esprit, de souplesse et d'audace, de grandes espérances de talent et l'amitié de Lebrun, valurent à Jules Hardouin Mansart cette immense faveur, origine d'une fortune plus éclatante encore.

Perrault, à cette époque, ne pensait qu'à son Louvre; malheureusement le roi n'y pensait plus. Versailles avait depuis deux ans chassé le Louvre de son esprit. Il ne voulait d'abord que remanier et étendre le petit rendez-vous de chasse de son père, et c'était à Levau qu'il avait commis ce soin, en compensation de ses récents échecs. Levau fit là ses dernières armes. Dans les années 1669 et 1670, les travaux de Versailles prirent sous sa direction une grande importance, et les dépenses commencèrent à égaler, voire même à dépasser de trois ou quatre cent mille livres les sommes employées au Louvre dans cette même période; mais, lorsque le jeune Mansart eût pris la conduite des travaux, ce fut bien autre chose. L'ardeur du roi s'accrut de la fougue complaisante et habile de son nouvel instrument, et, dès la première année, les dépenses de maçonnerie, qui en 1669 n'avaient pas dépassé à Versailles 1,200,000 livres, qui en 1670 n'avaient pas atteint 2 millions, s'élevèrent tout à coup à 3 millions 400,000 livres, tandis qu'au Louvre elles descendirent au-dessous d'un million, tombèrent l'année suivante à 213,000 livres, et furent réduites, dès 1672, à une somme insignifiante, 58,000 livres environ.

Colbert gémissait, fronçait ses noirs sourcils, hasardait de courageuses remontrances, mais en vain. Il avait compté sur la gloire de terminer le Louvre, il fallut y renoncer. Jusqu'en 1680, on voit encore ce mot *Louvre* figurer dans les comptes royaux, mais pour des sommes à peine suffisantes à l'entretien de ce qui était fait, sans rien bâtir de nouveau. Puis, à partir de cette époque, il n'est même plus fait mention des dépenses d'entretien; Versailles absorbe tout. On peut donc dire que, pour l'histoire du Louvre, Louis XIV a cessé de régner en 1680, trente-cinq ans avant sa mort.

Perrault survécut près de huit années à la disgrâce du monument où il s'était illustré; mais jusqu'à son dernier jour il composa des plans pour l'achèvement du Louvre. Une partie de ses dessins, recueillie par son frère, est parvenue jusqu'à nous et se conserve à la bibliothèque du Louvre. C'est là qu'on apprend à connaître Perrault, toujours riche et brillant dans ses élévations, subtil et chimérique dans ses plans. Quelques-uns de ses projets pris à part, et par exemple la grande chapelle qu'il voulait élever au centre du Carrousel, le grand escalier qu'il plaçait en avant du pavillon de l'Horloge, du côté des Tuileries, sont de petits chefs-d'œuvre *en peinture;* les lignes en sont habilement ajustées, les dessins d'un rendu séduisant; mais, en exécution, que deviendraient ces projets? Quels défauts de pratique et de réflexion! Ce sont des jeux d'imagination et de calcul, des combinaisons ne visant qu'à l'effet; ce ne sont pas des conceptions sérieuses et solides. Pour connaître exactement la portée de cet esprit, il faut jeter les yeux sur le projet d'ensemble qui contient tous les autres, sur son plan de réunion du Louvre et des Tuileries. C'est là la question capitale, le grand problème qu'il s'agit de résoudre aujourd'hui. Eh bien, nous n'hésitons pas à le dire, à la façon dont Perrault l'a tranché, il nous est impossible de regretter qu'il n'ait point eu à sa disposition les millions enfouis à Versailles. En vrai mathématicien, il ne manque pas d'attacher une extrême importance au défaut de parallélisme des deux palais. C'est là un pur enfantillage, comme nous le verrons plus loin. Pour cacher ce défaut, il s'est mis l'esprit à la torture, et jamais on ne devinerait jusqu'où l'a conduit cette horreur d'un angle un peu trop aigu. Il ne se contente pas, comme tant d'autres l'ont proposé depuis, de couper par le milieu ce vaste espace, de faire deux cours au lieu d'une, il en fait seize, non compris la grande cour du Louvre; et dans un second projet, craignant sans doute d'avoir été parcimonieux, il va jusqu'à dix-neuf. Ces dix-neufs cours sont de toute forme et de toute grandeur; on y voit des ovales, des octogones, des quadrangles, des trapèzes, des parallélogrammes, toutes les figures de la géométrie; et comme ces cours sont bordées de bâtiments, comme ces bâtiments épousent leurs formes diverses, c'est un chaos inextricable d'angles qui se heurtent et se contrarient, de constructions qui s'adossent ou se pénètrent, d'où résulte une telle masse bâtie, qu'il y a pour ainsi dire dans cet ensemble autant de pleins que de vides. Voilà pourtant où aboutit un esprit ingénieux, une vive imagination, un dessinateur consommé, s'avisant de faire de l'art à cinquante ans, sans autre guide que les mathématiques !

Voyons maintenant comment ce même plan fut conçu, à première vue et d'instinct, par un artiste, nous ne voulons pas dire seulement de profession, mais de naissance, par ce Bernin, qui, quoi qu'en dise Charles Perrault, était un autre homme que son frère, un esprit gâté par le faux goût du temps, mais un esprit supérieur, un génie de décadence, mais un véritable génie, témoin ces innombrables monuments qu'il a créés et qui, même au travers de formes molles et contournées, laissent percer presque tous un caractère d'inexprimable grandeur. Le Bernin ne faisait pas de l'architecture pour se donner occasion de dessiner des feuilles d'acanthe; il comprenait son art en général d'armée, saisissant d'un coup d'œil les grands effets de masse et les dispositions du terrain. Autant il avait la main lourde pour tracer une élévation, autant il l'avait sûre et hardie pour jalonner les grandes lignes d'un plan. Ses projets de façades, nous l'avons déjà dit, étaient écrasants pour notre Louvre; mais quelle magnifique façon de comprendre les abords du monument! En avant de la grande entrée, du côté de l'est, il traçait une place immense ouverte jusqu'au Pont-Neuf, et dans cette place, autour d'une statue colossale du roi, étaient groupés des bassins, des fontaines jaillissantes, et tout un système de décoration annonçant les approches d'un palais ; puis, entre le Louvre et les Tuileries, à peine avait-il vu cette grande galerie d'Henri IV se prolongeant au bord de l'eau, que l'idée lui était venue de la répéter du côté opposé, et d'opérer ainsi, non pas seulement la communication, mais la jonction des deux palais. Cette idée est de lui, comme l'atteste M. de Chantelou ; sa vue avait percé cette forêt de maisons qui, depuis le commencement du siècle, s'était interposée entre les deux édifices : il l'abattait dans sa pensée, et cet espace une fois découvert et aplani, croit-on qu'il s'amusât à le découper en petits compartiments ? — « Ce serait un crime, disait-il, que d'obstruer une partie quelconque de cette admirable place, la plus grande qui sera dans le monde. Si vous y bâtissez quelque chose, j'aime autant ce que j'y vois que ce que vous y mettrez. On ferait le tour de l'Europe pour trouver sa pareille, et vous voulez détruire cette grandeur que le hasard vous donne ? Pourquoi ? Pour cacher un défaut de parallélisme ! Mais qui saura qu'il existe, ce défaut, quand une fois les maisons seront par terre ? Il n'y aura que les oiseaux qui s'en apercevront. »

Voilà ce qu'une simple conjecture de génie lui faisait affirmer, il y aura bientôt deux cents ans ; que dirait-il donc aujourd'hui !

VII

LE LOUVRE DEPUIS LOUIS XIV
JUSQU'A NOS JOURS

Nous venons de voir que, depuis 1680 jusqu'à la mort de Louis XIV, le Louvre était tombé dans un complet oubli. Il ne fut pas plus heureux sous Louis XV, du moins pendant les deux premiers tiers de son règne. Il y a là une période de soixante-quinze ans qui rappelle les mauvais jours du Louvre féodal, depuis la mort de Charles V jusqu'à François Ier. Aux deux époques, le monument n'est resté debout que par son poids, par sa masse, se dégradant de jour en jour, sans que personne en prît ni pitié ni souci.

Pour nous faire une idée des conséquences de ce long abandon, commençons par constater dans quel état Perrault avait laissé le Louvre.

La colonnade était bâtie et complètement sculptée, mais le corps de logis auquel elle est adossée n'était pas terminé du côté de la cour; les deux premiers étages, reproduction pure et simple de ce qui existait vis-à-vis, avaient été promptement élevés; il n'en avait pas été de même de l'étage supérieur. Là, grâce à la colonnade, on ne pouvait plus copier; reproduire l'attique de Lescot et le toit qui le surmonte, c'était risquer qu'un spectateur, placé de l'autre côté de la cour, aperçût par-dessus le toit le revers des balustres de la colonnade, ce qui eût été du plus étrange effet. Il fallait donc nécessairement composer un étage en remplacement de l'attique, et lui donner assez d'élévation pour atteindre à peu près le niveau de la colonnade; il fallait, en outre, que ce nouvel étage ne fût surmonté d'aucun comble apparent, et qu'il se terminât, comme la colonnade, en plate-forme à l'italienne.

Perrault imagina bien des combinaisons, une entre autres qui consistait à répéter tout autour de la cour les grandes cariatides de Sarrazin; mais cette fantaisie, dont il nous a conservé le dessin, était d'une accablante lourdeur. Il renonça donc à ces cent quarante figures de femmes rangées sur la même ligne, et, après d'autres essais et de longs tâtonnements, se résigna tout platement à répéter, en guise d'attique, la décoration du premier étage, plaçant ainsi l'un au-dessus de l'autre deux ordres composites d'égale importance et de même forme, diversifiés seulement par quelques détails imperceptibles à l'œil nu. Vers 1680, on pouvait déjà sentir la désespérante monotonie de cette disposition, car le troisième ordre était presque entièrement construit sur toute la longueur de cette façade, mais il n'était ni sculpté ni couvert. Perrault l'avait prolongé en retour d'équerre jusqu'au tiers environ du corps de logis du nord, et là encore les couvertures faisaient défaut. Enfin, du côté de la rivière, la nouvelle façade, commencée l'année même de la mort de Levau, avait été très rapidement montée, mais quelques pierres manquaient çà et là dans le sommet de la corniche; les chapiteaux des pilastres, les chambranles des fenêtres, toutes les parties destinées à la sculpture, n'étaient qu'à peine épannelées; c'était une grande devanture à jour que quelques chaînes de pierres rattachaient de distance en distance à la façade de Levau. — Quant à cette façade, elle était restée intacte mais comme claquemurée, et rien ne peut donner l'idée de l'étrange figure que faisaient son grand dôme central et les toits aigus de ses deux pavillons latéraux s'élevant au-dessus et en arrière des nouvelles constructions couvertes de leurs échafaudages. L'espoir de reprendre les travaux avait fait maintenir longtemps cette enveloppe de charpente; mais à la fin, comme elle tombait de pourriture, il fallut l'enlever. Dès lors il n'y eut plus aucun moyen de nettoyer et d'entretenir les pierres de la nouvelle façade; le vent, la pluie, la poussière, y firent germer tout un jardin; la colonnade, de son côté, et l'aile septentrionale, restées aussi sans couverture, ne tardèrent point à verdir. C'étaient, à perte de vue, des champs de giroflées et de tous ces feuillages qui se plaisent aux ruines.

Si du moins ce malheureux monument n'avait eu pour ennemi que cette végétation parasite et les injures du temps; mais les hommes s'en étaient emparés et l'outrageaient bien mieux encore! Du vivant de Louis XIV cette invasion s'était contenue dans de certaines bornes. On s'était contenté de concéder des logements à quelques officiers de la couronne, et, par faveur singulière, des ateliers à quelques artistes éminents. C'était aussi une hospitalité inoffensive que celle qu'avait donnée le roi à plusieurs corps savants, à l'Académie française, aux Académies des inscriptions et des sciences, à l'Académie de peinture et de sculpture, puis enfin à l'Académie d'architecture. Mais sous la régence et dans les vingt-cinq ou trente années qui suivirent, il n'y eut plus un rapin en faveur qui ne s'arrogeât le droit d'avoir au Louvre un atelier, pas un valet de cour qui n'y introduisît sa famille. Pour décupler les logements, il fallut entresoler presque toutes les grandes salles, les couper de deux ou trois cloisons, ouvrir dans l'épaisseur des murs des cages d'escaliers, des gaînes de cheminée. De tous côtés et à tous les étages, on vit des tuyaux de poêle vomir la suie et la fumée. C'était une grande hôtellerie où chacun faisait son lit à sa façon et travaillait pour soi. Ceux qui avaient des chevaux trouvaient moyen de les loger. Le vestibule qui fait face à la rue du Coq servait de remise à cinq voitures et d'écurie à quatorze chevaux. M. le duc de Nevers avait sa petite écurie dans une des salles occupées aujourd'hui par les sculptures de la renaissance; M. de Champlot et M. de Tessé avaient installé leurs carrosses et leurs chevaux dans la grande salle des moulages. Mais ce n'était pas tout. Pour aider à cette dégradation intérieure, on avait adossé aux façades extérieures, et plus particulièrement au soubassement de la colonnade, les établissements les mieux faits pour ronger un monument à sa base. Ainsi, dans l'ancien hôtel de Longueville, démoli seulement en partie comme nous l'avons dit, on avait transporté la poste aux chevaux et les relais du royaume. Les chevaux avaient leurs mangeoires contre le mur de la colonnade, et les poutres du hangar qui les couvrait étaient scellées dans le mur. Tout à côté, on avait placé les écuries de la reine, et sur les ruines du Petit-Bourbon s'élevaient des appentis en bois qui pouvaient à chaque instant prendre feu et calciner les pierres du voisinage. Enfin, dans l'intérieur même de la cour du Louvre, un certain nombre de barraques construites, lors de la grande activité des travaux, pour abriter les matériaux et loger les ouvriers, n'avaient pas été démolies; elles furent envahies comme le reste; douze ou quinze ménages s'y entassèrent. C'était une petite ville, une colonie, comme à Nîmes et à Arles dans le cœur des arènes. A force de tolérance, la possession s'affermissait de jour en jour, et chacun se croyant maître chez soi, consolidait, agrandissait sa demeure; on vit même, en 1750, quelques-uns de ces habitants du Louvre reconstruire en belle et bonne pierre les parties de ces masures qui tombaient de vétusté.

Cette impudence souleva des murmures. Le Louvre, aux yeux des Parisiens, bien que déserté depuis si longtemps par la royauté, était toujours une habitation royale. On cria au scandale et à l'usurpation. Les gazettes se permirent des doléances, et de nombreux écrits, mordants et indignés, sommèrent le pouvoir de réprimer ces désordres. Un de ces écrits évoquait l'ombre de Colbert, et mettait dans la bouche du grand ministre des vérités et des reproches qui remontaient jusqu'au roi. Au milieu de cette émotion, M. de Marigny devint surintendant général des bâtiments, et se sentit le courage de chasser les vendeurs du temple. Au bout d'un an, le roi, cédant à ses prières, lui accorda l'autorisation d'entreprendre la restauration et l'achèvement du Louvre. Le 16 février 1755, les travaux furent inaugurés aux applaudissements du public.

Des deux problèmes que comprenait l'achèvement du Louvre, il en était un, la réunion des deux palais, que M. de Marigny ne songeait pas même à aborder. Toute son ambition était de rétablir le monument lui-même, c'est-à-dire les quatre côtés du quadrangle, dans l'état où l'avait laissé Colbert, et de le terminer, s'il était possible.

Gabriel, qui, par ses façades de la place Louis XV, prenait alors dans son art un rang que Soufflot seul devait lui disputer plus tard, fut chargé de conduire les travaux. Il commença par restaurer la colonnade de Perrault, tombée dans un état désolant. Les armatures en fer avaient produit leur effet; il fallut remplacer presque toutes les pierres du plafond, fendues et éclatées. Gabriel se hâta aussi de porter secours à la nouvelle façade du bord de l'eau, il la consolida, la rattacha aux parois de l'ancienne façade en jetant aux deux étages des poutres et des planchers, mais sans avoir le temps ni de la sculpter, ni de la clore par des fenêtres, ni même de la couvrir : car la bonne volonté de M. de Marigny ne tarda pas à être paralysée. Le malaise des finances et les intrigues de cour lui fermèrent les coffres de l'État. Toutefois, pendant le peu d'années que dura sa mission, Gabriel avait fait un autre travail; il avait restauré et non construit, comme on l'a dit et imprimé souvent, le troisième ordre adossé à la colonnade de Perrault. Ce troisième ordre, nous le répétons, est l'œuvre de Perrault lui-même. Blondel, qui faisait imprimer son quatrième volume en 1755, au moment même où Gabriel allait mettre la main à l'œuvre, nous dit dans quel état était ce troisième ordre, et comment, faute d'avoir été couvertes, la plupart des pierres étaient pourries ; il ajoute que pour le remettre à neuf il faudrait le détruire aux deux tiers environ de sa hauteur, et exprime le veu qu'il puisse être remplacé par l'attique de Lescot, vœu remarquable à cette époque, et chez un homme qui n'était pas fou, tant s'en faut, du style de la renaissance. Obligé de choisir, les deux ordres égaux superposés révoltaient encore plus son bon sens que les combles apparents de Lescot ne choquaient ses préjugés.

Gabriel fut moins bien inspiré, et se contenta de rétablir à grands frais ce qu'avait déjà fait Perrault ; seulement, les sculptures, qui jusque-là n'étaient qu'en ébauche, furent achevées par ses soins ; mais, chose vraiment incroyable, et qui ne peut s'expliquer que par une interruption presque subite des travaux, il oublia, comme Perrault en 1680, d'assurer, soit par des feuilles de plomb, soit par tout autre moyen, la conservation de son œuvre. La maçonnerie nouvelle resta sans couverture, comme celle qu'elle avait remplacée.

Tel fut le résultat de cette grande restauration, si pompeusement annoncée, la seule qu'on ait essayée dans tout le cours du dix-huitième siècle, car il n'y a rien à dire d'une autre tentative encore plus éphémère dont M. d'Angivilliers, successeur de M. de Marigny, prit l'initiative dans les premières années du règne de Louis XVI, et qui donna occasion à Soufflot de faire encore moins que Gabriel. Tout ce qu'on avait gagné en remettant le Louvre en honneur, et en y dépensant quelques millions, c'était de l'avoir rétabli à peu près dans l'état où Colbert l'avait laissé, mais pas mieux défendu contre les assauts du temps.

Soyons justes cependant, M. de Marigny avait encore rendu un autre sorte de service ; il avait déblayé les abords du monument. Les baraques qui obstruaient le soubassement de la colonnade, les hangars de la poste aux chevaux, les échoppes des écuries de la reine, les appentis plus voisins de la rivière avaient tous été détruits ; et, dans l'intérieur de la cour, on avait impitoyablement rasé toutes les masures. Ces vigoureuses exécutions ne s'étaient pas opérées sans efforts. Ce fut bien autre chose, quand on voulut se débarrasser, non plus seulement de cette population qui bivouaquait sous des hangars, mais de celle qui était installée dans l'intérieur du palais. La résistance fut plus vive, et souleva probablement une partie des obstacles qui firent suspendre les travaux. Il y eut des grands seigneurs qu'on ne put faire déloger; il y eut quelques artistes qui ne voulurent pas déguerpir ; et, par exemple, il fut impossible de débusquer Vanloo de la galerie d'Apollon, où il avait établi son atelier et même son logis.

Le moment approchait où tout à coup le Louvre allait devenir désert. En 1792, après la chute de la royauté, tous ceux qui, à un titre quelconque, habitaient ce palais, furent mis dehors. Mais bientôt la Convention, en rendant le décret qui consacrait le Louvre *à l'étude des beaux-arts*, donna prétexte à une invasion nouvelle, bien autrement violente, et encore plus dangereuse pour le monument que celle de 1715. Les cloisons, les entresols, les escaliers, les tuyaux de poêle, dont M. de Marigny avait à si grand'peine poursuivi la destruction, furent rétablis en un clin d'œil. Pour peu qu'on eût quelque civisme et qu'on sût manier un crayon, on venait choisir un local, et, de gré ou de force, on se logeait avec femme et enfants. Les élèves suivaient le maître, et s'installaient à leur tour. En peu de jours tout fut plein. Dans le nombre, il se glissa quelques hommes de grand talent ; mais le niveau de l'égalité fit entrer une tourbe ignorante et brutale, pour qui le Louvre était une place prise d'assaut. Il existe encore des témoins de ces saturnales ; il faut leur entendre raconter en quel état cette jeunesse avait mis ce malheureux Louvre : de tous côtés ce n'étaient que dégradations, que débris, que décombres. Jamais l'aspect du monument n'avait été si délabré et si hideux.

Heureusement un homme apparut qui d'un geste allait rétablir l'ordre, aussi bien dans le Louvre que dans la France entière. Les premiers actes du consulat n'oublièrent pas le vieux palais de nos rois. Pour en chasser les maraudeurs, deux occasions se présentèrent : le rétablissement des corps savants, auquel on assigna quelques grandes salles qu'on fit aussitôt vider ; puis l'exposition publique des trésors de peinture et de sculpture dont nos victoires venaient de dépouiller l'Italie. Pour étaler dignement ces chefs-d'œuvre, on fit choix, au rez-de-chaussée, des anciens appartements d'Anne d'Autriche, et, au premier étage, du grand salon et d'une partie de la grande galerie. Un homme qui devait à peine survivre à cette mission, M. Raymond, fut chargé de restaurer toutes ces salles. Les artistes qu'on en fit sortir, ceux du moins qui par leur talent justifiaient leur usurpation, furent logés à la Sorbonne ou dans d'autres bâtiments de l'État. Il en restait encore bon nombre, soit derrière la colonnade, soit dans l'aile du nord, et ce n'est guère qu'en 1803 que le palais tout entier devint à peu près libre.

Ce fut aussi vers cette époque que le premier consul, déjà presque empereur, résolut de s'occuper du Louvre, non plus seulement pour le déblayer, mais à la façon de François 1er, d'Henri IV et de Louis XIV, pour l'achever, l'orner et l'agrandir. L'entreprise convenait à ses goûts et à son système. Il aimait les grandes choses, et sentait avec son admirable instinct que c'était une tâche à la fois royale et populaire que de mettre la dernière main à l'œuvre inachevée de tant de rois. Pour remplacer M. Raymond, qui venait de mourir, il avait associé le goût élégant et fin de M. Percier à l'esprit pratique et entreprenant de M. Fontaine. Ces deux hommes de talent ont publié le récit des travaux exécutés par eux depuis 1803 jusqu'en 1812, et, ce qui n'est pas moins précieux, quelques souvenirs de leurs fréquents entretiens avec l'empereur à l'occasion de ces travaux. Est-il besoin de dire que, pour le nouveau monarque, l'achèvement du Louvre ne consistait pas à terminer seulement les quatre ailes de l'ancien palais, et que, dans son esprit, il menait de front l'autre problème, plus grand et plus difficile, que, depuis le Bernin et Perrault, personne n'avait agité : la réunion du Louvre et des Tuileries ? Mais comme il avait pour principe de ne jamais faire qu'une seule chose à la fois, aussi bien en architecture qu'à la guerre, on commença par la restauration du vieux Louvre.

La colonnade fut, pour la deuxième fois, remise à neuf. Il fallut la reprendre à peu près pierre par pierre, comme avait fait Gabriel, cinquante ans auparavant ; puis, la façade du bord de l'eau fut définitivement sculptée, close et couverte : grand travail, qui fit disparaître les vestiges, apparents jusque-là, de la façade de Levau. Enfin il fallut résoudre cette question tant de fois controversée : comment achever la partie supérieure des quatre façades de la cour ? Quel plan suivre pour les rendre régulières ? Celui de Lescot ou celui de Perrault ? l'attique ou bien le troisième ordre ? L'attique était déjà exécuté dans les sept douzièmes environ de la cour; le troisième ordre n'en occupait que les quatre douzièmes, et le dernier douzième n'était pas commencé. Quelque parti qu'on prît, on ne pouvait arriver à l'unité qu'en détruisant quelque chose; mais il y avait moins à détruire en continuant l'attique qu'en prolongeant le troisième ordre. Par une heureuse coïncidence, l'économie était du côté du bon goût.

L'empereur voulut avoir l'avis, non seulement de l'Institut, mais des architectes et des artistes les plus éminents de Paris. Une grande commission fut nommée. Elle examina longuement la question, et il faut le dire à l'honneur de ceux qui en ont fait partie, malgré ce goût du faux antique, alors si répandu et si incontesté, malgré le peu de sympathie que les combles en saillie et les formes ondulées de cet attique devaient inspirer à des praticiens familiarisés seulement avec la ligne horizontale, ils furent saisis d'un certain respect traditionnel pour ces débris de l'ancien art français, et pas une voix n'osa demander que le troisième ordre fût prolongé autour des quatre façades. A une immense majorité, la commission fut d'avis (le 11 prairial an XII), *que l'attique déjà exécuté au couchant, et en partie au nord et au midi de la cour du Louvre, devait être continué.* Il n'y eut dissentiment que sur un point : fallait-il, du côté de l'est, au revers de la colonnade et pour en dissimuler la hauteur, maintenir par exception le troisième ordre ; ou bien, même de ce côté, devait-on continuer l'attique ? Ceux qui soutenaient ce dernier parti prétendaient, non sans raison, qu'il était très facile de combiner un toit qui ne serait pas visible du côté de la colonnade, et qui n'empêcherait pas sa balustrade à jour de se détacher sur le ciel. Cette question seule, encore un coup, fut sérieusement controversée ; il y eut doute et partage ; mais pour le maintien de l'attique du côté du couchant, pour sa continuation au nord et au midi, c'était chose jugée. Le rapport de la commission, rédigé par Dufourny, démontrait jusqu'à l'évidence combien était absurde l'addition d'un troisième ordre égal aux deux premiers ; combien serait odieuse la destruction de sculptures universellement admirées depuis trois siècles. Dès que ces conclusions eurent transpiré dans le monde des arts, elles furent accueillies avec une faveur extrême. On peut en voir le reflet dans le grand ouvrage de M. Baltard sur le Louvre, publié vers cette époque. L'auteur cite en substance l'avis de la commission, alors tout récent; il chante la victoire de Lescot, et en remercie le chef du gouvernement, sans avoir même un soupçon qu'un autre avis pût prévaloir.

Aussi l'étonnement fut grand, lorsqu'on apprit, un beau matin, que l'empereur avait, *proprio motu*, donné gain de cause au troisième ordre. Il ne faisait qu'une seule concession : le maintien de l'attique du côté du couchant, comme échantillon du style de l'ancien Louvre. C'était juste le rebours de ce qu'avait demandé l'unanimité des artistes.

L'arrêt était sans appel; il fut exécuté. On jeta bas l'attique du midi et du nord, c'est-à-dire, non seulement les copies de Lemercier et de Levau, mais une moitié de l'original. Les sculptures de Paul Ponce furent sciées et descendues par morceaux. Le cœur saigne en y pensant ! Voyez pourtant à quoi tiennent les choses ! Voilà un monument découronné, disons le mot, déshonoré (pas un artiste qui n'en convienne), et pourquoi ? Parce que l'empereur Napoléon, malgré tout son génie, était, en architecture décorative, de l'école de Perrault; parce que les lignes droites et les balustres plaisaient à ses instincts méridionaux. Eh bien,

si le bonheur eût voulu qu'au lieu de commencer par restaurer la cour du Louvre, il se fût occupé d'abord de la jonction des deux palais, et si, pour cet ordre de travaux, il eût fait, comme pour l'autre, acte de volonté souveraine, nous n'aurions probablement pas les mêmes regrets à exprimer; car, MM. Fontaine et Percier nous l'apprennent, il était ennemi de tout projet tendant à diviser ou rétrécir l'espace qui sépare le Louvre des Tuileries. Ses deux architectes, au contraire, préoccupés outre mesure des prétendues incompatibilités de ces deux édifices, soutenaient que, pour être bien mariés, ils avaient absolument besoin de faire ménage à part; mais, « toutes les fois, disent-ils,
» qu'on proposait à l'empereur des construc-
» tions intermédiaires, soit pour satisfaire aux
» besoins des deux palais, soit pour cacher
» leurs défectuosités respectives, il regrettait
» le grand espace entre les deux ailes, répétant
» toujours : *Il n'y a de beau que ce qui est*
» *grand; l'étendue et l'immensité peuvent faire*
» *oublier bien des défauts.* » Aussi ce fut de guerre lasse qu'il se rendit, et il ne céda que devant une assertion technique, que nous examinerons plus loin : l'*impossibilité matérielle* de laisser à cette place toute son étendue.

Faut-il nous étonner que le même homme qui dans la cour du Louvre venait d'avoir la main si malheureuse, eût de si bonnes intentions pour la place du Carrousel? Cela s'explique aisément. Le Bernin n'avait-il pas aussi des desseins peu charitables pour les façades de Lescot, et ses idées pour la jonction des deux palais n'étaient-elles pas d'une admirable simplicité? C'est qu'autre chose est le sentiment de la décoration, autre chose la conception des plans; dans un cas, pour prendre le bon parti il faut surtout avoir du goût, tandis qu'avec du génie on risque rarement de se tromper dans l'autre.

En adoptant, à son corps défendant, le projet de ses architectes, l'empereur voulut au moins que les constructions transversales qui devaient séparer les deux palais fussent destinées, ainsi que les subdivisions qui s'y rattachaient, à des services d'utilité publique analogues à ceux qu'il avait installés déjà dans la grande galerie et dans une partie du Louvre, c'est-à-dire aux beaux-arts et aux lettres. Il écarta sévèrement tout service administratif ou militaire qui aurait pu compromettre la sûreté de nos collections ou troubler la tranquillité des travailleurs. Il ne se réservait pour lui personnellement que les Tuileries, et donnait tout le reste à la science et à l'étude. L'aile transversale était spécialement destinée à recevoir la Bibliothèque nationale; puis en face de l'entrée du musée et en pendant de la galerie d'Apollon devait s'élever une chapelle, pour tenir lieu de Saint-Germain l'Auxerrois, condamné à être démoli. Enfin on imposait à cette chapelle un étrange voisinage, la salle de l'Opéra, plantée isolément à deux pas de là, vis-à-vis le Palais-Royal et en travers de la future rue de Rivoli : idée doublement malheureuse, et comme aspect et comme convenance.

A la chute de l'empire, l'ensemble de ce projet n'avait encore reçu que de faibles commencements d'exécution. On travaillait depuis 1801 à déblayer peu à peu le terrain. Les hôtels de Brionne et de la Vallière, qui occupaient en partie le côté nord de la cour actuelle des Tuileries, avaient été promptement démolis, ainsi que les trois grandes masses de bâtiments de service qui encombraient d'autres portions de cette même cour. Sur la place du Carrousel les démolitions avaient été poussées jusqu'à la rue Saint-Nicaise, à l'alignement des hôtels de Crussol et d'Elbeuf. Quant aux constructions, elle ne consistaient encore, du côté des Tuileries, que dans cent-trente mètres environ de l'aile septentrionale, depuis le pavillon Marsan jusqu'à la deuxième travée au delà de la rue de l'Échelle. A l'autre extrémité, du côté du Louvre, le travail était encore moins avancé : on avait seulement commencé la chapelle ; le portail, élevé à moitié de sa hauteur tout au plus, n'était qu'un amas de pierres d'attente, comme la plupart des monuments entrepris sous l'empire. Car il n'y a que les poètes et les panégyristes qui croient qu'en 1814 ces monuments étaient tous terminés. Les imaginations plus prosaïques se rappellent à quelle hauteur étaient alors parvenus et la *Madeleine*, et *l'Arc de l'Étoile,* et le *Palais du quai d'Orsay*, et tant d'autres édifices dont l'époque de l'empire ne peut revendiquer que l'honneur de les avoir fondés.

Les deux gouvernements qui, depuis 1814, ont achevé ces monuments et qui en ont donné tant d'autres à la France, en même temps qu'une prospérité et une liberté sans exemple, ont eu le tort, pourquoi n'en pas convenir, d'avoir laissé le Louvre dans l'état où ils l'avaient reçu. Cet aveu n'atteint pas les chefs de ces gouvernements, le dernier surtout, puisqu'il s'était hâté, tout le monde s'en souvient, de provoquer l'achèvement de cette grande œuvre, et qu'il l'eût certainement poursuivi, comme à Versailles, même au prix de ces sacrifices personnels qui pèsent aujourd'hui sur sa famille. Un regrettable conflit d'attributions lui lia les mains et fournit à la malveillance un champ facile à exploiter. Déjà, lorsqu'en 1820 on avait vu la galerie d'Apollon étayée par précaution, sans que d'année en année il fût fait aucun effort pour réparer cette ruine, des plaintes s'étaient élevées, sincères chez les uns, envenimées chez d'autres, et ni les riches travaux de décoration intérieure exécutés sous le roi Charles X, ni la création du musée qui porte son nom, ni la construction de deux ou trois travées nouvelles de l'aile septentrionale, n'avaient suffi à effacer les premières impressions du public.

Il fallait donc s'attendre qu'en 1848 on chercherait à les ranimer. Les hommes qui ne pouvaient reprocher à la monarchie que des méfaits imaginaires devaient saisir l'occasion facile de se donner un mérite qu'elle n'avait pas eu. Ils décrétèrent l'achèvement du Louvre, c'est-à-dire, dans la phraséologie du temps, l'achèvement du *Palais du Peuple*; mais ces belles paroles s'évanouirent comme tant d'autres, et le monument resta tel qu'il était. Ce fut seulement neuf ou dix mois plus tard que, les mots devenus moins sonores, les effets commencèrent. En décembre 1848, l'assemblée constituante, à l'instigation de ses membres les plus éclairés, consentit à s'occuper du Louvre ; et les mêmes hommes qui auraient cru la France ruinée s'ils eussent accordé au roi Louis-Philippe deux cent mille francs à dépenser dans ce palais votèrent, sans y regarder, deux millions. Est-ce à dire que cet argent n'ait pas reçu un bon et utile emploi? Il s'en faut. C'est pour le Louvre une bonne fortune comme il n'en a pas eu beaucoup dans sa longue carrière, que les restaurations qu'il voit exécuter depuis trois ans, et sur sa face méridionale et dans la galerie d'Apollon. Ces restitutions patientes, ces harmonieux achèvements, sont des travaux ingrats, dont ceux même qui les admirent ne peuvent soupçonner la hardiesse et les difficultés. Aussi nous ne croyons pas qu'il y ait profit pour les arts à glisser légèrement sur le sérieux mérite de telles œuvres, pas plus qu'à s'appesantir, dans les salles où les travaux sont de création nouvelle, sur des détails assurément contestables, mais qui ne pèchent, en général, que par une recherche trop constante du style et de la distinction. Voyez où mènent ces critiques qui se plaisent à grossir le mal en atténuant le bien : elles ameutent inconsidérément le public et égarent l'autorité. Certes il y avait, dans la décoration de la cour du Louvre, quelques erreurs d'exécution, mais le parti était excellent. Les erreurs pouvaient aisément disparaître, et l'artiste les eût corrigées, peut-être même avant qu'elles lui eussent été signalées, si les architectes avaient, comme les peintres et sculpteurs, le privilège de travailler dans le silence de l'atelier. Il suffisait d'alléger les supports des candélabres à peine encore dégrossis, de supprimer les petites grilles courantes, et peut-être enfin de réunir les subdivisions centrales, pour que tout le monde comprît et approuvât sans réserve le charme de cette verdure contrastant avec l'architecture des façades, ces promenoirs obliques, tracés, pour ainsi dire, par le public lui-même, et ces bancs semi-circulaires, qui se mariaient avec tant de bonheur aux quatre angles de l'édifice. Mais on a pris à la lettre les anathèmes de la critique. Tout était détestable, donc il a fallu tout changer. Qu'en diront maintenant les vrais coupables? Ou nous nous trompons fort, ou ils reconnaissent déjà que cette malheureuse cour a passé de la vie à la mort. Ce n'est plus qu'une aride Thébaïde, qui tue le monument, au lieu d'une fraîche oasis qui lui servait de repoussoir.

Mais achevons notre récit. Les deux millions votés par l'assemblée constituante ne concernaient que des travaux d'ornement et de restauration. On fit un pas de plus dans l'assemblée législative : elle fut saisie, dès son début, d'un projet d'achèvement complet. C'était, quant à l'ensemble du parti, le même projet qu'on se dispose à exécuter aujourd'hui ; la destination seule différait. Dans les corps de logis que maintenant on affecte à des services administratifs, on proposait alors de placer la Bibliothèque nationale.

L'assemblée n'accorda que les crédits nécessaires au déblaiement de la place du Carrousel ; elle ajourna toute construction nouvelle. Trois raisons la décidèrent : l'état de nos finances, alors peu rassurant ; l'intérêt de la Bibliothèque, qui ne peut être bien logée que dans un local élastique, en quelque sorte, dans des constructions se prêtant, comme celles qu'elle occupe, à des agrandissements successifs, et non dans un monument d'une ordonnance régulière, symétrique et arrêtée, tel que devait être le Louvre. Venait enfin, comme dernier motif d'ajournement, l'intérêt du Louvre lui-même. Sans se prononcer sur le mérite du projet qui lui était soumis, l'Assemblée avait pensé que, si la réunion des deux palais devait être un jour consommée, il y aurait grand profit à n'avoir pris sur cette question un parti définitif qu'après le déblaiement de la place, et surtout après son nivellement, opération non moins importante, pour se rendre un compte exact de l'effet des futures constructions.

Ces conclusions modestes et expectantes furent généralement approuvées. Elles convenaient en 1849. Nous comprenons qu'en 1852 on ne s'en contente pas, et c'est pour nous un regret sincère, car nous persistons à croire que, dans l'intérêt du monument, une halte était nécessaire, mais non pas une halte inactive. Nous aurions souhaité qu'avant de s'occuper de clore le Carrousel, on fît au Louvre lui-même les trois ou quatre millions d'urgents travaux que réclament et son complet achèvement et sa consolidation. Si nous disions en quel état sont les toitures, surtout celles qui n'apparaissent pas, on comprendrait notre sollicitude ! Une épaisse et lourde charpente, des poutres à moitié vermoulues, ne chargent-elles pas les murs de face, tout en soutenant à peine les toits qui les surmontent! Et derrière ces balustres qui ont l'air de couronner de larges plates-formes, n'y a-t-il pas des monticules et des vallées d'ardoises, où les neiges s'amoncellent et où les pluies elles-mêmes sont un danger pour le monument? Ajoutons qu'un nouveau système de couverture permettrait d'utiliser ce dernier étage, actuellement sans emploi; car, bien qu'il soit, à l'extérieur, la répétition du premier, il n'est, intérieurement, qu'une suite de greniers délabrés. C'eût été bien débuter, à coup sûr, dans ces travaux du Louvre, que de mettre ainsi la dernière main à ce qui existe. On pouvait même achever simultanément le pavillon commencé vis-à-vis de la porte du Musée, et le prolonger au nord en pendant de la galerie d'Apollon. Il y avait là matière à dépenser encore deux ou trois millions au moins, et du travail pour un ou deux ans, sans que la question principale, la clôture du Carrousel, eût été compromise. Puis on aurait enfin attaqué ce problème, après avoir amassé les moyens de le bien résoudre; après avoir, autant qu'il était possible, écarté les chances d'erreur.

Voilà quels étaient nos vœux; mais à quoi

bon caresser cette chimère ? Nous l'avons dit en débutant, le sol se creuse, on commence à bâtir ! Laissons donc les utopies, et passons à la réalité.

VIII

ACHÈVEMENT DU LOUVRE

Le projet qui va s'exécuter consiste à continuer en ligne droite, parallèlement à la rue de Rivoli, l'aile septentrionale déjà bâtie depuis les Tuileries jusqu'à la rue de Rohan, et à la conduire sur une longueur d'environ deux cent trente mètres jusqu'à la rencontre d'une autre construction perpendiculaire à la Seine comme la galerie d'Apollon, et longue, comme cette galerie, d'à peu près soixante mètres. Si le projet s'arrêtait là, ce serait le plan du Bernin, le plan que rêvait l'empereur; les deux palais seraient réunis, et l'espace qui les sépare resterait libre et découvert; il n'y aurait plus qu'à jeter sur cette vaste place quelques motifs de sculpture, quelques groupes de candélabres d'un beau dessin bien accentué, puis à l'animer par des eaux jaillissantes entremêlées de verdure, pour en composer le plus admirable ensemble qui se puisse imaginer.

Mais le projet ne s'en tient pas là. Il s'empare, du côté du vieux Louvre, au nord et au midi, de deux portions de terrain dont la superficie représente à peu près le quart de la place entière, et il les couvre symétriquement de deux massifs de constructions subdivisés par des cours intérieures[1]. Chacun de ces deux massifs a la même importance, et à peu près la même surface bâtie que l'aile qui doit servir à la jonction des deux palais ; d'où il suit qu'après avoir opéré cette jonction au prix d'environ dix millions, le projet emploie vingt autres millions, seulement pour rétrécir la place.

A quoi bon ces constructions additionnelles ?

Notre question, bien entendu, est purement architecturale. Nous savons qu'on peut nous dire qu'il existe un programme, que ce programme affecte ces deux groupes de constructions à deux ou trois ministères, au télégraphe, à l'Imprimerie impériale, ainsi qu'aux remises, aux écuries et autres dépendances du palais ;

---

1. Voir le plan, n° 18.

mais, nous en demandons bien pardon, ce ne serait pas là répondre à notre question. Loin de nous la pensée de discuter le programme, c'est-à-dire d'examiner s'il y a nécessité que ces divers services soient transportés aussi près qu'il est possible de la demeure du chef de l'État. Nous regardons cette question comme tranchée ; le programme prononce qu'il y a nécessité, nous acceptons sa décision. Mais comme il nous semble évident que le moyen proposé pour obtenir la proximité de ces services n'est ni le seul, ni le plus efficace, ni le plus commode, ni le plus sûr, nous nous croyons fondé à penser que le programme n'est pas la raison déterminante et nécessaire des constructions, qu'il les utilise mais ne les commande pas, et que leur véritable raison d'être est dans des causes purement architecturales que nous sommes en droit de discuter.

Quelques mots suffiront pour en donner la preuve.

Si, au lieu d'une rue bordée de maisons, telle que la rue de Rivoli, il y avait au nord, comme au sud du Carrousel, une rivière et un quai, nous reconnaissons que, pour loger tous les établissements qu'il s'agit de concentrer autour des Tuileries, force serait de faire subir au

Louvre de regrettables additions. Mais la rue de Rivoli est là pour donner des abris aussi spacieux qu'on peut le souhaiter à tous les services politiques, administratifs et militaires. On peut y trouver place non seulement pour toutes les dépendances du palais, pour le télégraphe, pour une succursale de l'Imprimerie impériale, pour les ministères de l'intérieur et de la police, mais même, si l'on veut, pour tous les autres ministères, excepté les finances et la marine, déjà logées dans cette même rue. Ce serait même, à bien des égards, une heureuse et convenable combinaison, que celle qui, depuis la place des Pyramides jusqu'à l'hôtel d'Angivilliers, remplacerait les maisons particulières par des établissements publics. Presque toutes ces maisons sont à reconstruire, même celles qui viennent d'être bâties, puisqu'on a l'intention d'en régulariser les façades ; on serait donc encore à temps d'utiliser à double fin les dépenses de ces reconstructions. Quel que dût être le prix d'achat des immeubles à acquérir, indépendamment de ceux que l'État possède déjà, et si loin qu'il fallût étendre en profondeur les expropriations pour satisfaire à tous les besoins, l'économie serait encore grande, et l'État profiterait à coup sûr de plus de moitié des vingt millions qu'exigent les constructions monumentales de la place du Carrousel.

Dira-t-on que les communications seraient moins faciles et moins promptes? S'il est question de distances, il n'y a qu'à mesurer : elles sont incontestablement moindres, en moyenne, d'un côté que de l'autre, c'est-à-dire du côté de la rue de Rivoli; si c'est une communication intérieure, loin des yeux du public, qu'il s'agit de ménager, il n'y a qu'à pratiquer sous la rue un ou deux souterrains; au lieu d'un parcours de près d'un demi-kilomètre à travers les galeries du Louvre, on obtiendra par là un trajet plus direct et une sûreté au moins égale. Cette idée d'un souterrain, nous ne l'inventons pas : elle faisait partie du projet adopté par l'empereur en 1806, projet qui plaçait à l'hôtel d'Angivilliers et dans les bâtiments de l'Oratoire toutes les dépendances du Louvre. Le souterrain de communication fut même commencé, et on en retrouverait encore les substructions.

N'oublions pas enfin une raison d'un autre ordre, qui nous semble encore plus décisive ; celle qui a déjà fait repousser, comme nous l'avons dit plus haut, la translation de la Bibliothèque nationale au Louvre, c'est-à-dire l'inconvénient d'enfermer des établissements, variables et progressifs de leur nature, dans une enveloppe inflexible, dans une architecture symétrique et monumentale. Voyez le ministère de l'intérieur, par exemple : le voilà maintenant flanqué de l'agriculture et du commerce ; mais qui sait si demain le besoin ne se fera pas sentir de lui adjoindre, soit les travaux publics, comme sous l'Empire, soit tout autre département ? Et quand même, par un miracle dont aucun gouvernement n'a encore été témoin, les attributions de ce ministère deviendraient fixes et invariables, on nous accordera que l'agriculture, le commerce, l'industrie peuvent, en quelques années, se développer à tel point que l'importance du ministère en soit tout à coup doublée. Dans ce cas, que fera-t-on ? On ne pourra multiplier ni le nombre des fenêtres ni le nombre des étages ; les lignes des façades ne le souffriraient pas. Voudrait-on mutiler ces façades, les briser, les couvrir d'échoppes et de hangars ? Dieu nous garde d'en avoir la pensée. Les monuments de cette sorte sont des habits taillés une fois pour toutes, et qui ne permettent pas la croissance. Si donc les ministères qu'on veut loger au Louvre s'avisent de grandir, il leur faudra déménager.

Déjà même, sans prévoir ces embarras de l'avenir, c'est quelque chose de fâcheux, c'est tenter une union mal assortie, nous dirions presque incompatible, que d'assujettir aux formes d'un palais les besoins de la bureaucratie. Chacune de ces fenêtres est trop large et trop haute pour n'éclairer qu'un seul employé ; si vous les coupez en deux, ou même en quatre en les entresolant, voilà d'odieuses cloisons, visibles, quoi que vous fassiez, à l'extérieur, qui vont détruire l'harmonie de vos façades. Puis, derrière ces larges trumeaux, on ne voit pas assez clair pour écrire : que de places perdues ! On comprend que, par nécessité, on se soit quelquefois ajusté de la sorte dans de vieux bâtiments ; mais bâtir tout exprès pour loger ainsi son monde, n'est-ce pas s'exposer à des regrets certains ?

Nous pourrions nous demander aussi, comme l'idée en vient à tout le monde, si ce n'est pas une expérience périlleuse que de placer, en dessous de nos collections, des corps de gardes et des casernes ; si ce n'est pas faire bon marché d'inappréciables trésors, que de les exposer à de telles chances de détérioration et même d'incendie ?

Enfin ce n'est pas non plus sans frayeur qu'on

verra transporter, à côté de tant de chefs-d'œuvre, une partie des ateliers de l'Imprimerie impériale, et probablement aussi un de ses moteurs mécaniques. Nous savons bien qu'on pourra dire : Cette imprimerie de création royale n'est pas un hôte nouveau pour le Louvre ; on ne l'y introduit pas, on l'y ramène. Mais, lorsque Louis XIII ordonna que des presses fussent établies dans une partie du rez-de-chaussée et de l'entresol de sa grande galerie, c'était à des artistes pour ainsi dire qu'il ouvrait cet asile, c'était pour favoriser les merveilles et les raretés de la typographie. Tandis qu'ici l'intention n'est pas, que nous sachions, de lutter avec les Elzevier, ni d'imprimer patiemment du chinois ou du sanscrit ; on veut des presses qui marchent vite, à grand renfort de vapeur et de fumée. Voilà pourquoi nous voudrions les voir un peu plus loin de nos tableaux.

Il nous semble impossible que toutes ces considérations ne soient pas venues à l'esprit des auteurs du programme, qu'ils n'en aient pas senti l'incontestable autorité : si donc ils ont passé outre, s'ils ont sciemment bravé de si nombreux inconvénients, il faut une raison, et nous n'en voyons qu'une, celle qui déjà, en 1806, triompha des résistances de l'empereur

Napoléon, savoir cette allégation technique : « que les défectuosités inhérentes au terrain qui sépare les deux palais, exigent nécessairement un système de subdivisions, et qu'il est matériellement impossible de maintenir cette place dans toute son étendue ». Aujourd'hui, comme alors, on se sera laissé convaincre que des subdivisions étaient indispensables, et on a cherché à en tirer parti. Dès lors, nous sommes fondés à dire que la destination de ces constructions additionnelles n'est pas leur raison d'être, et qu'on ne peut nous l'opposer. Mettons donc de côté le programme officiel ; ce n'est pas à lui que nous avons affaire, c'est seulement à l'architecte, ce qui personnellement nous plaît fort, puisque nous serons en face d'un de nos meilleurs amis, à qui une vieille habitude nous permet de dire la vérité sans que jamais elle puisse être blessante.

Pour MM. Fontaine et Percier, l'impossibilité de laisser à la place du Carrousel toute son étendue résultait des raisons suivantes :

Le manque de parallélisme ;

Le défaut d'un axe commun ;

Les différences de niveau.

Ils ajoutaient, mais seulement comme considération à l'appui :

La trop grande immensité de la place, par rapport à l'élévation des bâtiments.

De toutes ces raisons, M. Visconti n'en adopte qu'une, qui seule est, à ses yeux, un obstacle insurmontable : la différence des niveaux.

Nous disons qu'il écarte les autres ; et en effet, quand au manque de parallélisme et au défaut d'un axe commun, il les affronte résolûment, puisqu'il laisse les deux pavillons centraux du Louvre et des Tuileries en regard l'un de l'autre, sans les masquer, sans aviser, comme ses prédécesseurs, « à empêcher que, » d'aucun point, on ne puisse découvrir en » même temps les deux milieux et leur irrégu- » larité ». Non seulement il n'attache, avec raison, qu'une médiocre importance à ces défectuosités respectives, mais, ce que nous approuvons moins, il les rend plus sensibles. Tel sera, du moins, nous en avons la conviction, l'effet produit par l'espace qui restera vide entre les deux massifs de constructions latérales. Quelque large que soit cette ouverture, elle deviendra pour l'œil un guide et un jalon, elle le forcera, malgré lui, à s'apercevoir et à s'inquiéter d'un défaut qui serait imperceptible si l'espace restait vide. Peut-être même est-il à craindre que de plusieurs points de la place, les deux angles saillants des constructions nouvelles, plus rapprochés de l'œil que la façade du vieux Louvre, n'accusent plus fortement le grand angle rentrant du sud-ouest des Tuileries. Mais malgré ces appréhensions, et dussent-elles se vérifier, s'il nous fallait absolument choisir entre le plan de MM. Fontaine et Percier et le projet de M. Visconti, nous opterions sans hésiter pour celui-ci, par cela seul qu'il pratique cette large ouverture, et que, s'il réduit la place d'un quart, ce qui est déjà beaucoup trop, il n'en confisque pas la moitié.

Quant au prétendu défaut d'élévation des bâtiments par rapport à l'immensité de la place, c'est aujourd'hui chose jugée. D'abord il est loin d'être vrai que pour tout bâtiment les proportions de hauteur et d'étendue soient soumises à des règles constantes : à ce compte, il faudrait que la galerie du Louvre fût deux ou trois fois plus élevée que les tours Notre-Dame. Ces rapports proportionnels varient selon la destination des monuments ; et l'œil, averti par l'esprit, comprend aussitôt quelle hauteur convient à une galerie. Déjà de l'autre côté de la rivière celle-ci ne semblait pas trop basse, il en sera de même du dedans de la place, surtout après le nivellement, lorsque la proéminence qui maintenant occupe la partie centrale sera creusée de 2 mètres 70 centimètres, ainsi que l'annoncent tous les projets, et lorsque l'enlèvement de cette masse énorme de terre aura donné à toutes les constructions environnantes une apparente surélévation.

Ajoutons que si les toits de ces deux galeries offraient deux lignes continues trop uniformes, il serait aisé, et conforme aux traditions historiques, d'interrompre ces lignes en rétablissant dans la toiture de légères diversités qui ont existé jusqu'au temps de Louis XIV, et qui caractérisaient chacune des constructions différentes dont se composent la galerie du bord de l'eau. On pourrait enfin donner plus d'importance au campanille du guichet Lesdiguières, et restituer au pavillon qui lui est contigu son véritable caractère en le surélevant d'un étage comme le grand salon, dont il est, dans sa partie inférieure, l'exacte répétition. Ces divers exhaussements, étant reproduits symétriquement sur la nouvelle galerie du nord, accidenteraient suffisamment les deux lignes de toitures, pour qu'il n'y eût à redouter aucun danger de monotonie.

Ainsi, de toutes les raisons capitales produites en 1806 pour déterminer l'empereur, il n'en reste plus qu'une seule, la différence de niveau. Celle-là, nous le reconnaissons, est plus sérieuse que les autres ; mais faut-il la considérer comme un obstacle insurmontable ? Toute la question est là.

Tâchons d'abord d'expliquer de quoi il s'agit.

Une moitié de la grande galerie, la partie la plus rapprochée du Louvre, celle dont historiquement l'origine est une énigme, et dont la construction présente ces gracieuses disparates que nous avons essayé d'expliquer, est fondée, comme nous l'avons dit et comme on peut aisément s'en convaincre, en contrebas du sol du Louvre. La différence de niveau est d'environ 2 mètres 50 centimètres.

Vis-à-vis de cette galerie, la rue de Rivoli est, à peu de chose près, au même niveau que le seuil du Louvre. En supposant qu'on pût la baisser un peu, ce qui par parenthèse ferait grand bien au Palais-Royal, le maximum de cet abaissement serait de 30 à 40 centimètres au plus ; on peut donc considérer qu'il y a environ deux mètres de différence entre le sol de la galerie et la portion du sol de la rue de Rivoli qui lui fait face et où il s'agirait de la reproduire en *fac-simile*, si la place devait être maintenue dans toute sa grandeur.

Dès lors on doit comprendre où gît la difficulté. Mettre en regard l'une de l'autre deux façades de même ordonnance, dont l'une aurait sa base à deux mètres plus haut que l'autre, c'est quelque chose assurément de *matériellement impossible*, non seulement parce que cette différence de hauteur dans deux édifices parallèles et symétriques serait choquante et disgracieuse, mais, ce qui est encore plus grave, parce que celui des deux qui serait fondé plus haut que l'autre ne se raccorderait plus dans ses parties supérieures avec les constructions auxquelles il doit être accolé.

N'oublions pas en effet que ce qui permet à la grande galerie, composée de deux parties de hauteur inégale, d'être de plain-pied au premier étage, c'est que la plus haute de ces parties, celle dont il est ici question, est fondée plus bas que l'autre; relevez-la de deux mètres, le plain-pied n'existera plus. Voilà pourquoi MM. Percier et Fontaine, et M. Visconti, qui sur ce point adopte leurs idées, prétendent qu'on ne peut pas opérer la jonction des deux palais en se bornant à construire, à la suite de l'aile déjà bâtie jusqu'à la rue de Rohan, une imitation littérale, et, comme nous disions tout à l'heure, un *fac-simile* de la galerie de Dupeirac. Si le terrain s'infléchissait au nord comme du côté du quai, ils admettraient peut-être cette manière si naturelle de clore le Carrousel ; mais, avec le terrain tel qu'il est, la difficulté leur paraît insoluble. Modifier leur modèle tout en le copiant, le rapetisser d'une manière insensible en diminuant certaines parties du soubassement, il n'y faut point penser, car la différence de hauteur est trop forte pour être ainsi rachetée; composer une façade moins haute de deux mètres, mais d'un dessin tout nouveau, ils n'oseraient se le permettre, et ils ont bien raison, car ce serait une bigarrure déplorable. Il n'y a donc, à leurs yeux, qu'un moyen de sortir d'embarras, c'est de renoncer franchement à reproduire cette portion de la galerie, cause de tout le mal. Ne cherchons pas à la copier, disent-ils ; cachons-la au contraire, enfermons-la dans une cour intérieure formée par une aile parallèle que nous pousserons jusqu'au point où le sol se relève, c'est-à-dire jusqu'au guichet Lesdiguières. Au dedans de cette cour, nous laisserons le sol tel qu'il est, c'est-à-dire de niveau avec le socle de la galerie, tandis qu'à l'extérieur nous nous relèverons tout à notre aise à la hauteur du sol du Louvre. La différence de niveau sera ainsi concentrée dans la cour et invisible du dehors. Puis, pour satisfaire la symétrie, nous établirons vis-à-vis une autre cour de service en doublant l'aile de la rue de Rivoli comme nous aurons doublé la galerie du bord de l'eau, et aux façades extérieures de ces deux massifs parallèles nous donnerons un caractère architectural de notre composition, libres de nos mouvements et sans être assujettis à l'obligation gênante et *impossible* de reproduire sur un sol différent une même architecture.

Voilà ce que proposaient MM. Percier et Fontaine, en y joignant leur aile transversale qui coupait la place en deux ; voilà ce que propose M. Visconti en supprimant l'aile transversale : à cette seule différence près, le système est le même.

Est-ce vraiment le seul moyen de résoudre le problème ?

Nous en voyons un autre, à notre avis, plus naturel, c'est d'appliquer à la place entière l'expédient dont on veut faire usage seulement dans la cour de service. Cet expédient consiste à asseoir les deux façades d'un même édifice sur deux sols différents, ce qui se fait tous les jours, ce qui est parfaitement admis et régulier en architecture. Quand on plante un bâtiment entre cour et jardin, il arrive sans cesse que la cour est plus haute que le jardin, ou réciproquement, selon que le sol le commande ; on en est quitte pour diversifier l'ordonnance des deux façades. C'est là ce qu'on veut faire ici ; on compte reproduire à l'intérieur de la cour de service la façade de la galerie, et rien n'est plus facile, puisqu'on se place au même niveau ; extérieurement, au contraire, on se propose de composer une façade d'une autre architecture, en ayant soin de lui donner deux mètres de moins d'élévation. Eh bien ! ce que vous voulez faire là, vous pouvez tout aussi bien le faire le long de la rue de Rivoli. Il n'est donc pas matériellement *impossible* de reproduire, du côté du nord, l'architecture de la galerie du sud, et vous pouvez, si vous le voulez, enclore dignement la place sans l'obstruer de constructions additionnelles. Pour cela, il s'agit seulement de creuser un peu le terrain et de le mettre en contre-bas de la rue de Rivoli sur une longueur d'environ 150 mètres, c'est-à-dire depuis le Palais-Royal jusqu'au Louvre, en prenant pour niveau, dans toute la largeur de la place, le socle de la galerie du bord de l'eau ; puis d'opérer le nivellement général en remontant du pied du Louvre, comme point le plus bas, jusqu'au château des Tuileries par une pente insensible, entremêlée seulement de quelques légers plis, de quelques ondulations, pour diviser l'écoulement des eaux au moyen de conduits souterrains ménagés de distance en distance. Est-il besoin de dire quel effet imposant, quelle heureuse perspective résulterait du nivellement ainsi conduit ?

Hâtons-nous toutefois d'ajouter qu'en adoptant ce parti, il faut renoncer à établir, vis-à-vis du Palais-Royal, une communication de plain-pied avec le Carrousel. Ce n'est pas là, ce nous semble, un bien gros inconvénient. On ouvrirait des guichets pour les piétons, et même, à la rigueur, au moyen d'une pente douce, on pourrait donner passage aux voitures ; mais nous ne pensons pas que ce fût nécessaire. La grande circulation des voitures sur la place du Carrousel s'établira toujours dans la direction des ponts, et nous ne voyons aucune chance que jamais on doive jeter un pont vis-à-vis le Palais-Royal, c'est-à-dire à cent mètres tout au plus du pont des Saints-Pères.

Quant à la communication de la cour du Louvre avec le Carrousel, il va sans dire que là aussi on n'aurait pas de plain-pied ; mais ce serait, nous en avons la certitude, au grand avantage et de l'aspect du monument, et de la décoration de la place. Une double rampe semi-circulaire, à laquelle un habile artiste imprimerait aisément un grand et beau caractère, donnerait accès, par la pente la plus facile, aussi bien aux voitures qu'aux piétons, et aurait en même temps un autre mérite à nos yeux, celui de rétablir, pour ainsi dire, l'ancien état du monument par rapport à son voisinage. Il faut se rappeler, en effet, quel était le niveau de l'ancienne rue Froidmanteau. Les basses-cours du Louvre n'étaient ainsi nommées que parce que du haut de ses fossés le Louvre les dominait, et Lescot, ne l'oublions pas, eut un grand soin de maintenir à son œuvre ce caractère primitif de majesté et de domination, au moyen du robuste soubassement qui est aujourd'hui enterré, et dont ce grand perron deviendrait comme un équivalent.

Enfin, pour tout prévoir, il est une objection qui nous sera peut-être faite : on nous dira que quelquefois (c'est-à-dire, à parler vrai, une ou deux fois par siècle) on a vu l'eau de la Seine pénétrer dans les petits guichets de la galerie du sud, et qu'en prenant le seuil de ses guichets comme niveau d'une partie de la place, on risque de la voir de temps en temps inondée. A cela, notre réponse est simple : Vous acceptez ce même sol pour les cours de service que vous vous proposez d'établir le long de la galerie, vous croyez donc que les chances d'inondation sont assez rares et assez peu sérieuses pour qu'il soit inutile de chercher à s'en garantir. Ce qui est vrai pour l'intérieur de ces cours, le sera pour la place entière.

Nous n'insisterons pas davantage; il est temps de nous arrêter. Notre dessein n'est pas de présenter un projet; nous voulions seulement essayer de démontrer, à ceux qui auraient la patience de nous suivre, que le système adopté n'est pas le seul possible; qu'il n'y a ni empêchement matériel, ni même difficulté sérieuse à réunir le Louvre et les Tuileries de la seule façon qui, selon nous, soit digne et grandiose. Les obstacles qu'on allègue se tournent, on l'a vu, en occasions de nouvelles beautés ; la différence du niveau franchement accusée, en plein soleil, et non déguisée à si grand'peine derrière des morceaux de pierres, est un de ces hasards heureux dans les arts, un de ces accidents d'où naissent les belles choses. De la déclivité légère et prolongée de cette immense place résulterait, nous en sommes certains, des effets aussi majestueux qu'imprévus. Puis, outre cet avantage de la grandeur, le premier de tous, celui que rien ne remplace, que rien ne compense, nous en trouvons deux autres à notre plan, deux avantages inestimables aussi : le premier c'est de sauver de l'oubli, de la mutilation, et d'une sorte d'ensevelissement, cette charmante façade de Depeirac et de Métézeau (peut-être même en partie de Delorme), ce joyau, un des plus précieux de l'ancien Louvre, encore à peine dégrossi, et pouvant se prêter sous d'habiles ciseaux à tant d'effets brillants et variés ; le second, c'est de n'exiger aucun effort d'invention pour achever le Louvre, et de ne fournir ni occasion, ni prétexte d'introduire dans ce grand ensemble monumental ces disparates et ses mésalliances que trop souvent il a dû subir.

Certes nous sommes rassurés plus que personne par le goût, par l'expérience, par le tact sûr et délicat de celui qui conduira ces travaux. Nous l'avons vu à l'œuvre en plus d'une occasion difficile, et lorsqu'en 1840 nous protestions publiquement au nom de l'art, comme nous le faisons aujourd'hui, contre le choix de l'emplacement destiné au tombeau de l'empereur, nous n'aurions, à coup sûr, jamais osé prévoir que l'artiste surmonterait, comme il l'a fait, presque tous les obstacles entassés devant lui. Nous savons qu'au Louvre comme aux Invalides, il luttera contre les périls de son entreprise sans se lasser jamais, comme un homme qui aime son art; nous ne doutons pas non plus que dans ses élévations il ne se rapproche beaucoup mieux qu'on ne l'eût fait en 1806 du véritable esprit du Louvre; nous ne redoutons de sa part ni les folies de l'*ordre colossal,* ni le mépris des combles apparents, ni l'amour immodéré des balustres, et nous espérons bien que, même en encadrant la façade de l'Horloge entre deux masses d'architecture plus ornées, il saura respecter le mâle et vigoureux contraste que Lescot s'était imposé entre le dedans et le dehors de son Louvre. En un mot, nous sommes convaincus que tous les moyens d'atténuer le mal, il saura les saisir; mais, si bien qu'il s'en tire, nous n'en regretterons pas moins toujours qu'à une ingrate mission il n'ait pas pu préférer cette tâche plus facile, plus sûre, plus vraiment glorieuse, l'achèvement d'une grande chose par les moyens les plus simples et les plus grands.

Est-il donc vrai qu'il ne soit plus temps de faire entendre ces paroles? Pourquoi nous en cacher, c'était un de nos rêves, quand nous voyions s'écrouler pièce à pièce ces murailles enfumées, ces ignobles échoppes, lorsqu'à chaque matin un agrandissement nouveau venait confirmer nos conjectures, lorsqu'enfin la place entièrement déblayée se montrait à nos yeux comme prédestinée à rester dans toute sa grandeur ; c'était, dis-je, notre rêve et notre espoir que nous la verrions terminer dans les conditions majestueuses que nous avions toujours conçues. Et voilà qu'au moment où nous achevons ces lignes, la pioche commence à entamer non plus seulement le périmètre extérieur, mais le sol même où devront s'asseoir les constructions additionnelles ! Ainsi, c'est pour tout de bon, on va bâtir ces deux massifs, et quand ils auront été bâtis, ce ne sera pas pour un jour ! Il en est dans ce pays tout autrement des monuments que des institutions ; une fois qu'ils sont debout, on regarde à les jeter par terre. Mais le mal, encore un coup, est-il donc sans remède ? Si demain un plan bien net et bien dressé démontrait qu'on peut convenablement loger tous les services, toutes les dépendances du palais, derrière les quatre ou cinq cents mètres de façade qui de la place des Pyramides s'étendent jusqu'à l'hôtel d'Angiviliers ; si les profils les plus sûrs et les mieux cotés rendaient aussi claire que le jour *la pos-*

sibilité matérielle de laisser à la place toute son étendue, qui oserait nous prédire un refus, sinon de changer brusquement d'avis, du moins d'examiner, de réfléchir? Croire à cette obstination, ce serait de notre part malveillance et parti pris. Nous ne jouons pas un tel jeu; aussi nous sommes-nous permis de dire franchement la vérité, ne pouvant nous imaginer que dans un temps où les pensées du fondateur de l'empire trouvent tant d'échos complaisants, où ses moindres paroles se transforment en oracles, on ne puisse obtenir au moins quelque attention pour ces mots échappés à son génie : IL N'Y A DE BEAU QUE CE QUI EST GRAND : L'ÉTENDUE ET L'IMMENSITÉ FONT OUBLIER BIEN DES DÉFAUTS.

NOTE

SUR LE PLAN DU LOUVRE

Ce plan n'exprime que sommairement et d'une manière générale la chronologie du Louvre. Il aidera, nous le pensons, à l'intelligence du texte : mais le texte, à son tour, devra souvent lui servir de commentaire.

Un plan ne représente qu'un seul étage d'un édifice ; or il y a plusieurs parties du Louvre dont les étages superposés n'ont pas été bâtis aux mêmes époques : telles sont particulièrement les divisions numérotées 4, 5, 6, 7. Le texte seul, pour ce qui les concerne, peut indiquer ce que le plan ne saurait montrer aux yeux.

Il est également impossible qu'un simple plan figure les remaniements plus ou moins compliqués qu'a subis telle ou telle partie d'un monument. On ne pourra donc, par exemple, trouver que dans le texte ce qui regarde les changements opérés par Levau dans le pavillon central des Tuileries, et dans les autres parties de ce palais bâties avant Louis XIV.

Il est aussi des constructions où le travail de plusieurs époques se trouve tellement mêlé et confondu, qu'on ne peut demander à un plan de distinguer ce qui appartient à chacun ; telles sont les constructions attribuées exclusivement à Henri IV par le nº 11, et les constructions contiguës qui, sous le nº 12, sont données tout entières à Louis XIII. Cette portion du Louvre, qui contient aujourd'hui l'entrée, l'escalier et l'administration du Musée, a été rajustée et refondue tant de fois, qu'elle ne saurait figurer exclusivement au compte d'aucune époque. Les deux numéros inscrits sur le plan veulent donc seulement dire que la plus grande partie de chacun de ces deux corps de logis peut être attribuée à Henri IV et à son fils.

Enfin, comme un plan ne peut pas se composer de lignes incertaines, il faut renoncer à lui faire traduire certaines questions complexes ou douteuses. Ainsi, quel est, dans la cour du Louvre, le point précis où finissaient les travaux de Louis XIII et où commençaient ceux de Louis XIV ? Il faudrait bien des dessins et bien des explications pour en donner une idée nette. En coupant, sur le plan, le pavillon du Nord par le milieu, on a pris pour ainsi dire une moyenne, et donné une indication seulement approximative. Ici encore, le texte seul peut rectifier le plan.

Sous le bénéfice de ces observations et de ces réserves, on peut user avec confiance de ce tableau chronologique du Louvre.

LE NOUVEAU LOUVRE

ET

LES NOUVELLES TUILERIES

Lorsqu'au début du nouvel empire un décret annonça qu'en cinq années au plus le Louvre serait achevé et réuni aux Tuileries, que les plans étaient faits, le projet arrêté, le parti pris, les fouilles préparées, qu'aucune hésitation, aucun délai, aucune consultation ne retarderait l'entreprise, la foule battit des mains. Elle aime ce qui va vite, et l'espoir si prochain d'un changement à vue sur cette place depuis si longtemps en décombres, cette transformation subite d'échoppes, de plâtras, de ruines, de débris, en constructions neuves et régulières, furent salués par elle avec reconnaissance. Cependant quelques esprits moins prompts et moins pressés, amateurs de projets plus mûrement conçus et d'œuvres moins précipitées, se permirent d'exprimer certains doutes. Ils ne comprenaient pas qu'on fît si largement appel à nos finances sans tout au moins consulter notre goût. Ils rappelaient que depuis deux cents ans cette question de l'achèvement du Louvre et de la jonction des deux palais avait à plusieurs reprises divisé les esprits, et que les plus compétents peut-être s'étaient presque toujours hautement prononcés en faveur d'une idée que les constructions nouvelles allaient rendre impossible. Avant de prendre un parti si tranché, n'aurait-il pas fallu en expliquer les causes, en donner les raisons, entendre les raisons contraires, instruire en un mot l'affaire avec maturité? Qu'importait une année de plus pour s'épargner des siècles de regrets? — Ces respectueuses remontrances, présentées dès l'abord, avant que le projet fût en exécution, valaient au moins la peine qu'on les examinât.

On ne répondit rien, ou plutôt la réponse ne se fit pas attendre : les travaux commencèrent ; le terrain fut creusé, et bientôt dans ces immenses fouilles on versa des flots de béton, devenus aussitôt comme un rocher factice sur lequel les assises de pierre ne tardèrent pas à s'élever. Alors on vit sortir de terre et grandir à vue d'œil d'énormes pavillons, flanqués de longues séries d'arcades et entrecoupant des corps de bâtiments si vastes, si profonds, si nombreux et si hauts qu'il eût fallu dans l'ancien temps peut-être un demi-siècle pour les édifier. En moins de cinq années, le tout était construit, couvert et en partie sculpté.

Si donc il s'agissait de constater l'exactitude et la célérité des conducteurs de ces travaux, l'embarras ne serait pas grand, la tâche nous semblerait légère ; mais par malheur l'architecture n'entend pas qu'on la juge ainsi. Exprime-t-elle ce qu'elle doit dire? le dit-elle avec simplicité, avec élégance ou grandeur? repousse-t-elle les parures inutiles, la richesse de mauvais aloi? Voilà ce qu'on lui demande, ce que la postérité veut savoir. Qu'on ait bâti plus ou moins vite, il nous importe peu, le temps ne fait rien à l'affaire. Ce n'est d'ailleurs que la masse extérieure, l'enveloppe visible de ce Louvre nouveau qu'on a construite avec si grande hâte. Tout ce qui n'est pas vu du dehors, les distributions, les décors, les dégagements, les escaliers, tout l'intérieur enfin marche d'un pas beaucoup moins prompt, nous dirions presque avec lenteur. Faut-il s'en étonner? On ne saurait tout faire en même temps. Le ravalement de ces façades était à peine terminé qu'une autre œuvre dont tout à l'heure nous parlerons avec détail, la reconstruction des Tuileries, a pris un caractère d'urgence et de nécessité dont jusque-là personne n'avait encore soupçon, travail immense où chaque année vont s'engloutir tous les fonds disponibles. De là un temps d'arrêt forcé dans l'achèvement du Louvre. On avait annoncé que pour l'exposition prochaine, pour 1867, l'escalier principal, celui qui doit conduire directement au grand salon, serait livré au public: vain espoir: on se contentera de terminer pour cette époque un escalier plus modeste, celui qui se développe dans une partie du pavillon Mollien. Et qui peut dire, une fois cette occasion manquée, quand la dernière main sera mise à l'intérieur du Louvre? Ce ne sera certes pas avant que les travaux extérieurs en cours d'exécution (la reconstruction et l'élargissement de la galerie du bord de l'eau) soient eux-mêmes entièrement terminés : or d'ici là peut-on répondre que le besoin de raccorder, d'amplifier, de remettre à neuf chaque partie des Tuileries, ne commandera pas de nouveaux ajournements? Rien n'est donc moins certain que l'époque où les promesses de 1852 seront enfin accomplies. Ce n'est pas une raison pour s'abstenir, en attendant, d'examiner et de juger dans leur ensemble ces constructions nouvelles. Ce qui reste à faire au Louvre est, à vrai dire, si peu de chose en comparaison de ce qui est déjà fait, que, sans scrupule, sans crainte d'avoir à se dédire, on peut dès aujourd'hui considérer le tout comme à peu près fini et publier ce qu'on pense. C'est aussi ce que nous allons faire. Ce sera pour nous le complément d'une étude entreprise il y a quatorze ans et qu'il est temps de conduire à fin.

En parcourant dans le passé l'histoire de cette royale demeure, nous l'avions vue, à chacune de ses phases, donner en quelque sorte le ton à l'art français. En sera-t-il de même maintenant que la voilà complète, et faudra-t-il s'en applaudir ? Quel enseignement sortira de ces constructions ? Quelle influence exercera sur nos arts du dessin non seulement dans la capitale, mais dans maint autre lieu, dans nos principaux centres de population, cette façon de comprendre et de pratiquer l'architecture ? C'est là ce qu'il nous faut chercher. Loin de nous tout système de blâme préconçu ; nous n'avons aucun goût pour la critique tracassière et ne savons au monde rien de si doux que d'admirer. Nous nous dépouillons donc de toute prévention en nous plaçant en face de ce Louvre nouveau; nous oublions nos préférences pour un plan désormais impossible, et, acceptant celui qui a prévalu, nous en cherchons les bons côtés, les avantages. L'a-t-on bien mis en œuvre? Cela seul nous importe. Nous ne pensons pas même au surcroît de dépenses dont il est devenu l'inévitable cause. Que dans un grand pays, pour l'embellissement d'une grande cité, certains travaux soient faits avec quelque largesse, il n'y a rien là qui nous révolte. La charge peut être lourde : si les travaux promettent de faire honneur à notre temps, s'ils sont d'un bon exemple, s'ils relèvent le goût, s'ils l'épurent et le fortifient, n'insistons pas sur ce qu'ils coûtent et gardons-nous de mesquines chicanes; mais si pour prix de dépenses énormes, d'imprévoyances dispendieuses, d'évidentes prodigalités, rien dans ces travaux ne révèle le culte sérieux d'un art sobre et viril ; s'il n'en résulte pour le public ni leçon, ni profit; si ce goût du clinquant, ce luxe à tout propos, ce luxe sans mesure qui s'étale aujourd'hui partout, dans les maisons, dans les ameublements, dans les toilettes, dans tous les détails de la vie, trouve là son excuse et son apothéose, qu'on ne s'étonne pas de nous voir, malgré nous, d'autant moins indulgent que cette occasion d'une noble lutte, d'un grand et salutaire exemple, était plus solennelle, plus éclatante, et, disons-le, plus introuvable. On ne recommence pas un Louvre tous les jours : le caractère qui s'imprime à un tel monument ne se corrige ni ne s'efface ; il reste, il survit et demeure attaché, soit à titre d'honneur, soit comme un triste témoignage, à l'époque qui l'a produit. Voyons donc froidement, sans passion, en quelle estime il faut tenir ces constructions nouvelles et quel souvenir de notre temps elles légueront à la postérité.

Avant tout, point de vaines et tardives querelles à l'occasion du plan, bien qu'à vrai dire nos regrets se réveillent, et toujours aussi vifs, chaque fois que nous traversons cette place. Il était si facile, en y touchant à peine, d'en faire quelque chose de vraiment grand et d'incomparable en son genre ! Ne se souvient-on pas que les plus incrédules, pendant les courts instants qui précédèrent l'ouverture des travaux, quand les maisons venaient d'être abattues et le terrain déblayé, ne purent s'empêcher de reconnaître l'heureux effet de ces longues lignes encadrant cet immense espace ? Les proportions étaient si justes, bien que données par le hasard ! On pressentait si bien le mouvement, la vie que jetterait au milieu de ces lignes, non pas un maigre échantillon de gazon et d'arbustes comme les deux *squares* en miniature qui font si pauvre mine au pied de ces pavillons, mais de grands massifs de verdure largement dessinés ! Comment n'en pas vouloir à ces deux montagnes de pierres qui ont dévoré moitié de cet espace et qui l'encombrent si lourdement ? Enfin n'en parlons plus : le fait est accompli, consommé, sans remède; passons condamnation sur la question du plan.

Le seul regret dont on ne peut se défendre et qu'il est juste d'exprimer, c'est que l'auteur de ce projet n'en ait pas pu suivre lui-même l'exécution jusqu'au bout. Il y avait à coup sûr une vraie garantie, et comme une sorte de consolation pour ceux qui blâmaient le projet et qui en redoutaient les conséquences, à le voir mis en œuvre par des mains aussi sûres. Sans s'être longtemps nourri de classiques études, Visconti connaissait d'instinct les secrets de son art, et il avait reçu par héritage en quelque sorte de son illustre père, sinon la science de l'antiquité, du moins le goût et le respect du beau. Tout ce qu'il faisait était marqué à un certain cachet de distinction, de

bonne grâce. Modeste et consciencieux, se
défiant de son savoir, il cherchait les conseils,
et pour ceux qui lui paraissaient bons, on peut
dire qu'il se prenait en quelque sorte de passion,
tant il s'y conformait avec ardeur. Aussi lorsqu'on l'eut chargé de l'achèvement du Louvre,
cette grande entreprise qui comblait sa juste
ambition et couronnait sa vie, ce ne fut pas
sans quelque trouble qu'il vit ses confidents les
plus habituels, ceux dont il écoutait de préférence les avis, repousser la donnée principale
du projet qu'il avait adopté, c'est-à-dire l'a-
moindrissement, le rétrécissement de l'espace
compris entre les deux palais. L'origine de
cette combinaison n'avait, il faut le dire, rien
d'architectural ; c'était tout simplement une
facilité de plus que le pouvoir nouveau voulait
se ménager en concentrant sous sa main, en
abritant du même toit que son propre palais,
une foule de services jusque-là dispersés, et
par exemple des casernes tout entières, de
vastes écuries, un manège, une imprimerie,
deux ou trois ministères, sans compter les
musées, les galeries, les collections nées et à
naître, ces hôtes ordinaires du Louvre depuis
le consulat, qu'on n'en pouvait exclure et qui
même réclamaient une meilleure hospitalité.

Pour tout cela, il fallait envahir et convertir en surface bâtie une partie considérable de l'espace que les démolitions mettaient à découvert. Or Visconti, sans grand effort de conscience, avait pu se plier à ces conditions qui au fond ne lui déplaisaient pas. Il était de ceux qui supposaient, avant que le déblaiement des abords du Carrousel eût prouvé le contraire, que cet espace était trop vaste et trop irrégulier pour qu'il en pût sortir sans de profonds changements une place monumentale; que les deux palais ainsi mis en regard deviendraient discordants, et, diminués par la distance, ne conserveraient pas leur véritable échelle. Il avait donc admis sans peine le programme qui lui était tracé, ou plutôt il l'avait fait sien; mais quand il vit les partisans les plus respectueux de l'œuvre de Pierre Lescot tenir son projet pour suspect et redouter pour le vieux Louvre le voisinage écrasant de ses massives additions, il prit ses précautions et redoubla d'efforts pour atténuer le plus possible les dangers qu'on lui signalait, pour ne donner, en d'autres termes, aux constructions nouvelles qu'une hauteur moyenne, un éclat modéré, et pour en déguiser la trop grande importance par la sobriété de l'ornementation.

Tel était son ferme dessein, et il en a laissé une preuve authentique qu'il est permis d'invoquer aujourd'hui. Une vue cavalière dessinée sous sa direction, gravée et publiée peu de temps avant sa mort, représente le nouveau Louvre tel qu'il se proposait de le construire. Nous ne prétendons pas qu'en cours d'exécution il n'eût, sur certains points, modifié plus ou moins ce premier jet de sa pensée : la planche dont nous parlons est d'ailleurs si petite que beaucoup de détails n'y sont pas indiqués ; mais ce qu'elle exprime clairement, sans équivoque, ce sont quelques données principales du projet que l'auteur tenait pour nécessaires, et sur lesquelles aucun pouvoir, aucune considération ne l'auraient fait transiger. Ainsi pour rien au monde il n'aurait porté ses façades à la hauteur qu'elles ont aujourd'hui ; il leur aurait donné un étage de moins ; à aucun prix non plus, il n'aurait renoncé aux combles apparents, aux toits à la française, et il s'était promis qu'au-dessus des corniches tout cordon de balustre serait sévèrement proscrit ; en d'autres termes, c'était à Pierre Lescot et non pas à Claude Perrault qu'il voulait, dans la cour du Louvre, emprunter ses inspirations.

Aussi, même en laissant dans l'ombre toutes les qualités de cet homme excellent et tant de justes raisons de déplorer sa perte, à ne parler que du Louvre, la mort prématurée qui frappa Visconti était un coup irréparable. On perdait avec lui non seulement son talent, son goût, son expérience, son culte respectueux de ce noble monument, son scrupuleux désir de le ménager avant tout ; on perdait quelque chose de plus rare, une autorité suffisante pour tenir tête aux fantaisies, aux caprices qui assiègent tout architecte, même dans nos demeures privées, à plus forte raison dans les cours. Sans être d'un caractère absolu ni cassant, sans rechercher la lutte, en l'évitant plutôt, Visconti parvenait toujours à ne faire que ce qu'il voulait bien. Sa réputation, ses services, la confiance qu'il avait su se concilier, l'auraient mis à l'abri de demandes importunes et d'ordres malencontreux. Il fût resté maître de son œuvre sans presque avoir à la défendre, et nous aurions vu son projet s'accomplir sans encombre tel qu'il l'avait conçu.

Que pouvait au contraire son jeune successeur ? Subitement appelé à ce poste d'honneur, à ce lourd héritage, par un jeu du hasard, par une de ces faveurs qui pour être au fond méritées, n'en font pas moins l'effet d'un caprice ; connu par des succès d'école et par des travaux secondaires dans une résidence impériale, mais ignoré du public, n'ayant ni fait ses preuves en dirigeant de grandes constructions, ni donné de son savoir-faire un gage qu'on pût citer, de quel droit aurait-il prétendu faire triompher son goût et imposer son sentiment? Évidemment on ne l'avait choisi que pour lui réserver un rôle plus modeste. Quelle que pût être son énergie, sa force de résistance aux volontés d'autrui, il était condamné à n'en pas faire usage! Se retirer, refuser d'obéir, à son âge et dans sa position, rien au monde n'était plus impossible : on eût traduit cet héroïsme en aveu d'impuissance. Du moment qu'il avait accepté, il fallait donc qu'il se soumît et devînt l'auteur apparent d'innovations que par lui-même il n'eût pas inventées.

Autrement comment croire qu'à peine entré en fonction ce jeune homme se fût permis de bouleverser de fond en comble les plans de son prédécesseur? Le 3 janvier 1854, devant une tombe entr'ouverte, M. le ministre d'État, prononçant un solennel adieu, se félicitait publiquement que Visconti eût laissé assez d'études et de notes pour « assurer l'achèvement de cette grande œuvre telle qu'il l'avait conçue, » et voilà que dès le mois suivant on commençait à démolir une partie de cette grande œuvre pour la reprendre à nouveau, et non-seulement on renonçait au système de décoration projeté, mais on remaniait les constructions déjà faites, on en changeait les proportions, on en dénaturait l'aspect, en exhaussant le monument d'un étage dans toute l'étendue de ses façades. Or nous disons que ce n'est pas de lui-même et sur sa seule responsabilité qu'un jeune artiste, à son début, se serait donné de telles licences. Aussi, quand tout à l'heure nous parlerons de ses travaux, quelles que soient nos sévérités, ce n'est vraiment pas à lui-même, ce n'est pas à son talent que dans notre pensée elles s'adresseront. Nous sommes convaincu que les traditions et les exemples dont il était nourri, non moins que son goût naturel, plutôt porté jusque-là à la délicatesse qu'à la fausse grandeur, le devaient détourner de la voie regrettable où il s'est engagé. La faute en est aux influences plus ou moins élevées, plus ou moins subalternes, qu'il était, nous le reconnaissons, hors d'état de combattre ; mais en architecture les fictions parlementaires n'étant point abolies, c'est le ministre responsable, c'est-à-dire l'architecte, qui seul répond pour tous. Il faudra donc, à notre grand regret, que nous fassions peser sur un artiste le poids de fautes dont, à part nous et en bonne équité, nous aimons à l'absoudre, mais qui ne peuvent publiquement être imputées qu'à lui.

Le jour où Visconti fut mortellement frappé, le dernier jour de l'année 1853, la maçonnerie du nouveau Louvre était déjà sur certains points parvenue à toute sa hauteur. Ainsi le pavillon de Rohan, répétition exacte de l'ancien pavillon de Lesdiguières, du petit pavillon formant guichet sur le quai, vis-à-vis le pont des Saints-Pères, venait de recevoir ses dernières assises, le couronnement de sa corniche. Ce ne fut donc pas sans surprise qu'un certain jour les nombreux ouvriers qui peuplaient le chantier et le public qui passait dans la rue entendirent frapper à grands coups sur les pierres de cette corniche à peine mise en place. Le marteau travaillait à la rogner, à la réduire, à ne lui laisser que la simple épaisseur d'un bandeau séparant deux étages. Allait-on donc greffer un étage de plus sur cet étroit pavillon ? Personne n'y voulait croire : l'invraisemblance était trop grande, et pourtant il fallut se rendre à l'évidence, car bientôt on vit monter les pierres, on vit se hisser lourdement au-dessus de ce petit ordre modeste, portant un fronton arrondi, sans prétention, mais non sans grâce, un second ordre opulent, bien nourri, un ordre en ronde bosse, portant aussi un fronton arrondi tout chargé d'ornements, d'attributs, de figures. Nous ne croyons pas que personne, en aucun lieu du monde, se fût encore passé la fantaisie de poser ainsi deux frontons l'un sur l'autre et de faire porter des colonnes en saillie sur des pilastres méplats. Après tout cependant, si ces innovations étaient d'un bon effet, nous nous garderions d'en médire et laisserions gloser les critiques chagrins; mais nous le demandons à tous ceux qui, traversant la place, voudront bien lever la tête avant d'entrer sous le guichet, l'effet de cette surélévation, de cette excroissance de pierres, n'est-il pas malheureux encore plus qu'insolite ? Nous ne savons qu'une chose peut-être encore moins heureuse, c'est la forme du toit qui surmonte cet ordre parasite, et qui lui-même est flanqué de quatre énormes cheminées, dont l'usage au-dessus d'un guichet est tout au moins problématique, et surmonté d'un campanile d'une maigre élégance, à qui le voisinage de ces lourdes cheminées et de toutes les masses qui l'entourent donne l'aspect le plus étrange, le plus grêle, le plus fluet.

Mais nous nous arrêtons à un détail : que ce pavillon ou plutôt que ces deux pavillons, car, une fois l'un des deux façonné de la sorte, la symétrie voulait que l'autre le fût aussi, que ces deux pavillons de Rohan et de Lesdiguières soient plus ou moins défigurés, ce n'est pas une raison pour que le reste du palais ait éprouvé le même sort. Ces pavillons ne jouent qu'un rôle secondaire dans l'ensemble des constructions nouvelles; par malheur les additions qu'ils ont subies n'étaient pas un fait isolé. On ne les surélevait ainsi, on ne leur imposait cette étrange coiffure que pour se donner moyen d'exhausser les façades voisines, et de proche en proche le palais tout entier. Supposez en effet que le pavillon de Lesdiguières fût resté à sa hauteur première, sa corniche devenait un niveau nécessaire qu'on ne pouvait dépasser ni d'un côté ni de l'autre, pas plus pour les façades nouvelles que pour la grande galerie communiquant aux Tuileries, et dès lors il fallait bien se contenter d'un seul et noble étage, ainsi que l'avait fait Visconti; autrement les pierres du second étage seraient venues butter contre l'ardoise, contre le toit du pavillon. Voilà pourquoi, une fois admis le projet d'une surélévation générale, il fallait, n'importe à quel prix, surélever le pavillon. Eh bien ! cet étage de plus, cette surélévation générale, cette infraction capitale au plan de Visconti, voilà le vice incorrigible de tout l'ensemble de ces constructions. De là cette lourdeur d'aspect, cette hauteur écrasante; de là l'inévitable tentation de déguiser ces formidables masses sous un flot de sculptures et de décorations; de là enfin ce défaut d'harmonie, cette dissonance manifeste entre les nouvelles façades et les anciennes, disparate assez forte pour que la nécessité prochaine de reconstruire en entier et la grande galerie et la presque totalité des Tuileries ait apparu de très bonne heure même aux moins clairvoyants.

Telle est pourtant la conséquence d'une simple erreur de calcul : on croit qu'on peut impunément donner ou ne pas donner à de tels édifices un étage de plus; on se hasarde à en courir la chance, et quand l'œuvre est montée, on voit qu'on s'est trompé d'échelle. Que faire alors? Démolir ce qu'on vient d'élever? ce serait bien naïf et confesser bien humblement qu'on a construit à la légère : mieux vaut abattre ce qui est vieux sous prétexte de maladie.

Il en coûtera trois ou quatre fois plus, qu'importe ? Les millions font-ils jamais défaut ? et n'y gagne-t-on pas la perte définitive de vieux témoins des anciens temps, de souvenirs à jamais effacés ?

Cherchons cependant s'il n'y avait pas quelque sérieux motif de renoncer au plan convenu et d'exiger ce supplément d'étage, cause de tout le mal. Évidemment l'aspect du monument, l'effet extérieur n'y pouvait rien gagner : ces ouvertures multipliées, ce long cordon de petites fenêtres sans accent et sans style n'ajoutent à ces façades aucune sorte d'agrément, et leur donnent plutôt un certain air industriel peu compatible avec un palais ; mais, si l'innovation n'avait à l'extérieur ni avantage ni profit, n'étaient-ce pas les besoins du service, les exigences intérieures qui la rendaient nécessaire ? Puisqu'on voulait trouver dans ces bâtiments neufs un vaste abri pour les services les plus divers, quelque chose d'analogue à ces châteaux du moyen âge où s'entassaient à la fois les hommes d'armes destinés à les défendre et tous les corps d'état propres à rendre plus facile la vie du châtelain, n'est-il pas naturel qu'on attachât quelque importance à l'étendue des logements ? Soit ; mais le nouveau système, l'addition d'un étage apparent, d'un étage de pierre, n'ajoutait absolument rien à la surface habitable, puisqu'en élevant les façades on diminuait d'autant la hauteur des combles, et que la seule différence entre le nouveau plan et le plan de Visconti n'était pas de créer un étage de plus, c'était de rendre carré, c'est-à-dire vertical sur ses quatre faces, l'étage qui, pratiqué dans les combles, aurait eu des parois légèrement inclinées. Nous nous hâtons de reconnaître que pour l'habitation mieux vaut une muraille que le rampant d'un toit; mais est-il donc si difficile, en sacrifiant un peu d'espace pour corriger l'inclinaison de la toiture, d'obtenir dans un comble un étage carré? N'oublions pas d'ailleurs que, pour l'emploi qu'on en voulait faire, ce second étage, ou, pour mieux dire, cet attique n'avait aucun besoin d'être monumental. Des casernes, des dortoirs de soldats, des bureaux, des logements d'employés, des débarras, des dépôts d'objets d'art, voilà la vraie destination de ce second étage; on pouvait donc impunément maintenir les combles en saillie et ne pas exhausser les façades. Pense-t-on que nos musées prendront un jour une telle extension qu'il leur faudra envahir cet attique? Il n'est guère dans nos habitudes françaises de faire monter les gens si haut pour contempler des chefs-d'œuvre; à supposer même que ce genre de fatigue vînt à être accepté chez nous, et que ces ascensions si bien admises en Italie nous devinssent nécessaires; à supposer qu'il fallût dans ce dernier étage ouvrir des galeries, exposer des tableaux éclairés par le haut, ne conviendra-t-on pas qu'il n'eût pas été moins facile de prendre des jours sur un comble apparent que sur le comble déguisé qui existe aujourd'hui?

Nous n'insistons ainsi que pour bien démontrer non-seulement que le goût, l'art, le sentiment des lignes protestaient contre cet exhaussement dont nous voyons le triste effet et les coûteuses conséquences, mais qu'il n'y avait pas même un prétexte spécieux, fondé sur des idées d'utilité ou de convenance, pour adopter un tel parti. A-t-on du moins tenté quelques efforts, une fois le système admis, pour sauver par un peu d'invention et d'originalité, par la distinction et l'élégance des détails, la massive lourdeur de la construction? Non, et c'est ici qu'il nous en coûte de ne pouvoir imputer qu'à l'architecte seul cette ornementation vraiment désespérante, tout à la fois maigre et banale sur certains points du monument, et sur d'autres d'une ampleur et d'une exubérance qui passent toute imagination.

Comment comprendre, par exemple, qu'au sommet de ces hautes façades, et pour en couronner les dernières assises, on n'ait rien inventé de plus neuf et de mieux en rapport avec le monument que ces petits génies formant groupe avec les attributs qui les caractérisent, lourdes ébauches, sculpture à la fois molle et théâtrale, comme on en fabrique à la hâte pour la décoration d'une fête publique ? Que font-ils là ces pauvres groupes reliés de distance en distance par ces petits balustres si mesquins et si grêles ? Ne croyez pas, quant aux balustres, que nous ayons contre eux, en thèse générale, un invincible préjugé. Employés avec art et avec discrétion, à leur vraie place, dans des constructions franchement italiennes, ces parapets à jour sont d'un charmant effet. Était-ce une raison pour en mettre partout, sur tous nos monuments, sans le moindre à-propos ? L'abus que nous signalons, déjà vieux à Paris, a pris depuis quinze ans de telles proportions qu'on est vraiment tenté d'attribuer à ce genre d'ornement un caractère officiel et presque obligatoire. A moins d'y être condamné par une sorte de consigne, quel artiste aujourd'hui oserait faire emploi de ce motif usé et affubler de cet uniforme les monuments qu'il construit? Visconti, comme on l'a vu plus haut, entendait bien s'en affranchir, et ce n'était pas par des balustres, c'était en s'inspirant des belles découpures dont Pierre Lescot a surmonté sa façade de la cour du Louvre qu'il avait l'intention de couronner les siennes. Pourquoi donc avoir pris, même à propos de ce détail, le contrepied de son projet? Si le plan rectifié, en supprimant les combles apparents, avait adopté un système de terrasse et déguisé toute espèce de toit, comme l'avait fait Perrault au-dessus de la colonnade, on comprendrait que les balustres eussent été préférés, car ils se seraient alors détachés sur le ciel, ce qui est conforme à leur nature et à leur vraie destination. Il en est tout autrement. En renonçant au toit à la française, on n'a pas adopté la terrasse italienne, on est resté entre les deux; on a imaginé un comble à moitié apparent, tronqué, bâtard, ne sachant pas ce qu'il veut être, devant lequel les découpures de Pierre Lescot, sans tablette d'appui, auraient encore leur raison d'être, tandis que la balustrade proprement dite, adossée à ce toit, se détachant sur ce fond gris, est un tel contre-sens qu'il n'y a vraiment aucune excuse à s'être ainsi permis un changement de plus aux intentions de Visconti.

Si du moins, les balustres admis, on leur avait donné une forme vigoureuse, de justes proportions, une importance suffisante, nos regrets seraient fort atténués. N'a-t-on pas vu au dernier siècle, vers la fin de Louis XV et tant que Louis XVI a régné, des hommes pleins d'esprit et de ressources, de véritables architectes, qui se sont fait un style sans obéir, comme leurs prédécesseurs, seulement au caprice, sans s'imposer non plus de serviles entraves, s'appropriant l'antique sans s'y assujettir, l'interprétant, l'adaptant à nos mœurs et nous laissant ainsi de précieux modèles, mieux compris, mieux goûtés chaque jour, ne les a-t-on pas vus prêter à leurs balustres un accent tout nouveau par quelques heureuses variantes de galbe et de disposition? Ils ont fait mieux encore : pour sortir de l'ornière, pour rajeunir ce vieux motif, ils ont cherché de nouveaux types de balustrades à jour, et, retrouvant sans le savoir la voie qu'avaient suivie leurs frères du moyen-âge et de la renaissance, ils ont, par réminiscence instinctive et sans la moindre imitation, pratiqué dans la pierre de régulières découpures de forme élégante et simple, en général ovale ou arrondie, et produisant les plus piquants effets. Nous ne demandions pas qu'au Louvre on prît de telles libertés, nous voulions seulement qu'on se donnât la peine, sans sortir des types consacrés, d'engraisser un peu ces fuseaux, d'en accuser mieux les contours, de les mettre un peu plus à l'échelle, et d'en marquer les divisions par des groupes de sculptures moins monotones et moins insignifiants.

La froideur de cette décoration superposée à la corniche est d'autant plus choquante qu'elle vient se heurter à ces énormes pavillons et aux sculptures non moins énormes sous le poids desquelles ils semblent succomber. Ici la scène change : nous gémissions d'un excès de maigreur, nous voici en présence de l'embonpoint le plus extraordinaire et le plus gigantesque qui se puisse imaginer. Il n'y a personne qui n'en dise son mot. Les moins experts, les plus indifférents, tous ceux qui traversent la place, sont sous le coup du même étonnement. Ils s'expliquent plus ou moins ce qui les trouble, ce qui les choque, mais tous ils s'aperçoivent qu'il y a là quelque chose d'insolite, un luxe sans raison, un défaut d'harmonie, une disproportion manifeste entre l'échelle de la parure et celle du monument. Ne parlons même pas de ces colonnes accouplées qui flanquent ces pavillons, et dont l'office est une énigme. A quoi bon essayer de comprendre ce qu'elles font là, ne portant rien, et si fort en saillie qu'elles sont comme étrangères à la construction ? Sont-ce des contre-forts ajoutés après coup et déguisés comme on a pu sous forme de colonnes ? sont-ce vraiment des colonnes, et alors quelle étrange idée de les avoir ainsi placées en dehors du fardeau qu'elles devraient soutenir ? On se rappelle qu'à leur début, lorsqu'elles virent le jour pour la première fois, elles étaient surmontées par des groupes d'enfants à peu près dans le genre de ceux qui entrecoupent la petite balustrade dont nous parlions tout à l'heure. Ces fûts robustes, ce double étage de supports herculéens sans autre fin que de porter une poignée de Myrmidons, donnèrent naissance à tant de quolibets qu'un *erratum* fut jugé nécessaire. A peine sortis de leur prison, à peine délivrés de leurs échafaudages, ces pavillons furent de nouveau claquemurés et emmaillottés ; puis au bout de six mois, quand la correction fut faite et livrée aux regards, les enfants avaient disparu, mais à leur place qu'avait-on mis sur chaque paire de colonnes ? Deux consoles renversées, deux consoles la tête en bas, expédient singulier, énigme encore plus insoluble que les petits génies, et dont pourtant, de guerre lasse, faute de mieux, crainte de pis, on s'est prudemment contenté.

Après tout, ces colonnes n'ont d'autre tort que d'être mal placées : elles sont parfaitement inutiles, et voilà tout; du reste par elles-mêmes sans vice ni vertu. Nous ne saurions en dire autant de la décoration qui surmonte ces mêmes pavillons, ou plutôt seulement quatre d'entre eux, dont la toiture se dessine en cône tronqué à quatre pans. C'est déjà quelque chose qui nous blesse les yeux que la forme écrasée de ces toits. Un premier essai de ce genre attrista tous les gens de goût, voilà près de trente ans, lorsque pour restaurer, refondre et agrandir l'Hôtel de Ville, on en modifia la toiture. Au lieu de ces grands combles à la française, se dressant fièrement en pyramide aiguë et tronquée seulement presque au sommet de l'angle, on nous fit, sous le prétexte de mieux assurer le service des vigies, des pompiers et des rondes de nuit, de vraies terrasses, de larges plates-formes sur chaque pavillon, par conséquent des toits tronqués presque à mi-corps, forme écrasée, aussi lourde que plate, rappelant celle du képi de nos soldats. C'est cette malheureuse toiture, dont aurait dû nous garantir l'exemple de l'Hôtel de Ville, qu'on nous a transportée au Louvre en lui donnant encore un supplément de pesanteur. Aussi les quatre pavillons qui en sont affublés feraient déjà triste figure quand même ils n'auraient pas à supporter cette profusion d'ornements, ce pêle-mêle de fleurs, de fruits, de guirlandes, d'attributs, d'armoiries, de figures qui les surmontent et les écrasent. Nous admettons qu'il fallût des mansardes ornées sur le rampant de ces grands toits, mais à quoi bon ces baies immenses, ces arcades démesurées et ces couronnements gigantesques ? Pour trouver sur un édifice un tel amas de membres inutiles, pour rencontrer un tel défaut de proportion et de mesure, il faudrait faire bien du chemin. Nous ne voulons pas dire jusqu'où notre pensée voyage quand elle se met à la recherche d'effets à peu près semblables, d'exemples aussi complets de fausse et massive richesse : ce n'est pas en Europe, même au temps de nos décadences les plus complexes et les plus surchargées, c'est au fond de l'Asie, dans les pagodes des Hindous. Nous ne passons pas une fois devant ces mansardes colossales sans que cette analogie bizarre ne nous vienne à l'esprit malgré nous.

Quant aux deux autres pavillons, ceux qui s'élèvent à plus grande hauteur et qui se terminent en coupole, bien que très ornés eux-mêmes, ils prennent par comparaison un air de simplicité; c'est qu'ils ne sont, à peu de choses près, que la reproduction du pavillon de Lemercier, du pavillon de la cour du Louvre, celui dont le fronton est si hardiment soutenu par les grandes et belles cariatides de Sarrazin. Copier est sans doute un moyen de ne pas s'égarer tout à fait. Pour peu que le modèle soit bon et la copie passable, vous obtenez une œuvre qui, par certains côtés, échappe à la critique, mais en même temps disons-le bien, la plus pauvre, la moins utile, la plus dangereuse des œuvres. Non-seulement vous ne créez pas et ne mettez au jour qu'un produit presque inerte, faute de sève intérieure; vous faites plus, vous dépréciez, vous avilissez votre modèle. C'est de l'architecture que nous parlons ici : il en est autrement de la peinture. Les tableaux ne perdent jamais rien à être copiés : on peut les reproduire de toutes les façons, par tous les procédés, sans qu'ils en souffrent la moindre atteinte. Et supposez la meilleure des copies exposées en regard, même à côté de l'original, bien loin de lui porter dommage elle le met en valeur, elle en fait ressortir certains mérites qui lui appartiennent en propre, certaines délicatesses tellement individuelles qu'elles sont inimitables. C'est que le peintre est son propre interprète : il entre directement en rapport avec le spectateur ; c'est sa main, son pinceau, son esprit, sa personne, que vous lisez sur la toile ; on peut tout imiter, tout contrefaire, tout, excepté sa touche : sa touche c'est lui-même. L'architecte au contraire n'est jamais avec vous dans ses rapports intimes. Toujours entre vous et lui se glisse un tiers, un interprète. Son œuvre une fois construite n'est plus son œuvre personnelle ; elle est la traduction de sa pensée écrite par une main étrangère. Si donc vous chargez après coup une main étrangère de reproduire cette traduction il n'y a plus entre les deux œuvres la même différence qu'entre la copie d'un tableau et le tableau lui-même : ce sont deux copies en présence. Il s'établit entre le monument original et la contrefaçon une sorte d'identité mathématique qui tourne au détriment du monument original. Son titre s'avilit ; il n'a plus ni la même importance ni le même intérêt, et d'un autre côté le monument nouveau ne recueille point tout le profit du tort qu'il fait à l'autre. Le spectateur n'accueille qu'avec indifférence, d'un œil blasé, ces nouveautés qu'il sait par cœur : il n'y voit qu'un aveu d'impuissance, n'y porte qu'un regard inattentif ou dédaigneux.

Dira-t-on que nos deux pavillons ne sont pas des copies, qu'ils imitent et rappellent le pavillon de Lemercier sans le reproduire trait pour trait ? Nous en tombons d'accord : ils ont la taille infiniment moins svelte : ces colonnes en saillie les épaississent outre mesure, et leur font une sorte de ventre le plus disgracieux du monde. Quant à l'étage supérieur, les cariatides qui le supportent n'ont avec celles de Sarrazin qu'une parenté très éloignée. Elles ne sont pas de même race. L'ajustement, la pose, l'esprit, le caractère, tout est d'une autre qualité. Ce ne sont plus ces figures hardies, originales, artistement accouplées : ce sont des femmes de style soi-disant grec, non sans mérite assurément, mais froidement conçues, isolément posées et étrangères au monument. Il n'en est pas moins vrai qu'à première vue ce qui frappe ce sont les ressemblances. On ne voit que des masses à peu près identiques, de grandes cariatides soutenant un fronton, encadrant trois fenêtres, dominant tout ce qui les entoure. On se croit dans la cour du Louvre, ou plutôt devant une simple calque du monument qu'on connaît, et quand l'erreur se dissipe, à mesure que se révèlent de regrettables différences, l'impression première n'en persiste pas moins : c'est de l'architecture copiée qu'on a devant les yeux, seulement avec un déplaisir de plus, les changements, les fautes, les infidélités du copiste.

On prendrait pourtant son parti de ces deux pavillons, s'il n'y en avait pas encore un autre ; c'est le troisième qui comble la mesure et par bien des raisons. D'abord mettre en regard à si peu de distance trois simulacres du même monument, il y a de quoi le faire prendre en grippe. Un bon mot répété devient une sottise ; l'architecture a aussi ses bons mots. Ici notre grand grief n'est pas seulement cette faute de goût, cette imitation défectueuse, cette répétition monotone : c'est quelque chose d'infiniment plus triste, quelque chose d'irréparable, la destruction d'une œuvre unique en son genre, d'une œuvre que les amis de notre art national tenaient en haute estime, et qui donnait du talent de Lescot un sobre et vigoureux exemple, non moins précieux peut-être que son brillant chef-d'œuvre.

Qu'est-ce en effet que ce troisième simulacre du pavillon de la cour du Louvre, si ce n'est la face extérieure de ce pavillon même mutilée, transformée et devenue par une sorte de placage à peu près identique à sa face intérieure ? L'intention de Lescot, conforme à toutes nos traditions françaises, était qu'entre le dedans et le dehors de son palais le contraste fut très accusé : à l'intérieur, la grâce, l'élégance, la richesse ; à l'extérieur la force, la puissance, le souvenir du château fort. Ce pavillon si ferme, si robuste et en même temps si élancé, sans autres ornements que ses longues chaînes de pierre protégeant ses arêtes, avait presque l'air d'un donjon. Il s'élevait au centre d'une façade simple et mâle elle-même, percée d'ouvertures assez rares pour ménager de grandes parties pleines qui donnaient l'expression du calme et de la force. Rien de tout cela ne subsiste aujourd'hui. Il n'y a plus ni dedans ni dehors. Le pavillon sur ses deux façades est habillé de la même façon : des deux côtés c'est la même parure, ou plutôt l'extérieur, par renversement des rôles, semble moins ferme, plus orné, moins sévère que la face opposée. On a efféminé ce pauvre pavillon en le fondant en quelque sorte dans les deux avant-corps qui lui sont contigus. Ces deux petites constructions, servant de cages aux escaliers, avaient besoin sans doute d'être un peu retouchées : elles étaient percées d'ouvertures se raccordant trop mal avec le reste de la façade ; mais, tout en modifiant ce détail, il fallait respecter l'indépendance, l'existence propre de ces deux avant-corps, et leur donner un couronnement qui exprimât cette indépendance. On a fait le contraire. On les a terminés par deux amortissements ondoyants, ou pour mieux dire par deux grandes consoles renversées et chargées de guirlandes, qui les rattachent, les relient, les soudent au pavillon, si bien qu'il font corps avec lui et dénaturent toutes ses proportions. il n'y a plus trace de sa haute stature : grâce à l'épaississement de sa base par l'annexion de ces deux avant-corps, il est devenu trop large pour sa hauteur ; sa tête semble trop courte, elle est comme enfoncée dans ses épaules ; ces contre-forts onduleux, ces courbes, ces guirlandes l'énervent et l'amollissent ; en un mot c'est un monument absolument méconnaissable : il ne reste plus trace du pavillon de Pierre Lescot.

Et ce que nous disons-là du pavillon, il faut le dire de toute la façade. Ce qui en distinguait l'ordonnance, c'était l'espacement, non pas irrégulier, mais inégal des fenêtres : elles étaient divisées par groupes, combinaison moins monotone et souvent plus heureuse qu'une séries d'ouvertures toutes séparées par le même trumeau. On a pas même respecté cette innocente particularité ; les fenêtres ont été refaites et placées toutes à la même distance afin d'établir une entière uniformité entre cette ancienne façade et celles qu'on créait à nouveau. Il est vrai que cet égal espacement des fenêtres n'était que la conséquence d'une autre innovation plus grave et moins respectueuse encore pour la noble façade, nous parlons de ce faux portique, de cette série d'arcades aveugles plaquées contre le soubassement pour continuer en apparence le portique véritable construit au pied des façades nouvelles. Ce simulacre, cette décoration de théâtre, sans accent, sans profondeur, sans ombre, sans lumière, substitué au plus simple, au plus ferme des soubassements, c'est plus qu'un contre-sens, plus qu'une irrévérence, c'est une profanation. Quel architecte libre de toute entrave, maître de ses mouvements, se serait jamais prêté à un tel sacrifice ? C'était la condition première du plan de Visconti que le maintien respectueux de ce pavillon et de cette façade. Il aurait eu peut-être des combats à livrer, mais il eût tenu bon, jamais il n'aurait démoli et refait à nouveau ces vénérables restes. A ceux qui lui auraient dit que cette extrême simplicité, ce défaut de parure, cet air de sévérité, étaient un triste vis-à-vis pour le palais d'un souverain, il aurait répondu que dans ces nobles lignes rien n'offensait les yeux et qu'il y voyait, lui, le plus heureux contraste pour donner plus d'éclat, sans trop les décorer, aux façades qu'il allait construire.

Pour lui, le nouveau Louvre devait avoir de la grandeur, de la noblesse sans le moindre apparat. Les vaines broderies, les sculptures redondantes, ces fantaisies des enrichis, des vaniteux de bas étage, ne lui semblaient pas à leur place dans ce palais où la France loge ses souverains. En empruntant à Pierre Lescot les arcades de la cour du Louvre pour en composer son portique, jamais l'idée ne lui fût venue de jeter autour des archivoltes, dans les tympans, des amas de feuillages les tapissant entièrement. Il eût, à l'exemple du maître, laissé la pierre nue autour de ces arcades, donnant à notre œil ce repos, aimant mieux lutter de pureté dans les profils que de prodigalité dans les décorations. Un autre exemple fait encore mieux sentir la différence des deux systèmes. Voyez ces statues de grands hommes dont ces portiques sont hérissés ; Visconti leur donnait une tout autre place. Au lieu d'en faire étalage, il les posait modestement chacune sous une arcade, et leur donnait par là non-seulement un abri, ce qui en assurait la conservation, aujourd'hui plus que compromise, mais une raison d'être. Ces personnages ainsi placés donnaient à ces portiques un peu de vie et d'intérêt ; ils les meublaient, les animaient, tandis que, perchés comme ils sont sur la tablette de ce bahut, en plein air, en butte aux intempéries de nos tristes saisons, sans la moindre harmonie de costumes ni de poses, ils n'embellissent rien, et ne sont pour le spectateur qu'un sujet de trouble et de fatigue. Pour planter ainsi des statues sur de grandes lignes horizontales, dans des édifices de ce genre, classiques sinon de fait, au moins d'intention, il faudrait imposer au sculpteur un certain rhythme, une certaine unité de style et de costume, un certain choix de gestes et de poses, un peu d'idéal en un mot. La bigarrure que nous voyons ici pourrait couronner les pinacles d'un monument à ogives, et par exemple le *Duomo* de Milan doit une partie de sa splendeur à l'incohérente forêt des statues qui le surmontent. Ces pointes, ces aiguilles, qui de tous côtés se dressent et s'élancent, sont en parfait accord avec l'esprit du monument; mais ici qu'en voulez-vous faire? Quelle dissonance, au milieu du calme de ces lignes, que ces pauvres grands hommes ainsi vêtus, ainsi posés! On se prend à souhaiter malgré soi que la pluie, la neige, le soleil, tous ces agents de destruction qui chez nous rongent la pierre sans abri, aient bientôt fait justice de ce décor parasite. Quel beau profit de répudier ainsi des projets bien conçus pour le seul plaisir de changer, de ne pas accepter l'œuvre d'un autre! Il est vrai qu'en étalant ainsi ces statues au dehors on croyait faire plus d'effet, jeter plus de poudre au yeux, car tel est, à vrai dire, le principal, presque le seul mobile de tous ces changements aux plans de Visconti.

Somme toute, le nouveau Louvre, dans sa première phase, au début des travaux, grâce au goût exercé qui veillait à la mise en œuvre et malgré nos réserves sur le défaut du plan, promettait des résultats heureux. On était assuré sinon d'une merveille, du moins d'un effet d'ensemble majestueux et simple, de détails sobres et châtiés. Deux grandes innovations survenues après coup ont démenti ces espérances, d'une part la surélévation des façades, de l'autre l'invasion d'un luxe sans mesure dans certaines parties de l'ornementation. Le monument qu'on nous a fait et qu'il faut accepter, car personne, à coup sûr, ne s'avisera de le refaire ni même de le corriger, ce monument, qui peut durer des siècles, ne sera pas un témoin commode pour faire le panégyrique de l'art de notre temps. Et cependant, il faut le dire encore, ce n'est pas faute de talent que tant d'erreurs ont vu le jour; nous en avons la preuve sans sortir de ce Louvre lui-même, et c'est pour nous un vrai plaisir, avant de passer aux Tuileries, où tant d'autres sujets de plainte nous attendent, que de pouvoir enfin interrompre nos doléances par des éloges et des remerciements.

N'était-ce pas en effet une œuvre difficile que d'établir entre la place du Palais-Royal et le square Napoléon III un passage voûté, qui malgré sa longueur ne prît pas l'apparence d'un tunnel de chemin de fer, qui ne fût ni obscur, ni écrasé, ni humide, qui, tout en s'accommodant à la hauteur donnée par les proportions de l'édifice, eût un air élancé, bien assis, un grand air, un aspect élégant et noble ? Entrez dans ce passage : tous ces problèmes ne sont-ils pas résolus ? Par un savant mélange de colonnes à jour et de pieds-droits massifs se succédant et s'entr'aidant, par un heureux emploi de lumières latérales il fait grand jour sous cette voûte, et la longueur en est déguisée. La décoration même est sobre et vigoureuse ; tout au plus à chaque clé de voûte reste-t-il à reprendre quelques broderies de trop. En un mot, ce passage est un morceau d'architecture des mieux conçus, des mieux exécutés, une œuvre qui démontre que l'art contemporain, quand il en a la liberté, n'est pas impuissant à bien faire, car nous aimons à supposer que, ce passage n'attirant pas les yeux, personne autre que l'architecte ne s'en sera mis en peine. De là sans doute le succès. Nous ne savons pas si Visconti avait sur ce détail intérieur laissé quelques études ; nous en doutons. Il n'avait pu préparer que les parties extérieures du monument, et la façade même qui regarde le Palais-Royal n'est, croyons-nous, qu'à moitié son ouvrage. Les mansardes notamment, de forme si étrange et qui déparent cette ordonnance vraiment noble, bien qu'un peu surchargée, ne sont certainement pas de lui. Quant au passage voûté, c'est bien à son successeur que l'honneur en revient tout entier. Lemercier lui aussi, sous son pavillon de l'Horloge, avait fait un passage justement admiré ; mais il n'avait à franchir que l'épaisseur de pavillon, tandis qu'ici c'est sous deux pavillons, plus un grand corps de logis, qu'il s'agissait de pénétrer. Le parcours est quatre fois plus long, et l'harmonie n'en est pas moins heureuse. Nous ne pouvons trop le redire, personne n'aurait fait mieux.

Et combien d'autres témoignages d'un talent délicat, soit sur de simples accessoires comme ces candélabres de bronze qui meublent le passage voûté et décorent le pourtour de la place Napoléon III, soit dans l'appropriation de certaines parties intérieures du palais! La bibliothèque par exemple est combinée avec grand art et ne laisse guère à désirer qu'un peu plus de clarté dans l'une des salles. L'escalier qui conduit à cette bibliothèque, bien qu'un peu compliqué peut-être, est d'un effet très remarquable, et nous n'y saurions reprendre que l'aspect un peu grêle des supports et les galons gaufrés qui en amollissent les arêtes. Enfin dans l'autre partie du monument, dans la région qu'occupent les musées, les salles nouvellement ouvertes et si bien consacrées aux peintures de Lesueur sont du goût le plus irréprochable, et rachètent à force de distinction et de simplicité les trop célèbres magnificences et les excentricités plus qu'étranges de cette salle des États, qui par bonheur n'était que provisoire, et dont on nous promet la prochaine transformation.

On le voit donc, ou le talent de l'architecte est d'une inégalité sans exemple, ou la ligne de démarcation la plus claire nous fait voir les parties de son œuvre qu'il a lui-même gouvernées. Ce qu'il y a de plus triste, c'est que le temps, qui dans sa marche devrait lui porter secours, semble au contraire le désarmer. A mesure qu'il prend des années et qu'il acquiert plus de crédit et de nouveaux honneurs, au lieu de devenir plus ferme et de mieux résister, il semble plus enclin à céder au torrent. Dans l'ornementation du Louvre, tout excessive qu'elle soit, certaine intermittence se fait encore sentir. Le luxe immodéré l'emporte, mais non sans résistance, et par intervalles seulement. Il n'envahit pas tout, il se donne certain repos : on voit encore quelques pierres sans sculptures; on peut par moments respirer, tandis que nous allons entrer dans une phase nouvelle de cette manie décorative qui depuis quinze ans s'est emparée de nous, nous allons assister à son règne absolu, sans frein, sans résistance, sans repos, sans contraste, le règne du luxe continu, de la broderie sur toutes les coutures, et non-seulement sur toutes les coutures, mais sur l'étoffe entière.

II

Admettons sans difficulté qu'il y eût urgence à reconstruire quelques travées de la grande galerie. Le surplomb qui s'était déclaré dès le commencement du siècle par suite d'un remaniement imprudent des fenêtres du rez-de-chaussée, et qu'on avait cru combattre, voilà quinze ou vingt ans, au moyen d'ancres et de chaînes, faisait évidemment de sensibles progrès. L'étaiement devenu nécessaire, la sûreté publique compromise, il fallait bien réédifier. Quant au pavillon de Flore, depuis longtemps aussi on le disait malade, et ce bruit semblait confirmé par des lézardes apparentes qu'on ne réparait pas, sans pourtant aller jusqu'à prétendre qu'une masse aussi épaisse fût prête à s'écrouler et menaçât personne d'un sérieux péril. A plus forte raison n'était-il nullement nécessaire de toucher à toutes les travées de la grande galerie qui n'avaient ni perdu leur aplomb, ni donné le moindre sujet d'alarme. Les immenses travaux maintenant commencés auraient donc pris les proportions les plus modestes, s'il n'eût été question que de reconstructions urgentes. Portés un peu plus tôt au Corps législatif, examinés et discutés avec un soin plus minutieux, les crédits demandés se seraient assurément réduits aux sommes nécessaires pour démonter pierre par pierre les travées vraiment endommagées, créer un nouveau sol et remonter les pierres telles qu'elles étaient, sans addition ni changement. C'était l'affaire d'une campagne et d'un million peut-être, tout au plus.

D'où vient donc cette vaste entreprise qui se poursuit en ce moment, et dont les progrès ultérieurs sont dès à présent annoncés par les amorces les plus visibles et les moins déguisées? Ce n'est évidemment pas la reprise en sous-œuvre de ces pierres délabrées qui a produit de telles conséquences : elle en est l'occasion, pour ne pas dire le prétexte; la véritable cause c'est d'abord, comme nous l'avons dit, la surélévation du nouveau Louvre, le besoin de corriger la disparate survenue entre les deux palais, puis un autre désir tout naturel et tout pratique, l'envie de rendre les Tuileries plus commodes et plus habitables, de leur donner plus de surface, d'en augmenter les logements. Ce sont ces deux motifs qui, s'unissant et se prêtant main-forte, ont mis au monde le projet en cours d'exécution. Voilà pourquoi le parti le plus simple, le plus sûr, le moins dispendieux, la dépose et la repose des travées en souffrance, n'a pas pu triompher. On a voulu que la reconstruction ne fût pas seulement partielle, qu'elle fût totale, afin d'avoir le droit de lui donner un autre style et plus d'élévation; puis, ce point décidé, on s'est dit : Profitons du surcroît de hauteur, mettons-nous plus à l'aise, élargissons la construction. Et c'est ainsi que sur un travail de pure restauration et de peu d'importance on a greffé une œuvre colossale dont on n'aurait jamais abordé la pensée directement, de prime abord.

On nous dira peut-être qu'autant valait bien faire du moment qu'on se mettait en train, que déposer et reposer purement et simplement ces lourds pilastres et cet entablement coupé par des fenêtres, c'était pousser trop loin le respect du passé, que de l'aveu de tous cette architecture de Henri IV était une erreur de goût : pourquoi dès lors s'imposer le devoir de la faire vivre quelques siècles encore? Ne valait-il pas mieux tenter quelque autre essai? — Nous convenons que cette architecture n'était pas un chef-d'œuvre; mais à ses défauts mêmes ne s'attachait-il pas une empreinte historique qui n'est jamais à dédaigner? C'était le caractère, le cachet d'une époque, et même on pourrait dire que ce style un peu lourd n'était pas sans utilité, qu'il faisait mieux valoir par l'effet du contraste les charmantes délicatesses d'une autre partie de la même galerie plus rapprochée du Louvre. N'était-ce rien enfin que la vieille habitude de voir à ce palais cette physionomie, toute défectueuse qu'elle fût?

Aussi remarquez bien que le premier empire, quoiqu'il ne pût avoir et pour la royauté et pour ses monuments que l'amour le plus platonique, n'hésita pas à reconnaître qu'il y avait là des souvenirs qui méritaient respect. Lorsque après le déblaiement d'une partie du Carrousel il fut question de commencer le grand travail maintenant accompli, la jonction des Tuileries et du Louvre, lorsqu'il fallut décider quel serait le style des constructions nouvelles en retour du pavillon de Marsan et parallèles à la rue de Rivoli, il n'y eut pas même un doute : tout d'une voix on reconnut que du côté du Carrousel on devait reproduire la galerie de Henri IV. Et cependant à cette époque on était loin de professer cet amour de l'histoire, ce culte des monuments aujourd'hui en si grand honneur. Les architectes de l'empereur, pleins des idées de leur temps, devaient priser médiocrement, et encore moins que nous peut-être, les licences de cette architecture. Ils n'avaient aucun goût à s'en faire les copistes, et auraient cent fois mieux aimé, aussi bien sur le Carrousel que sur la rue de Rivoli, se donner carte blanche et composer une façade. D'où vient qu'ils n'en ont rien fait et se sont résignés à reproduire ces pilastres accouplés et ces échancrures d'architraves ? C'est qu'ils étaient gens de bon sens, et qu'adopter un plan qui aurait grevé l'État d'une double dépense pour le seul avantage de faire du nouveau leur semblait une témérité qu'ils n'osaient concevoir, et que l'empereur de son côté n'eût jamais accueillie. Quel que fût son amour des grandes constructions et son désir immodéré de perpétuer son nom, ne fût-ce que par l'éclat de ses monuments, il avait avant tout l'horreur des prodigalités. Construire sur un nouveau modèle vis-à-vis de la galerie de Henri IV, c'était ou renoncer à toute symétrie, ce qui aurait révolté ses habitudes italiennes, ou bien s'imposer la charge de démolir et de refaire à neuf l'ancienne galerie dès que la nouvelle serait terminée. La première hypothèse lui aurait semblé un désordre, la seconde une folie, tandis qu'en répétant au nord ce qui existait au midi il faisait d'un seul coup quelque chose de symétrique et de définitif. Voilà pourquoi MM. Percier et Fontaine se gardèrent bien d'inventer autre chose, et ne se mirent en frais d'imagination que du côté de la rue de Rivoli, en composant une façade un peu triste, mais non sans force et sans grandeur.

Eh bien ! nous admettons qu'aujourd'hui, grâce au progrès du temps et aux vertus inépuisables de nos finances, nous soyons moins timides et moins parcimonieux que l'empereur Napoléon 1er, que nous nous imposions sans émoi, sans scrupule, l'obligation de reconstruire presque en entier et le palais des Tuileries et le bâtiment en retour jusqu'au pavillon de Rohan ; nous admettons que l'habitation et le service du palais en dussent devenir plus larges et plus faciles : restait, le principe admis, une question non moins intéressante et non moins difficile, la question d'art, l'emploi de tous ces millions. Allait-on tout régler, tout décider comme pour le Louvre, en silence, à huis clos, sans la moindre consultation, sans le moindre appel à l'opinion, non pas même aux lumières du public tout entier, mais au goût exercé de quelques juges compétents? Ce procédé sommaire et taciturne de décider les questions d'art était ici d'autant plus regrettable, que la moindre discussion, nous en avons la certitude, aurait battu en brèche le parti qu'on a pris.

Du moment en effet qu'on avait renoncé aux travaux de restauration, au rétablissement pur et simple de la galerie telle qu'elle était, un seul parti nous semblait acceptable, faire franchement du neuf, sans emprunt, sans imitation, inventer quelque chose, remplacer l'œuvre de Henri IV par une œuvre portant sa date, exprimant les idées, le goût de notre temps, et se donnant sincèrement pour ce qu'elle devait être, pour une création nouvelle, contemporaine de Napoléon III. Il n'y a d'art véritable qu'à cette condition.

Au lieu de cela qu'a-t-on fait? Un pastiche, un trompe-l'œil, la reproduction de l'autre moitié de cette même galerie, celle dont l'hon-

neur appartient, selon les uns à Henri II,
selon les autres à Charles IX, ou pour mieux
dire à sa mère. L'œuvre est exquise assurément ; mais, à Paris surtout, elle est assez connue pour qu'on pût s'épargner d'en faire une
effigie. Passe encore si c'était un palais de
Florence ou de Rome qu'on se fût proposé
pour modèle : le principe ne serait pas meilleur,
l'application serait au moins profitable. Les
Parisiens apprendraient quelque chose ; pour
eux, ce serait du nouveau, tandis que le modèle
qui est là sous leurs yeux, ils le connaissent
depuis trois siècles, et n'ont aucun besoin qu'on
les en rassasie. C'est pourtant bien la satiété,
ne nous y trompons pas, qu'engendre un tel
système. On ne prolonge pas impunément sans
raison ni mesure, le monument même le plus
parfait. Ce que tout à l'heure nous disions à
propos du pavillon de Lemercier est ici bien
autrement vrai, car pour ces pavillons à cariatides l'imitation ne porte que sur une donnée
générale, les détails de l'exécution diffèrent
entièrement, tandis qu'ici tout est imitation,
les détails aussi bien que l'ensemble, l'exécution comme la pensée.

Si du moins la copie était vraiment fidèle, il
n'y aurait que demi-mal. On serait encore en

droit de trouver inutile et même de trouver fastidieuse cette répétition, à si peu de distance, de deux monuments identiques; mais notre honneur serait sauf, nous n'aurions pas la mortification de nous faire battre par le xvie siècle en allant sans nécessité nous commettre sur son terrain. Tel est pourtant le résultat de ce système d'imitation si imprudemment adopté. Il ne suffit pas en effet de dire à un architecte: Détruisez-nous la galerie de Henri IV et refaites en place la galerie de Catherine; il faut encore que d'une part la configuration du terrain, de l'autre les nouvelles prescriptions du programme ne mettent pas l'artiste dans l'impossibilité de soutenir à armes égales la lutte qui est commandée.

Quant au terrain, n'est-il pas évident qu'aux approches du pavillon de Flore, par l'effet du remblai qui bute la culée du Pont-Royal, le niveau du sol est tout autre qu'à deux cents mètres plus loin, devant la galerie proposée pour modèle? Or, comme le premier étage de la grande galerie formant plain-pied entre les Tuileries et le Louvre est un niveau invariable, il s'ensuit que, si vous demandez qu'on vous donne au voisinage du pavillon de Flore la même architecture qu'aux abords du pavillon

15.

de Lesdiguières, vous proposez un problème insoluble. Ainsi la perle, le joyau, l'honneur de cette charmante façade, la frise attribuée aux frères L'Heureux, il faut vous en passer ; vous n'avez pas moyen d'introduire une frise dans votre imitation ; elle serait à deux mètres du sol, et les pilastres qui la supporteraient auraient l'air de tronçons rabougris. Vous voilà donc forcé d'innover en imitant, d'inventer une autre ordonnance, tout en gardant le même décor. Votre modèle se divise en trois ordres, vous êtes condamné à n'en avoir que deux. Il vous faut renoncer au petit ordre intermédiaire, au *mezzanino*, simple expédient sans doute, sans autre but que le raccordement de la galerie du premier étage avec un soubassement antérieurement construit, mais, comme tant d'autres expédients fournis par le hasard, combinaison heureuse, originale, qui contribue à l'agréable aspect de toute cette façade. Le mezzanino supprimé, les pilastres prolongés jusqu'au premier étage, il va sans dire que l'effet général est complètement changé. Ajoutez même que dans chaque travée de ce nouveau soubassement deux ouvertures de moyenne dimension percées l'une sur l'autre, sans division ni supports apparents, à la façon de l'*ordre colossal*, font paraître le soubassement lui-même encore moins ferme, encore plus énervé qu'il ne l'est réellement. Peut-être avait-on moyen de raccourcir un peu ces pilastres, et par là de tout raffermir en ménageant entre les deux étages une frise en imitation de celle des frères L'Heureux. Quoique placée plus haut, elle eût encore produit un très heureux effet et bien divisé les deux ordres ; mais nous oublions les fenêtres, la seconde rangée de fenêtres percées dans le soubassement, et la recommandation qu'aura reçue l'architecte de les ouvrir aussi haut que possible, afin de donner plus de jour dans l'intérieur des logements. Or, pour ouvrir ces fenêtres à la hauteur où les voici, il fallait que la frise, même la plus étroite, fût entamée par intervalles et subit autant d'échancrures qu'il y avait de fenêtres. Force était donc de se passer de frise, dût la façade en souffrir quelque peu, car en architecture c'est toujours le programme qui doit avoir le dernier mot.

Ceci nous conduit à compléter ce que nous n'avons fait tout à l'heure qu'indiquer en passant. Pour expliquer cette infériorité de la façade qu'on nous construit, comparée à celle qu'on imite, ce n'est pas assez de remarquer les inégalités du terrain, il faut songer aussi aux différences du programme. Les architectes de Catherine et même aussi ceux d'Henri IV avaient leurs coudées franches. En ce temps-là, bien qu'il y eût à la cour, comme dans tous les temps, nombre d'oisifs qu'il fallait héberger, on ne se mettait pas en souci d'assurer à chacun, dans les palais royaux, un logement indépendant. Les gens étaient moins difficiles; ils partageaient les chambres et même aussi les lits, ce qui permettait à l'architecte de ne pas multiplier plus que de raison le nombre de ses fenêtres. De bons trumeaux bien larges, cette condition première de tout effet monumental, se rencontraient partout. L'habitude en était prise, et par exemple, dans cette galerie dont on prétend nous donner la copie, les ouvertures, largement espacées, sont séparées extérieurement par des niches abritant des statues, motif riche et meublant qui a le double avantage d'accidenter et d'orner la façade, tout en lui maintenant de grandes parties pleines et de solides repoussoirs.

Or, voilà qu'aujourd'hui, grâce aux modernes exigences en matière de logement, on dit à l'architecte : « Ces niches, ces statues ne nous servent à rien ; ce sont des fenêtres qu'il nous faut. Supprimez-nous les niches et percez des fenêtres. » Jugez quel tourment pour l'artiste ! Ces ouvertures nouvelles qui lui sont imposées tombent précisément au point où l'édifice, par les lois de la construction, pour satisfaire et rassurer les yeux du spectateur, doit présenter sa force la plus grande : elles tombent au point de jonction, à la rencontre des frontons, et c'est là qu'on le force à établir un vide ! Aussi qu'arrive-t-il ? au-dessus de ce vide, au-dessus de chaque fenêtre nouvelle, vous voyez apparaître — quoi ? une souche de cheminée, un de ces petits simulacres d'autels ou de cippes antiques qui sont là sur ce toit, on ne sait trop pourquoi, mais au fond pour cacher quelques tuyaux de poêle. Une cheminée au-dessus d'une fenêtre ! quelle dure extrémité pour un homme de talent copiant un chef-d'œuvre ! Et cependant il a fallu se rendre et percer les fenêtres. Le pauvre bâtiment, le voilà tout troué, deux fenêtres au lieu d'une, un vide au lieu d'un plein ! Et cela s'appelle imiter ! Dites donc contrefaire.

Au moins eût-il fallu, une fois ce parti pris, en accepter les conséquences, donner au bâtiment ainsi percé à jour sa vraie physionomie, convenir qu'on l'avait refait, que c'était quelque chose d'actuel, moitié caserne, moitié palais, et composer à son usage tout un système d'ornementation, moins coquet, moins chargé, plus simple et plus tranquille, laissant voir çà et là la pierre lisse et nue pour compenser les niches supprimées et le repos qu'elles procuraient. On pouvait maintenir la silhouette générale, la forme des frontons, alternativement aigus et arrondis, afin de conserver l'harmonie de l'ensemble, mais en se distinguant profondément du style du XVIe siècle dans les détails sculptés, de peur d'attirer l'œil sur de fâcheuses dissemblances en laissant subsister de trop nombreuses similitudes.

Essayez donc de parler ce langage dans ce temps de fièvre ornemaniste ! Retrancher des sculptures, omettre des broderies ! être moins élégants, moins riches que nos pères ! C'est le contraire qu'on a voulu et qu'on a fait. Par la raison qu'on sacrifiait à des nécessités un peu bourgeoises, on a redoublé de luxe et d'airs princiers. Tel est en tout l'esprit de notre époque, la confusion et l'amalgame des choses qui s'excluent, l'union des contradictoires. Voyez en politique, on pratique à la fois et la paix et la guerre : la paix en adoptant, en propageant le libre échange, cette promesse de paix universelle, en en faisant la base de notre société, comme si le rêve de l'abbé de Saint-Pierre était déjà réalisé ; la guerre, en travaillant à raffiner sans cesse sur les engins de destruction, en cultivant les principes, en honorant les traditions de la politique de conquête. Ce n'est là qu'un échantillon des contradictions de notre temps. En toutes choses, nous prétendons nous ménager toutes les chances : que la porte soit ouverte et en même temps fermée. Faut-il donc s'étonner si les arts, comme tout le reste, sont atteints de cette maladie, si notamment l'art de bâtir est devenu tout à la fois mesquin et luxueux, industriel et grand seigneur? Pour construire un palais, on arrête aujourd'hui son plan comme un propriétaire qui cherche à tout utiliser, à mettre en valeur son terrain, puis on rachète ce prosaïsme en enguirlandant sa façade, en la couvrant de fleurs et de paillettes. Telle est l'histoire de cette reproduction de l'ancienne galerie du Louvre qu'on nous construit en ce moment. Vous pouvez compter les fenêtres, il n'y a pas de place perdue ; c'est comme au *Grand-Hôtel* ou peu s'en faut. D'un autre côté, comptez les fleurons, les rinceaux, les attributs, les ornements de toute sorte, la surface qu'ils ont à couvrir a beau être réduite de tous les vides nouvellement créés, il y en a tout autant, peut-être plus que sur le vieux modèle. Aussi cette pauvre façade en est comme encombrée, elle n'en peut mais, qu'on nous passe le mot, elle crève d'ornements.

Eh bien ! ce n'est rien encore, et vous n'avez rien vu en fait de luxe hyperbolique, si vous n'avez jeté les yeux sur la face opposée de ce même bâtiment, celle qui regarde le Carrousel. Ici point d'imitation directe d'un monument particulier : c'est une création libre, ou plutôt une accumulation de tout ce que l'album d'un voyageur qui a parcouru la France, l'Italie, l'Allemagne, — Chambord, Blois, Chenonceaux, Rome, Venise, Heidelberg, — a pu recueillir de motifs plus ou moins élégants, délicats, recherchés, brillants, et même empanachés parmi les œuvres de la renaissance. Il y en a tant, de tant d'espèces, depuis la base jusqu'au sommet, que vous en êtes du même coup ébloui et comme accablé. Toujours même système, même gageure; les ornements se touchent, pas un repos, pas un mètre carré de simple pierre sans parure. Ce serait un travail au-dessus de nos forces que de décrire ou seulement de suivre exactement des yeux cette mêlée de sculptures, autant vaudrait essayer de compter les fusées d'un bouquet d'artifice. Et notez que parmi ces détails il en est en bon nombre devant lesquels on voudrait s'arrêter, qui, pris à part, ont une vraie valeur, non-seulement par leur provenance, mais par une exécution souvent ferme et brillante.

C'est encore là quelque chose qui n'appartient qu'à ce temps-ci : des mains habiles, d'ingénieux instruments, vous en trouvez presque autant qu'il en faut; ce que vous ne trouvez pas, c'est la pensée. Le manœuvre aujourd'hui est aussi supérieur que l'artiste l'est peu. On sculpte bien une corniche, on ne fait pas un monument. Il en est de même à la guerre : des soldats admirables, des généraux de second ordre; assez pour gagner encore des batailles, pas assez pour combiner un plan. Les décadences d'autrefois avaient un autre caractère : elle étaient tout d'une pièce. A chaque époque où la pensée s'abaisse, voyez l'exécution, elle faiblit en même temps. C'est une corrélation naturelle qui tend à disparaître, car ce n'est certes point parce que la pensée s'élève que l'exécution matérielle fait aujourd'hui de continuels progrès. Consolons-nous : mieux vaut, quand on dégénère, ne dégénérer qu'à moitié ; mais, quelle que soit la valeur de notre armée démocratique, il ne faut point croire que dans les arts on puisse aller bien loin en se passant de généraux.

Notre façade en est la preuve : qu'importe qu'à la loupe vous puissiez admirer l'exécution de cette ciselure, de cette orfévrerie de pierre ; la grande affaire est de savoir ce qu'elle dit à distance, comment elle est conçue, distribuée, ordonnée. Supposons même que ces innombrables détails soient d'un goût irréprochable, ce qui est loin d'être vrai, resterait encore à nous dire ce qu'ils font là tous ensemble, à quelle pensée ils obéissent, ce qu'ils prétendent exprimer. Bien habile qui pourrait le savoir. Il eût fallu qu'une main sévère élaguât cette épaisse forêt, y jetât un peu d'air : alors vous auriez eu ce qu'on peut appeler une imitation libre du style des Valois ; mais, telle qu'elle est, nous ne savons pas de mot pour définir cette façade. C'est plus que du style fleuri, c'est quelque chose qui dépasse en richesse toute espèce de monument connu : seulement cette richesse est jetée là pêle-mêle, comme en un garde-meuble, sans ordre apparent, sans autre règle que celle-ci : le plus de décoration qu'il est possible d'entasser dans un certain espace. N'en prenons qu'un exemple. L'attique, car, pour se raccorder à la surélévation du nouveau Louvre, on ne pouvait manquer de terminer par un attique cette façade réédifiée, l'attique a l'intention de rappeler le dernier ordre de la cour du Louvre, le petit ordre de Pierre Lescot. Les sculptures de Paul Ponce viennent à la pensée devant ces bas-reliefs encastrés au milieu de pilastres qui les serrent de près comme dans le modèle. Jusque-là, nos réserves faites contre la stérilité de ces sortes d'emprunts, nous n'avons pas grand' chose à dire ; mais Lescot et Paul Ponce, en traçant cette brillante page, en avaient fait le dernier mot, le suprême ornement, l'apogée de leur façade. Au-dessus d'un tel attique, rien que le comble et le ciel. Ici, nous ne sommes pas gens à nous contenter de si peu. Au-dessus d'un tel attique, il nous faut autre chose; il nous faut des frontons arrondis, de grands frontons pleins de figures en ronde-bosse et soutenus par des groupes d'animaux faisant fonction de chapiteaux ou plutôt de consoles. Ces groupes sont en pleine saillie, si bien que la sculpture méplate des bas-reliefs à la façon de Paul Ponce en est toute écrasée et aplatie. On se demande ce qu'elle fait là ; on souffre de la voir en pareille compagnie. Voilà pourtant l'effet de ces ornements jetés ainsi à pleines mains : ils s'entre-nuisent à qui mieux mieux. On peut en dire autant de toutes les statues qui peuplent cette façade. N'en conservez que la moitié et logez-les un peu moins mal, elles feront un tout autre effet ; mais quel moyen de pratiquer des niches de grandeur raisonnable dans l'intervalle de pilastres si rapprochés les uns des autres ? N'importe ; on voulait des statues, on en voulait aux deux étages : les voici, tant pis pour elles si dans ces gaînes elles sont trop à l'étroit.

N'essayons pas, la tâche est impossible, d'énumérer dans cette architecture tout ce qu'il y a de trop ; aussi bien ce n'est peut-être pas de cette façade entièrement neuve, ou aspirant à le paraître, qu'il y a lieu de s'étonner le plus. Le pavillon de Flore a droit évidemment à nous causer encore plus de surprise.

En effet, lorsqu'en reconstruisant un édifice on entend lui donner un aspect tout nouveau, il n'y a rien que d'assez naturel à changer non-seulement ses lignes principales, mais le système de sa décoration. Ainsi pour cette façade regardant le Carrousel, comme il est évident qu'en lui donnant plus de hauteur, en modifiant la forme des frontons et celle des baies du premier ordre, on a voulu faire quelque chose qui ne rappelât en rien la galerie d'Henri IV, on comprend, même quand on en gémit, cette prodigalité de sculptures comme un héroïque moyen de distinguer l'œuvre nouvelle de celle qu'on a voulu détruire ; mais le pavillon de Flore, qu'on n'avait pas dessein de rendre méconnaissable, dont on a conservé avec une intention marquée les lignes essentielles et la silhouette générale, à quel propos le chamarrer de ces milliers d'ornements? Pourquoi, lui maintenant sa taille, sa tournure, ne pas lui laisser aussi ce costume simple et décent que porte encore son compagnon, son vis-à-vis, le pavillon de Marsan? Pourquoi l'affubler ainsi? Pourquoi cet habit de gala, toilette endimanchée que rien n'autorise? Non-seulement cette ornementation est d'une exubérance affligeante, mais elle est entachée, à un degré encore plus fort, de l'incohérence de style qui déjà nous avait frappé sur la nouvelle façade du Carrousel. A côté de sculptures simulant les délicatesses des meilleurs temps de la renaissance, sculptures méplates s'il en fut, reliefs modérés et sobres, vous voyez poindre au-dessus de votre tête des figures posées à la Michel-Ange sur les rampants de frontons échancrés, figures en pleine ronde-bosse et du mouvement le plus accentué. Il faut vivre dans un temps comme le nôtre, avoir l'amour, le culte des contradictions pour s'aviser en même temps sur le même monument de se faire le disciple de Jean Goujon et du Bernin. Quel étrange gâchis! quel bizarre amalgame! Et remarquez que ces groupes téméraires, ces surplombs effrayants, ces tours de force pleins de péril pour la vie des passants sont d'autant plus extraordinaires que c'était en l'honneur de ces mêmes passants, pour les mieux protéger, les mieux abriter, qu'on avait entrepris cette très grosse affaire, la reconstruction du pavillon de Flore. Et voilà qu'en relevant ces pierres on dispose si bien les choses que les menaces et le péril ont au moins décuplé. Au lieu de modestes corniches, suspectées on ne sait trop pourquoi, ce sont de tous côtés des sculptures en saillie, à peine en équilibre, une carrière de pierre suspendue sur nos têtes, et que le premier hiver un peu rude, le premier dégel un peu brusque, doivent nécessairement faire voler en éclats.

Laissons là ce danger de voirie : il en est un d'une autre sorte qui ne doit pas moins nous occuper, bien qu'il n'entraîne pas mort d'homme et n'offense que le bon goût. Nous parlons de cet étrange oubli des lois de l'harmonie qui permet de penser qu'on peut impunément décorer comme on veut, à sa pure fantaisie et dans le style qu'on affectionne, tout monument, de quelque forme, de quelque dimension qu'il soit, comme si le mode de construction ne commandait pas par lui-même le caractère de la décoration. Ainsi voilà le pavillon de Flore, le plus massif des pavillons, de taille colossale, et destiné par son auteur et par la nature des choses à n'être revêtu que de rares sculptures d'un dessin ferme et arrêté; vous le reconstruisez, vous ne changez rien à sa structure, à sa hauteur, ni à son épaisseur, c'est bien le même pavillon, solennel, imposant, se prêtant mal au badinage, et vous vous croyez le droit, parce que tel est votre plaisir, de le couvrir du haut en bas de cette parure délicate dont notre renaissance, toujours intelligente, même quand elle badine, s'amuse à revêtir ses propres monuments, constructions tempérées, aux membres fins, aux dimensions moyennes! Trouvez un édifice dans les proportions du pavillon de Flore que la renaissance ait osé recouvrir de ses méandres et ses arabesques sculptés à fleur de pierre? Les Tuileries primitives, les Tuileries de Catherine, étaient-elles donc comme aujourd'hui dominées par l'épaisse calotte d'un énorme monceau de pierres? Ne sait-on pas que Louis XIV a quadruplé ce pavillon central en l'amplifiant sur ces quatre faces? Le pavillon de Philibert de Lorme n'était-il pas svelte, souple, élégant, en harmonie avec le fin décor qui en revêt encore quelques colonnes? Il faut être arrivé à l'an de grâce où nous voici pour que l'idée d'habiller de la sorte le robuste pavillon de Flore ait osé se produire. Nous ne savons rien de plus étrange qu'un contre-sens pareil dans un temps qui se pique sinon de produire des chefs-d'œuvre et de faire pratiquement de la bonne architecture, du moins d'en connaître l'histoire et d'en expliquer les lois.

Ce qu'il y a de plus triste, c'est que, dans l'art de bâtir, les faux pas et les inadvertances ne se réparent pas comme on veut. Allez donc demander qu'on nous rende le pavillon de Flore tel qu'on l'avait reçu! Faites gratter ces pierres si finement sculptées, détruisez tous ces charmants détails! Que de main-d'œuvre, que de talent, que d'habileté perdus! On se révoltera contre votre purisme, il n'y faut pas songer, il faut subir le contre-sens. Notre gros pavillon restera tout cousu de fines broderies et surmonté de figures tapageuses : toutes les disparates à la fois! C'est un genre de spectacle que nous devront nos arrière-neveux ! S'ils se raillent de nous, vous n'y pouvez plus rien, l'affaire est consommée ; mais au moins faut-il obtenir, il en est temps encore, qu'on ne déguise pas ainsi cet autre pavillon encore debout, là-bas, à l'autre extrémité de ces longues façades. Il est peut-être un peu morose ou tout au moins austère ; sa toilette est modeste, mais il est calme et comme il faut, il a bon air et quelque chose de bonne compagnie. Qu'on le conserve, ne fût-ce qu'à titre de témoin du luxe de Louis XIV comparé au luxe d'aujourd'hui.

La symétrie sans doute exigerait deux pavillons exactement semblables ; mais comme ici la forme générale des deux constructions est à peu près la même, et qu'à si grande distance l'œil ne peut comparer des différences de détail et se tient satisfait par des analogies d'ensemble, on peut, nous le croyons, demander hautement que le pavillon de Marsan, encore solide, ce nous semble, et loin de menacer ruine, soit indéfiniment maintenu tel qu'il est. Et ce n'est pas le seul vœu de ce genre que nous devions former. Demandons grâce avant tout pour les anciennes Tuileries, pour le pavillon central, ses deux ailes et les deux pavillons de Bullant. C'est là comme une arche sainte devant laquelle, espérons-le, la destruction s'arrêtera. Ces cinq corps de logis ont déjà bien assez souffert et des additions de Leveau et d'autres additions plus récentes, sans qu'on s'avise encore de les remanier.

Quant aux deux ailes qui relient les deux pavillons de Marsan et de Flore, l'une d'elles, la plus voisine de la rivière, est déjà en partie entamée. On en a démoli et reconstruit une tranche, probablement à titre d'échantillon. Que veut dire en effet ce fronton arrondi posé là en retour d'équerre, et entièrement semblable aux huit autres frontons qui surmontent le nouveau bâtiment substitué à l'ex-galerie d'Henri IV? Évidemment c'est une amorce qui semble dire : Donnez des fonds et nous continuerons. Eh bien! franchement l'échantillon n'a rien qui nous séduise. C'est déjà bien assez de tout ce luxe et de tous ces frontons arrondis sur un des côtés de la cour, sans qu'il soit nécessaire d'en faire autant sur l'autre. Si les yeux sont comme éblouis de cette chamarrure telle qu'elle est aujourd'hui, que sera-ce lorsqu'on l'aura doublée! — Voulez-vous donc, va-t-on nous dire, que ce tronçon de façade et de toiture reste éternellement là inachevé, interrompu? Puisqu'on a commencé, ne faut-il pas finir, au moins jusqu'au pavillon de Bullant? — Nous savons bien que ce langage a grande chance de réussir. Pour l'honneur des principes, pour établir par un exemple qu'on ne peut engager l'État dans d'onéreuses constructions sans que des plans publiquement débattus aient indiqué d'avance et le caractère du monument et le montant de la dépense, nous souhaiterions que ce bout de façade restât toujours tel qu'il est là, sans faire un pas de plus ; ce serait une preuve parlante de l'efficacité des règles financières, et dans un autre genre un autre moulin de Sans-Souci ; ou bien encore, si cette amorce semblait trop déplaisante, nous aimerions qu'on la fît disparaître en se bornant à rétablir les choses telles qu'elles étaient; mais c'est trop demander : l'issue la plus probable est qu'on persuadera au Corps législatif qu'il faut finir ce qui est commencé. On prolongera donc la splendide façade jusqu'au pavillon de Bullant : seulement une fois là, ne sera-t-il pas permis d'exiger qu'on s'arrête ?

Nous nous flattons peut-être, mais il nous semble difficile qu'on ne respecte pas les vieilles Tuileries. Ces cinq corps de logis sont de date trop noble et de trop haut renom pour n'avoir pas leur sauvegarde. Ils subiront peut-être un nettoyage, quelques embellissements de toiture, quelques remaniements de l'attique dont la toilette peut sembler par trop simple ; mais aller plus avant, réformer les ordres, les profils de Philibert et de Bullant, ravager ces chefs-d'œuvre, on n'oserait. Ce n'est qu'au-delà, à partir de la seconde aile de Leveau, qu'on deviendra plus audacieux. Au nom de la symétrie, on nous persuadera qu'on ne peut laisser tels qu'ils sont ni les pilastres de Leveau, ni le pavillon de Marsan, ni l'aile commencée par Napoléon Ier, continuée par la Restauration et achevée sous le présent règne ; qu'il faut nécessairement refaire et reproduire du côté de la rue de Rivoli les constructions de toute forme qui, du côté de la rivière, sont maintenant en cours d'exécution.

Or sait-on bien quel engagement il s'agirait de prendre ? Rien n'est plus compliqué que ces constructions. Il n'y a de clair et d'achevé jusqu'ici que la partie la plus proche du pavillon de Flore ; puis vient l'énorme brèche ouverte l'an passé entre le quai et la place du Carrousel, brèche déjà comblée jusqu'au premier étage, mais dont on ne saurait, à moins de voir les plans, se figurer exactement la partie supérieure. Ce qu'on devine cependant à la seule inspection de toutes ces pierres épannelées, c'est qu'une grande variété de bâtiments et de toitures remplacera la longue uniformité des combles de l'ancienne galerie. Cette ligne horizontale, tout d'une venue depuis le pavillon de Flore jusqu'au grand salon carré, jetait sur la façade tout entière une froideur désolante, et c'est avec grand'raison qu'en restaurant et achevant le Louvre on avait introduit par l'exhaussement d'un simulacre du grand salon carré un peu plus de variété dans une partie de ces toitures. Nous craignons seulement qu'on n'aille cette fois un peu trop loin dans ce nouveau système. Si l'uniformité produit l'ennui, l'extrême variété mène à l'incohérence. Ainsi, pour ne parler d'abord que du côté du quai, on nous élève en ce moment, outre une seconde galerie de Charles IX, un second pavillon de Lesdiguières, un troisième grand salon carré, plus un corps de logis tout nouveau surmontant trois immenses arcades ou plutôt trois arches de pont destinées à la circulation des voitures. C'est donc, de compte fait, y compris le pavillon de Flore et le pignon de la galerie d'Apollon, dix constructions indépendantes, dix toitures différentes, qui seront ainsi juxtaposées. Nous ne prétendons pas que la combinaison soit mauvaise, elle nous plaît à beaucoup d'égards ; ces répétitions symétriques sont ingénieusement conçues, seulement nous n'avons pas la certitude que des diversités de toiture aussi multipliées ne brisent pas un peu trop la ligne qu'il était bon de rompre, et que l'effet en soit complètement heureux.

Du côté de la place, nos doutes sont les mêmes. On ne peut encore juger qu'imparfaitement quelle sera la silhouette des constructions qui s'élèvent. Une seule est connue d'avance, le second pavillon de Lesdiguières, copie nécessairement fidèle du premier. Nous n'éviterons donc ni les deux frontons l'un sur l'autre, ni la coiffure cubique surmontée du petit campanile. Pour tout le reste, élévations et toitures, nous ignorons ce qu'on prépare. Une addition très importante, un pavillon qui contiendra, dit-on, la salle définitive des États, fait déjà saillie sur la place : quelle en sera l'ordonnance ? quelle hauteur lui veut-on donner ? quelle forme affectera le comble ? Nous n'en savons rien encore. Même ignorance en ce qui touche la partie supérieure de ces arches de pont. Nous devons même confesser quelque inquiétude à ce sujet. Au-dessus de ces immenses vides, comment trouver quelque motif heureux? Comment sauver le porte à faux? Triomphât-on de la difficulté, à quoi bon l'être allé chercher? Pourquoi ces ouvertures démesurément larges eu égard à une hauteur que le plain-pied du premier étage ne permet pas de modifier? On veut sous chaque arcade donner passage à deux voitures marchant en sens contraire : ce qu'on leur donne, à vrai dire, c'est l'occasion de s'accrocher. Six guichets de dimension normale, et attribués trois à l'aller, trois au retour, n'auraient-ils pas aussi bien fait l'affaire? Et du moins vous n'auriez rien changé aux proportions de votre ordonnance, tandis que ces gigantesques voûtes rompent toute harmonie.

Suspendons, si l'on veut, notre jugement à ce propos, tant que l'étage supérieur ne sera pas en place, tant que le ravalement n'aura pas expliqué la vraie pensée de l'architecte. Nous ne constatons pour le moment qu'un fait acquis, que rien ne peut changer ; ce fait, c'est que les constructions qui s'achèvent en ce moment sont d'une telle importance et modifient d'une façon si notable l'ancien état de choses, que pour les reproduire de l'autre côté de la place, pour en donner un exact pendant, ce n'est pas un simple placage, un simple remaniement qu'il faudrait entreprendre, c'est une reconstruction de fond en comble, et Dieu sait à quel prix ! Voudra-t-on nous lancer dans de telles aventures ? Nous n'osons rien prédire, car la manière dont les travaux actuels ont été mis en train, sans que la portée en pût être comprise, n'a rien de très rassurant ; mais les choses qu'on fait une première fois, on n'est pas toujours apte à les recommencer. Le public était convaincu, lorsqu'il vit démolir la galerie d'Henri IV et le pavillon de Flore, qu'on allait les refaire exactement tels qu'ils étaient. Il acceptait cette reconfection comme un cas de force majeure ; mais maintenant qu'il voit ce qu'on a fait, on est moins bien placé pour lui dire : laissez-nous en refaire autant. Aussi nous avons quelque espoir que cette fois du moins la question ne sera pas entièrement résolue avant d'être posée. On n'aura plus cet argument magique dont on a fait si merveilleux usage, la vétusté des bâtiments. Ici c'est le contraire, la plus grande partie des murs qu'il faudrait démolir ne datent que d'hier. Refaire à neuf dès aujourd'hui ce qu'ont bâti Napoléon Ier et même Napoléon III, c'est pousser un peu loin l'amour de la symétrie. Il est vrai que sans plus de raison on a, depuis quinze ans, fait parfois bon marché d'œuvres non moins récentes, d'œuvres impériales, témoin l'escalier du musée, la création par excellence de MM. Percier et Fontaine, la gloire à peu près unique de l'architecture de ce temps-là. On n'a pas fait le moindre effort pour en tirer parti dans les nouvelles constructions, on l'a démoli sans pitié ; il n'en reste plus de trace, et dans la même cage, ou peu s'en faut, on se promet d'en construire un autre. Qu'un des gouvernements précédents eût toléré ce sacrilège, les amis de l'empire l'auraient pour le moins lapidé : ils n'ont pas dit mot cette fois ; on se passe tout en famille. D'où il suit que, le cas échéant, on pourrait bien laisser encore abattre sans émotion et en silence l'aile de la rue Rivoli, bien que bâtie par deux Napoléon. Si donc l'espoir nous reste que le *statu quo* puisse être maintenu, ce n'est pas que nous comptions sur l'âge et sur l'origine des constructions qu'il s'agirait de démolir, nous avons plus de confiance dans les défauts de celles qu'il faudrait imiter.

Attendez-vous pourtant, quand cette architecture sera presque terminée et dégagée des échafauds, attendez-vous à un premier concert d'officieuses louanges ; on se battra les flancs pour admirer, et cette partie du public qui croit ce qu'on lui dit, que les détails amusent, que le luxe éblouit, pourra venir en aide aux Aristarques complaisants. Ce ne sera pas pour longtemps. Le vrai public a des instincts qui font bientôt justice des admirations de commande, et ce n'est pas seulement au théâtre que le parterre est souverain. Hâtons-nous d'ajouter que la critique aussi saura remplir sa tâche. Les arts ont encore chez nous ce privilège qu'ils sont parfois jugés avec indépendance, même au bas des colonnes où le pouvoir chaque jour reçoit pour sa politique des brevets d'infaillibilité. Quant aux artistes, aux amateurs tant soit peu clairvoyants, ils sont tout convertis, leurs convictions sont faites. Jamais peut-être, sur une question de goût, inévitable source de divergences et de contradictions, nous n'avons rencontré un accord si parfait, un sentiment si unanime ; c'est comme un chœur à l'unisson. Y a-t-il un seul approbateur, un admirateur éclairé et désintéressé de ce luxe à la Sardanapale ? Nous sommes encore à le trouver, tandis que les improbations, les plaintes, les regrets, les exclamations désolées, on en recueille plus qu'on n'en veut. Nous nous gardons de rapporter ici, comme empreints d'une vivacité qu'on pourrait croire hostile, bien qu'elle soit seulement pittoresque, les jugements qu'à tout propos nous entendons émettre sur ces travaux et sur certains détails de l'ornementation, par exemple sur les gaufrures de plomb si épaisses et si volumineuses, sur les crêtes à grands fracas, sur les galons massifs dont tous ces combles sont surchargés, aussi bien ceux du Louvre que ceux des Tuileries. Vous en trouvez partout : ils s'enroulent en bosse autour des moindres ouvertures, lucarnes ou chatières, dont tous ces toits sont percés. Vit-on jamais pareil abus d'un des motifs décoratifs les plus fins et les plus gracieux qu'aient pratiqués nos architectes jusqu'au milieu de l'avant-dernier siècle? Des crêtes découpées se détachant sur le sommet d'un toit, ou bien encore quelques galons en bordant les arêtes, mais tout cela léger, délicat, aérien, n'attirant pas les yeux, parure de plume en quelque sorte servant à enlever le toit, à lui donner des ailes, voilà ce dont jadis on a pu faire chez nous, ce dont on pourrait encore faire un heureux usage ; mais ici, c'est un affreux fardeau, une accablante charge qu'on impose à ces pauvres toitures! Et pourquoi? Pour faire de la richesse, pour employer beaucoup de plomb! Beau résultat! Ces ornements seraient vraiment riches, s'ils étaient autrements conçus, sauf à coûter la moitié moins.

Nous citons cet exemple parce qu'il est un des plus saillants; mais ce n'est pas seulement ce luxe de plomberie qui ouvre les yeux au public. Pierre ou plomb, peu importe, il aperçoit le vice de ces décorations; il en pèse le prix; son bon sens se révolte et ses goûts sont choqués. Aussi nous espérons, sans trop grand optimisme, que nous touchons au port. Le grand projet, le plan de reconstruction, ou pour mieux dire de destruction totale, nous semble devenu à peu près impossible. Ce qui subsiste restera, tout au moins à partir des vieilles Tuileries; on n'ira pas plus loin, la part du feu est faite. Nous serions moins confiants si la première campagne avait été conduite avec plus de prudence et de sobriété, on en pourrait tenter une seconde. C'est le pompeux étalage de ces magnificences qui nous devient une garantie. Qui voudrait maintenant, de sang-froid, sciemment, prendre à son compte une seconde fois, autoriser par de nouveaux crédits des travaux que personne n'approuve? Les plus dociles reculeraient, on ne les mettra pas à l'épreuve.

Ce sera donc une consolation pour tous les gens de goût, pour les amis de notre art national, que de sauver le peu qui reste de ces constructions historiques. Quant à la disparate qui en pourra résulter entre les deux côtés de la place du Carrousel, c'est la moindre des choses; dans un si vaste espace, où est la nécessité d'une parfaite symétrie? Passe encore pour les monuments dont on saisit l'ensemble d'un coup d'œil; il est bon que les parties qui se correspondent n'aient pas entre elles par trop de dissemblance. Et encore est-ce un bien grand malheur qu'une des tours de Saint-Sulpice ne soit pas trait pour trait l'imitation de l'autre? A plus forte raison doit-on se résigner lorsqu'il s'agit de constructions si éloignées les unes des autres que jamais le regard ne les embrasse en même temps. Cette disparate après tout ne sera pas sans intérêt pour les générations qui nous suivront : elle servira de commentaire à bien des choses de ce temps-ci.

Ce qui sera pour nous, si nos vœux s'accomplissent, un sujet plus sérieux de regrets que ce défaut de symétrie, ce n'est pas seulement la perte irréparable de tant de nobles pierres dont sans raison on a hâté la chute, ou, ce qui est pis encore, qu'on a déshonorées comme ce pavillon de Pierre Lescot, c'est avant tout une occasion manquée, une grande occasion de

donner à notre architecture, et par elle à tous
nos arts du dessin, de solennels et salutaires
exemples. Jamais en ce pays, quelque prospérité, quelques coups de fortune que l'avenir
lui prépare, jamais, sous aucun régime, un
concours plus étrange de circonstances favo-
rables ne mettra dans les mains du pouvoir les
flots d'or qui depuis quinze années ont été ré-
pandus sur le Louvre et sur les Tuileries.
Louis XIV lui-même et tous nos rois les moins
soumis aux règles de finances n'ont jamais, en
si peu d'années, disposé pour bâtir et orner
leurs palais de sommes aussi fastueuses, et
quant à ceux de nos monarques qui n'ont régné
que sous l'égide d'une constitution, on sait de
quelle manière leur étaient marchandées ces
sortes de dépenses. Il a fallu les hasards de ce
règne pour que, sans embarras, sans remontrances, par la vertu d'un mécanisme constitu-
tionnel tout nouveau, dépassant en largesses
les plus riches épargnes de la monarchie abso-
lue, un crédit à peu près sans limites fût ouvert
au pouvoir pour accomplir les plus somptueux
travaux. Que de bienfaits pouvaient sortir d'un
pareil réservoir! Quel renouvellement des
meilleures traditions, des plus saines études!
Quel réveil de ce noble art français qui n'a pas

dit son dernier mot, qui ne demande pas mieux que de vivre pourvu qu'on sache le cultiver, de vivre non tel qu'il fut, mais tel qu'il devrait être, en conservant ses lois et ses principes, pour se prêter à notre temps; de cet art dont l'accent délicat, intelligent et ferme se trahit et s'accuse aussi bien dans les élégances chevaleresques de la seigneurie d'Écouen que dans les sévérités du cloître des Invalides! Voilà ce que ces trésors auraient dû nous donner! Et dire qu'ils n'auront servi qu'à stimuler le goût le plus frivole, le goût du faste et du clinquant, à détourner des voies sévères non-seulement la jeunesse, mais nos meilleurs artistes, à les surexciter, à les lancer sans frein et malgré leurs instincts, malgré l'habileté persévérante de leur ciseau, en pleine décadence, en plein courant de bas-empire!

Devant de tels mécomptes, comment se consoler? Nous n'osons vraiment dire quel chagrin c'est pour nous que cette occasion manquée! Si du moins nos regrets s'arrêtaient à la barrière du Louvre! mais, hélas! au-delà du palais vient la ville! En passant de ce Louvre nouveau, de ces nouvelles Tuileries, dans le nouveau Paris, nous n'avons certes pas sujet de reprendre courage. Là aussi, grâce au même concours de

chances merveilleuses, grâce encore, car il
faut être juste, à d'audacieuses combinaisons,
non pas toujours fondées sur les meilleurs
moyens, mais poursuivies avec un rare mélange d'énergie, de persévérance et de saga-
cité, il a pu s'accomplir depuis ces quinze
années des travaux gigantesques qui passent la
croyance, et dont naguère encore on aurait
prudemment confié l'entreprise à deux ou trois
générations ne perdant pas leur temps. Bien
que dans ces travaux le but soit souvent dépassé, bien qu'ils abondent en contradictions,
tantôt prodiguant sans raison l'espace et la
lumière, tantôt s'en montrant avares, et laissant quelquefois l'utilité publique assez problématique pour provoquer des conjectures
d'utilité privée ; bien qu'il y ait en un mot dans
cette transformation fabuleuse d'une immense
cité beaucoup à blâmer sans doute, il y a beaucoup à louer aussi. Ces larges ouvertures, ces
trouées, ces raccords, ces vastes débouchés
abrégeant les distances, ces créations de quar-
tiers tout entiers subitement sortis de terre, ces
arbres, ces jardins, cette eau interrompant
et coupant çà et là la série fastidieuse des rues
et des maisons, ce sont vraiment des conquêtes.
Tout cela, vous l'achetez sans doute au prix de

quelque monotonie; ces boulevards se ressemblent tous; ces trottoirs, ces candélabres se répètent à satiété; un je ne sais quoi d'Américain s'est répandu sur notre ville, et néanmoins sans ces travaux que deviendraient les habitants? C'est par eux qu'ils circulent, c'est par eux qu'ils respirent. Le Paris matériel, l'œuvre de l'ingénieur, a donc fait des progrès qui tiennent du miracle; mais au milieu de cette vie plus facile, moins heurtée, moins étouffée, que devient l'art? qu'en a-t-on fait? C'est ici que nos douleurs se réveillent! L'art du nouveau Paris ne vaut pas mieux que l'art du nouveau Louvre; il est peut-être pis encore. Si quelque jour nous prenons le courage d'accomplir la même tâche qu'aujourd'hui, de nous donner le soin pénible d'affliger des hommes de talent en leur disant avec franchise les atteintes aux lois du goût, qu'à notre avis on leur a fait commettre, nous essaierons de parcourir Paris, d'en étudier et les maisons nouvelles et surtout les nombreux monuments éclos depuis quinze années. Là nous serons aux prises avec les mêmes ennemis que dans nos deux palais, avec le même goût de parures inutiles, les mêmes contradictions et le même mélange de luxe et de mesquinerie; mais nous aurons surtout affaire à un véritable fléau, le défaut d'originalité provoqué et entretenu, selon nous, par une organisation vicieuse du corps des architectes. Soumis à une hiérarchie qui leur interdit le droit d'exécuter leurs propres œuvres, d'en conserver l'honneur et la responsabilité, simples rédacteurs de projets, ou surveillants passifs de projets qu'ils n'ont pas conçus, les architectes de la ville de Paris sont aujourd'hui des ingénieurs. Faut-il donc s'étonner que l'art en leurs mains soit en souffrance ? Il est paralysé dans sa racine même.

N'entamons pas ce sujet aujourd'hui, il demande à lui seul de trop longs commentaires.

JOINVILLE

SAINT LOUIS ET LE XIIIᵉ SIÈCLE

1. *Œuvres de Jean, sire de Joinville,* avec un texte rapproché du français moderne mis en regard du texte original, par M. Natalis de Wailly; 1 vol., Paris 1867. — II *Histoire de saint Louis,* par M. Félix Faure; 2 vol., Paris 1866.

Parmi les monuments que nous a laissés le XIIIᵉ siècle, et qui, comme on le sait, se distinguent entre tous ceux du moyen âge par certains caractères de noble simplicité et de naïve grandeur, il en est deux qui ne seront pas les moins durables, qui ne le cèdent à aucun autre en originalité, et qui, quoique célèbres et cités souvent sur parole, ne sont, à vrai dire, connus que de bien peu de gens. Ce ne sont point des œuvres d'architecte, ni cathédrales ni donjons, encore moins d'élégantes merveilles de ciseleur ou d'*ymagier*, des chefs-d'œuvre d'ivoire, d'or, d'émail ou d'argent ; ce sont des œuvres littéraires, mais de la plus rare espèce, écrites ou plutôt dictées par des hommes de guerre, plus ambitieux de bien remplir leur charge et de manier la lance que d'acquérir le gai savoir et les talents de l'écrivain. L'une est l'histoire sommaire et détaillée à grands traits, le récit presque épique de l'un des plus étranges épisodes de nos saintes guerres d'Orient, la conquête de Constantinople, par Joffroy de Villehardouin ; l'autre, la seule dont nous voulions nous occuper ici, une image parlante, le portrait d'un homme et d'une époque pris sur le vif, la première page, en notre langue, d'histoire intime et personnelle, le premier essai de mémoires politiques, une création sans modèle, une vraie nouveauté s'il en fut, l'histoire de saint Louis, l'œuvre de Jean, sire de Joinville.

Que tous les écrits de ce temps, toute la littérature du siècle, prose et vers, chroniques et romans, homélies, fabliaux, controverses, soient inférieurs, et de beaucoup, aux produits de l'art figuré, de l'art proprement dit ; qu'un intervalle immense sépare chez nous à cette époque ces deux formes de la pensée, rien de plus vrai ; vous diriez d'un côté de simples écoliers, pleins de verve et d'inexpérience, mêlant à tout propos le pédantisme, la recherche, l'affectation, l'obscurité, aux saillies les plus naturelles, aux traits d'esprit les plus heureux, et de l'autre, au contraire, de véritables maîtres, au coup d'œil sûr, au franc savoir, de vrais artistes, gouvernant leurs caprices et s'imposant des lois, féconds sans redondance, sobres sans pauvreté : c'est là le fait constant, la règle générale ; nous en tombons d'accord, pourvu qu'on nous concède que Joinville fait exception.

Est-il donc plus habile, plus lettré que les clercs de son temps, que les auteurs de roman de la *Rose ?* Tant s'en faut. Il a moins d'art encore, pas plus d'esprit, mais plus de vérité. Il sait ce qu'il veut dire, il le dit simplement, vivement et sans phrases, ne professe jamais, raconte ce qu'il a vu, ce qu'il a fait : vous y croyez être vous-même. Qu'importe si ses phrases sont parfois négligées et chevauchent à travers champs ? Le mouvement en est toujours vrai. Jamais de jeux de mots, ni bel esprit ni scolastique ; tout dans ce style est franc, vif et va droit au but comme les piliers et les nervures de la nef de Reims, comme les verrières et les ogives de la Sainte-Chapelle. Ce n'est donc pas un livre, c'est bien un monument, un monument de plus à mettre au compte de ce glorieux siècle ; seulement voici l'embarras : pour connaître aujourd'hui les conceptions de Robert de Luzarche, de Pierre de Montereau et de tant d'anonymes non moins illustres, à en juger par leurs œuvres, il suffit de se placer en face des édifices qu'ils ont construits, devant les fragments qui nous en restent, et là, sans secours étranger, sans traduction ni commentaire, chacun, avec ses propres yeux, comprend, admire tant qu'il lui plaît. Pour Joinville, ce n'est pas la même chose. Il ne suffit pas de le lire : si l'on veut le comprendre, il faut savoir sa langue, et cette langue, qui n'est pourtant que le français, combien de gens en France en ont la clé et la possèdent? Ceux-là seuls qui en font l'objet d'une constante étude, pas un sur mille par conséquent. On peut dire hardiment que, si Joinville, au lieu d'user de son idiome national, avait écrit en italien ou en anglais, il trouverait chez ses compatriotes dix fois plus de lecteurs en état de l'entendre. Ce n'est pas que notre langue du XIIIe siècle diffère essentiellement de celle de nos jours : c'est bien le même fonds, le même esprit, et la plupart des mots étaient il y a six siècles ce qu'ils sont aujourd'hui ; mais combien d'autres, tombés en désuétude ou détournés de leur sens primitif, sont vraiment inintelligibles ! combien ne portent plus cette empreinte de latinité encore fraîche et vivante qui autorisait ces tours étranges, ces suppressions d'articles devant les noms, ces inversions hardies qui nous déroutent aujourd'hui ! Tout lettré que vous puissiez être, si la paléographie ne vous est pas familière, vous lirez de Joinville deux ou trois pages tout au plus, à force d'attention, phrase par phrase, devinant plutôt que lisant ; mais la fatigue interrompra bientôt cet exercice, et le livre vous tombera des mains. Ainsi ce trésor, cette perle, ce monument exquis n'appartient, à vrai dire, qu'au domaine de l'érudition, et le public, même aujourd'hui, avide comme il l'est de ces sortes de confidences, de ces véridiques témoignages, ne le connaît encore que par ouï-dire.

Nos érudits pourtant se sont toujours prêtés de bonne grâce à faire cesser cet interdit. Ne parlons pas des premiers éditeurs, ils n'ont que trop cherché à rendre intelligible le texte de Joinville. Le premier de tous, de Rieux, a commis en 1547 ce méfait de rajeunir et d'altérer de fond en comble le manuscrit qu'il possédait ; il faut en dire autant de Claude Ménard, publiant en 1617 un autre manuscrit, et Ducange lui-même, en 1668, n'ayant pu découvrir les monuments originaux dont avaient si mal usé ses deux prédécesseurs, fut réduit, lui aussi, à ne donner qu'un texte de fantaisie, tout en l'enrichissant d'un cortège d'observations et de dissertations vraiment savantes et du meilleur aloi. C'est seulement vers le milieu du dernier siècle que fut découverte et acquise par la Bibliothèque du roi la version qui jusqu'à ces derniers temps avait passé pour le texte même, pour le manuscrit original de Joinville, et aussitôt une édition entreprise par Melot et Sallier, puis interrompue à leur mort et terminée par Capperonier, fut mise au jour en 1761. Des notes marginales donnaient sur les mots obscurs d'amples éclaircissements ; mais sans compter que ce n'est jamais le mot vraiment obscur, celui dont le sens nous échappe, que ces sortes de commentaires signalent de préférence, la gêne est encore grande de promener ainsi les yeux vingt fois par phrase du texte aux notes et des notes au texte. Cette gêne, les savants l'acceptent volontiers, les amateurs ne sauraient s'y astreindre. Ce n'était donc pas, comme on le crut d'abord, la grandeur du format qui avait effrayé les lecteurs. Le format fut réduit, et les lecteurs ne vinrent point. Pas plus *l'in-douze* que *l'in-folio* ne fit cesser l'indifférence. Ce qu'il fallait au public, ce n'était pas que le livre fût portatif plus ou moins, c'était d'en pouvoir faire couramment la lecture.

Or si les notes marginales sont d'un secours insuffisant, que faire ? Il n'y a plus qu'un moyen de mettre Joinville à la portée de tous, c'est de traduire son œuvre comme s'il l'avait écrite dans une langue étrangère, et de l'interpréter en un français que tout le monde entendra. Ce moyen paraît simple, mais qui oserait le conseiller ? Vis-à-vis d'un auteur étranger, la traduction a son excuse, c'est un pis aller nécessaire. Il n'est question d'emprunter, on ne cherche à s'approprier que des pensées, pas autre chose : la forme qui les revêt devant nécessairement périr en passant d'une langue dans l'autre, on ne fait à l'œuvre aucun tort en l'habillant à notre mode; que les pensées soient clairement rendues, il n'y a rien de plus à prétendre, tandis qu'ici c'est la forme elle-même qu'il importe de conserver; cette forme est française, elle n'est obscure qu'à moitié, et la moitié qu'on peut comprendre a de tels agréments, un tel charme, qu'on ne doit à aucun prix en faire le sacrifice. Or votre traduction n'en conservera rien. Vous voulez qu'elle soit française dans la moderne acception du mot, dès lors elle sera correcte, conforme aux règles qu'on observe aujourd'hui. Ces phrases si naïves dans leur aimable gaucherie, elle les redressera, les mettra, comme on dit, sur leurs pieds. L'ordre, la construction, l'orthographe des mots, tout forcément va disparaître. C'est un texte nouveau que vous allez créer, ou, pour mieux dire, un texte travesti, une profanation, une vraie barbarie : d'où il suit que Joinville n'est pas seulement inaccessible aux gens du monde, mais que de plus il est intraduisible.

Ne pourrait-on tenter en sa faveur une sorte de compromis? abandonner toute traduction proprement dite, toute translation correcte et homogène, se borner au strict nécessaire, et rendre seulement ce texte intelligible sans en détruire le vénérable aspect, n'en changeant que le moins possible la forme et la couleur? On ne rajeunirait que certains mots, les mots tout à fait surannés et tombés en oubli, ceux dont le sens a complétement changé, on ne modifierait que les constructions par trop embarrassantes et les inversions vraiment inacceptables. A cela près, tout serait conservé. Ce travail exigerait sans doute quelque patience, quelque résignation, sans compter le savoir le plus rare, une main délicate, une dose peu commune de tact et de discernement. L'idée n'est pas nouvelle : ce qui serait nouveau, ce serait d'en tirer parti. Plusieurs l'ont essayé : ainsi M. Génin, voulant avec raison que le public pût lire la *Chanson de Roland* et s'associer au très juste enthousiasme que lui inspirait un tel chef-d'œuvre, avait pensé que ce français encore plus vieux que celui de Joinville ne pouvait être interprété sans de choquantes disparates par le français de nos jours : seulement, en cherchant un idiome intermédiaire, il voulut faire œuvre d'érudit et traduire les vers de Théroulde comme l'eût fait Amyot ou quelque autre écrivain même encore moins moderne, c'est-à-dire n'employer que des mots et des phrases dont on aurait usé au commencement du XVIᵉ siècle. Or que résulta-t-il de ce savant labeur ? Que, la traduction luttant d'obscurité avec le texte qu'elle devait éclaircir, le public n'en fit aucun usage. Il eût fallu qu'un nouvel interprète prît à son tour la peine de lui traduire la traduction.

Heureusement pour Joinville, un érudit mieux avisé et d'un sens plus pratique s'est chargé de ses intérêts. Ce simple remaniement de phrases et de mots qui, sans presque toucher à la physionomie d'un écrivain du XIIIᵉ siècle, suffit à le rendre clair, M. Natalis de

Wailly l'a entrepris et s'en est acquitté avec un art discret, mesuré, respectueux, dont on ne peut assez lui savoir gré. Ce n'est ni une traduction, ni un commentaire, et c'est pourtant la clarté même. Dans ce texte rajeuni et d'un aspect encore si vieux, pas une aspérité, tout est courant, tout est facile. Nous défions la syntaxe moderne, avec ses précautions logiques si habiles et si multipliées, de mieux garantir le lecteur contre l'incertitude et l'amphibologie, et cependant le texte est serré de si près, vous le côtoyez si bien, vous en suivez si constamment les mouvements et les contours, qu'au bout de quelques pages l'illusion vous gagne; vous oubliez qu'un guide vous conduit, que vous êtes en terrain neutre; c'est Joinville que vous croyez suivre, c'est lui-même que vous lisez.

Le problème est donc résolu : voilà cette œuvre impénétrable qui devient accessible à tous, et ce n'est pas aux gens du monde seulement que l'éditeur nouveau prétend avoir affaire : il s'adresse avant tout à ses confrères, les érudits, leur met en main les pièces du procès, et joue avec eux cartes sur table. Dans une édition précédente, sa version était isolée, et semblait ainsi se soustraire à un contrôle sérieux, ou du moins le rendre difficile, puisqu'il fallait, pour

entreprendre un examen comparatif, se procurer
comme on pouvait un des termes de comparaison, le texte original, et consulter, chose incommode, deux volumes simultanément. Cette
fois les deux textes sont en regard l'un de l'autre, dans le même volume, page pour page,
ainsi qu'on a coutume d'en user pour quelques
traductions d'auteurs grecs ou latins. Ce procédé a l'avantage d'être à la fois loyal et rassurant. Le lecteur même hors d'état de lire à
lui seul couramment le texte original peut en
suivant la version rajeunie, s'édifier, chemin
faisant, et, grâce aux clartés qu'elle lui donne,
en reconnaître la valeur et la fidélité. Quelques
coups d'œil jetés de temps en temps sur la page
opposée lui font constater par lui-même si tous
les éléments de ces phrases qui d'abord lui
semblaient lettres closes sont conservés et mis
en place avec exactitude et bonheur. Quant aux
habiles, nous croyons pouvoir dire qu'aucun
d'eux ne saurait méconnaître à quel point l'auteur a rempli au-delà de toute espérance la
tâche ingrate qu'il s'était proposée, et ce n'est
pas le seul succès dont il y ait à lui tenir compte.
Du moment que M. de Wailly se regardait, non
sans raison, comme obligé de placer son essai
en regard du texte de Joinville, il fallait que ce

texte devînt pour lui l'objet de la plus sérieuse étude, et qu'il en donnât l'édition la plus complète, la plus irréprochable qui eût encore vu le jour. Sa modestie n'a pas à en souffrir : il ne fait pas la guerre à ses prédécesseurs ; par cela seul qu'il est venu plus tard, de précieux documents que ceux-ci avaient ignorés lui imposaient le devoir de mieux faire.

Il y a réussi. Dire comment et pourquoi, ce n'est point ici le lieu. Sans imposer à nos lecteurs des détails trop arides et sans nous écarter nous-même de notre but, nous ne saurions donner sur le côté technique du travail de M. de Wailly les éclaircissements qu'il mérite. Nous devons pourtant dire, car ce n'est pas un aride détail, quand il s'agit d'un monument qu'on affectionne, que de savoir d'où il nous vient, nous devons dire quelles découvertes ont été faites depuis 1761 et comment aujourd'hui on peut juger presque à coup sûr si nous possédons bien le texte original de Joinville. D'abord, indépendamment du manuscrit publié par Capperonier et conservé à la Bibliothèque impériale[1], il en existe un autre plus récent d'environ deux siècles, que Sainte-Palaye a

---

1. Sous le n° 2016. (Supplément.)

découvert en Italie dans la ville de Lucques, et
que pour cette raison on désigne sous le nom
de manuscrit de Lucques. Ce second manuscrit,
comme le premier, appartient à la Bibliothèque
impériale [1]; puis maintenant on en connaît
un troisième entre les mains d'un particulier
(M. Brissart-Binet, de Reims), copie de même
époque à peu près que celle de Lucques, c'est-à-
dire du xvi° siècle seulement, moins précieuse
peut-être en ce sens que d'illustres armoiries,
les armes de la maison de Guise, ne la décorent
pas, qu'elle est moins riche, moins ornée de
miniatures, et à certains égards d'une moins
bonne conservation; mais le très rare mérite
de ce troisième manuscrit est de combler la
plupart des lacunes qui déparent les deux autres, et notamment de nous donner jusqu'à
trente-six pages omises dans le manuscrit de
Lucques. C'était donc pour M. de Wailly un
avantage assuré sur ces prédécesseurs que d'a-
voir à sa disposition ce document dont, il y a
peu d'années, on ne soupçonnait pas même
l'existence; mais indépendamment de cette
heureuse chance, ce qui lui appartient en propre, ce qui n'est pas seulement du bonheur,

1. Sous le n° 206. (Supplément.)

c'est le choix de ses leçons, c'est-à-dire les raisons qui le déterminent à obéir à l'un plutôt qu'à l'autre de ces trois manuscrits quand ils se contredisent, ce qui ne laisse pas que d'arriver quelquefois.

Ici nous aimerions à ne pas glisser trop vite, à suivre la série de ces explications ou plutôt à nous pénétrer de l'intéressante notice qui, placée en tête du volume, met dès l'abord en évidence les principes et les données d'après lesquels l'éditeur a établi son texte. Pour justifier ses préférences, il nous donne, à propos de ces trois manuscrits, tout un traité de philologie du moyen âge ou, pour mieux dire, tout un ensemble d'observations aussi neuves que lumineuses sur une certaine phase de l'histoire de notre langue [1]. Ce genre d'étude, comme on

---

1. Ce qui rend cette notice non moins piquante qu'instructive, c'est qu'elle démontre par preuves victorieuses et avec une clarté parfaite que, de ces trois manuscrits, le plus utile à consulter, le plus fécond en bonnes leçons, le plus voisin du texte original dans les passages où tous les trois l'ont plus ou moins altéré, ce n'est pas celui qu'on pense, celui que naguère encore de très habiles gens donnaient pour le texte même écrit sous les yeux de Joinville, s'autorisant de l'écriture, qui est bien du xive siècle, et de l'année 1309 inscrite au dernier feuillet, année où Joinville en effet termina son travail et en fit publiquement hommage à l'arrière-petit-fils de son

sait, a fait depuis trente ans de véritables conquêtes, et personne à coup sûr n'en a mieux servi les progrès que le nouvel éditeur de Join-

maître, au jeune prince qui devait bientôt régner sous le nom de Louis le Hutin. Assurément ce manuscrit est d'une ancienneté qui le rend respectable, sans compter qu'il a d'autres mérites ; mais on aura beau faire, ce n'est pas là le texte de Joinville. L'écriture, vue de près, et surtout l'orthographe, indice encore plus sûr, ne peuvent être antérieures au milieu du xive siècle, à l'année 1350 environ ; ce n'est donc pas même une copie contemporaine de l'original ; quarante ans au moins l'en séparent, intervalle suffisant pour qu'il s'y soit glissé d'assez nombreuses altérations. Ce qui mérite attention, ce qui est vraiment extraordinaire, c'est que les deux autres manuscrits, plus modernes de deux cents ans au moins, et qui par conséquent devraient être encore plus infidèles, fournissent au contraire dans de nombreux passages des variantes moins défectueuses que la copie du xive siècle, des variantes à travers lesquelles on voit plus aisément quelles étaient les versions primitives. D'où vient ce fait étrange ? De cette circonstance parfaitement observée par M. de Wailly qu'au xive siècle et particulièrement à l'époque où ce manuscrit paraît avoir dû être écrit, vers 1350, notre langue était en état de crise et subissait une vraie révolution dans l'orthographe d'un grand nombre de mots et dans certaines règles grammaticales qui jusqu'alors avaient régné. On achevait de s'affranchir d'une habitude toute latine, et cependant encore vivace au xiie et même au xiiie siècle, l'habitude des déclinaisons.

Il eût semblé qu'après l'innovation d'origine barbare qui avait donné comme acolyte à chaque substantif un article indiquant clairement et sans équivoque le rôle qu'il jouait ville ; mais encore une fois ce n'est pas là ce qui nous importe ici. Que M. de Wailly s'arrête avec prédilection sur cette partie de son travail, sur

dans la phrase, l'usage des déclinaisons, n'étant plus qu'une sorte de pléonasme, aurait dû promptement disparaître, et néanmoins il avait persisté. Ainsi le mot *peuple*, par exemple, quand il était sujet du verbe, c'est-à-dire au nominatif, s'écrivait au singulier avec une *s*, *peuples*, en souvenir du latin *populus*, et quand il était régime, à cause du latin *populum*, l'*s* était supprimé : le même mot, au pluriel, à cause de *populi*, s'écrivait sans *s* au nominatif, et à l'accusatif au contraire avec un *s* pour rappeler *populos*. La même règle s'appliquait aux adjectifs, aux pronoms et à beaucoup de substantifs qui n'avaient pas comme le mot peuple une ressemblance exacte et directe avec les noms latins correspondants. Ainsi *roi*, au nominatif singulier, prenait un *s*, n'en prenait pas à l'accusatif, tandis qu'au pluriel il s'écrivait sans *s* comme sujet du verbe, avec un *s* comme régime. Enfin la différence entre les deux cas de la déclinaison ne consistait pas toujours seulement à mettre ou à ne pas mettre un *s* ; la forme du mot variait complètement quelquefois. Ainsi le mot *sire* et le mot *seigneur* étaient un seul et même mot, à deux cas différents, le premier au nominatif, le second à l'accusatif, et, comme le pronom personnel *moi* était un accusatif tandis que *je* par analogie avec *meus* était un nominatif singulier, on ne pouvait pas indifféremment et *ad libitum* user de ces deux mots *messire* et *monseigneur*, l'un devait nécessairement figurer dans la phrase à titre de sujet, et l'autre comme régime.

Eh bien ! ce sont toutes ces habitudes, toutes ces règles des déclinaisons latines, que la révolution du XIVe siècle avait fait disparaître comme un mécanisme inutile dans les difficultés qu'il a vaincues, sur les moyens de révision et de contrôle qu'il a su se créer, rien de plus juste ; nous au contraire, nous de-

une langue où l'emploi fréquent et continuel des articles rendait l'amphibologie presque toujours impossible. Or l'usage nouveau était déjà partout accepté, consacré, et avait force de loi vers 1350, époque où doit avoir été écrite la plus ancienne de nos trois copies du texte original de Joinville. Qu'a donc fait le copiste ? L'idée tout archéologique de reproduire religieusement une orthographe surannée, comme on le fait aujourd'hui en copiant un ancien manuscrit, ne pouvait venir à l'esprit de personne. Notre copiste a donc naturellement, involontairement en quelque sorte, rajeuni l'orthographe de Joinville ; nous en avons plus d'une preuve.

D'abord, Joinville étant donné, lui, l'homme du XIIIe siècle par excellence, l'admirateur passionné du roi son maitre et de son temps, pouvait-il, même en 1309, avoir abandonné sa vieille façon d'écrire ? Pas plus qu'en 1809 M. de Chateaubriand ne s'était résigné à l'orthographe de Voltaire, puisqu'il la combattait encore vingt ans plus tard, rompant des lances devant l'Académie, pendant que se préparait la dernière édition du dictionnaire, pour qu'elle ne renonçât pas à écrire français par un o. Ainsi, à défaut d'autres preuves, les opinions, le caractère de notre historien établiraient de la façon la plus indubitable que l'orthographe rajeunie du manuscrit dont nous parlons ne peut lui appartenir ; mais nous avons des preuves encore plus péremptoires, nous avons des écrits de Joinville, même postérieurs à 1309, et par exemple une lettre à Louis le Hutin datée de 1315. Or chaque mot dans cette lettre est sévèrement conforme aux usages du XIIIe siècle. Point de doute par conséquent : bien que postérieur seulement vous n'en parler qu'en passant et garder même le silence sur bien d'autres mérites qui recommandent aux connaisseurs cette publication,

de quarante ans au texte original de Joinville, ce manuscrit n'en est pas l'exacte reproduction. Dès la première ligne, M. de Wailly le prend en flagrant délit. Joinville dédie son livre au jeune prince Louis, et, s'adressant à lui s'intitule *son seneschal de Champaigne*: or *son seneschal* au XIIIe siècle était un accusatif. Joinville évidemment n'avait pas fait ce quiproquo de donner pour sujet à sa phrase un régime : il n'avait pu parler de lui qu'au nominatif singulier, et dire par conséquent, non pas *son seneschal*, mais *ses seneschaus*.

Ce n'est là ni une théorie, ni une conjecture. Prenez la lettre à Louis le Hutin, elle commence ainsi : « A son bon seigneur Looys... Jehans sires de Joinville, ses seneschaix de Champaigne... » Il y a donc certitude qu'en 1309, aussi bien qu'en 1315, cette manière de dire était la sienne. Seulement le copiste n'en a pas tenu compte, et dans tout autre cas aussi bien que dans celui-ci, à toute expression entachée d'archaïsme il a substitué sans scrupule le mot alors en usage, le mot que tout le monde comprenait. Par bonheur il s'en est tenu là : il n'a touché qu'à l'orthographe sans altérer l'ordre des mots, respectant ainsi le mouvement des phrases de Joinville, l'allure de sa pensée. Aussi qu'arrive-t-il ? Dans ce texte à moitié rajeuni, nous rencontrons à chaque pas des inversions toutes latines, qui font l'effet le plus étrange et qui, pour être vraiment intelligibles, auraient besoin que les signes des déclinaisons, les variétés de désinence n'eussent pas disparu. L'obscurité qui en résulte n'est pas du fait de Joinville, et devient pour M. de Wailly une preuve de plus de l'infidélité du manuscrit de 1350, au moins quant à l'orthographe.

depuis le luxe typographique et le bon goût qui la décorent jusqu'aux additions qui la complètent. Ainsi c'est une heureuse idée que d'avoir

Mais il possède un autre témoignage encore plus convaincant, et ceci nous ramène à ces deux autres manuscrits qui, bien que tard venus, peuvent être, comme on va le voir, consultés avec tant de profit. Le manuscrit de Lucques et celui de Reims, écrits tous deux au XVIe siècle, et sans nul doute d'après l'original même de Joinville, ou d'après une copie contemporaine et identique, ont cela de particulier que les copistes dont ils sont l'œuvre devaient ignorer absolument et ne pas même soupçonner qu'il eût jamais existé des déclinaisons dans notre langue. L'orthographe et la grammaire des XIIe et XIIIe siècles leur étaient à coup sûr aussi parfaitement inconnues que peut l'être aujourd'hui pour la plupart de nos lettrés le français de la chanson de Roland. Aussi qu'ont-ils fait ? Tantôt ils ont conservé les formes primitives et notamment les *s* du nominatif singulier, parce qu'en dépit du sens ils les ont pris pour des pluriels ; tantôt ils se sont forgé un sens quelconque pour motiver ces prétendus pluriels, et les altérations qu'ils ont ainsi commises laissent voir clairement ce qu'ils ont altéré. Ainsi, pour en revenir à notre phrase de dédicace, que lit-on à la première ligne du manuscrit de Lucques ? « Jehan, seigneur de Joinville, *des seneschaulx* de Champaigne... » Leçon fautive évidemment, et qui n'a aucun sens, mais qui prouve que le copiste ayant sous les yeux ces deux mots : *ses seneschaus*, et n'y pouvant rien comprendre, a cherché une variante qui justifiât tant bien que mal cet inexplicable pluriel. Peut-être a-t-il pensé que Joinville était *un* des seneschaux de Champagne. Peu importe ce qu'il a cru : il a conservé le mot *seneschaulx*, et par là il autorise à ajouté à l'histoire de saint Louis cette pièce curieuse et rare intitulée le *Credo* de Joinville et la lettre adressée par le vieux chevalier, alors presque centenaire, au roi Louis le Hutin, qui le convoquait à la guerre de Flandre ; mais tout cela, pour nous, n'est ici qu'accessoire, ce qui nous touche, ce que nous avons vraiment à cœur dans ce volume, c'est le texte nouveau, le texte intelligible, ce moyen tout pratique d'établir entre Joinville et le public français des relations que depuis si longtemps on pouvait

affirmer que son confrère du xivᵉ siècle en écrivant *son seneschal*, n'a pas fidèlement reproduit le texte de Joinville.

On comprend dès lors que celui qui veut faire de ce texte une savante et consciencieuse restitution a des trésors à demander à l'œuvre de ces deux copistes, dont les fautes sont des traits de lumière et l'ignorance une garantie de sincérité. Nous pardonnera-t-on d'avoir fait prendre à cette note des proportions vraiment démesurées ? Il fallait bien quelques détails pour donner une idée, même sommaire et très incomplète encore, d'une question philologique qui n'est certainement pas dépourvue d'intérêt, et que M. de Wailly a éclaircie mieux que personne. Nous voulions surtout indiquer quelles voies nouvelles il avait vu s'ouvrir, quelles ressources il s'était créés après Ducange, après M. Daunou, après tant d'autres savants illustres, et par quels laborieux efforts il avait fait de cette édition un digne hommage à Joinville, et pour l'érudition française un titre d'honneur de plus.

croire impossibles. Nous ne saurions dire de quel prix est pour nous ce service rendu à l'histoire et à la vérité. Ressusciter un tel témoin, le faire parler, le faire entendre aux esprits de nos jours, c'est jeter tout un flot de lumières sur cette grande époque et sur l'admirable figure qui la domine et la personnifie. M. de Wailly fait aujourd'hui, par amour pour le XIIIe siècle, ce qu'entreprit, pour l'honneur de la maison où elle était entrée, la petite bru du saint roi : il rend la vie à ce qu'elle a créé, il perpétue son œuvre en ranimant ce témoignage dont elle avait prévu l'incomparable autorité.

I

Ce n'est pas en effet de son propre mouvement que l'historien de saint Louis se résolut à raconter sa vie. Il céda aux prières d'une femme, sa souveraine, l'épouse de son roi, reine elle-même de son chef, cette Jeanne de Champagne qui avait apporté en dot à Philippe le Bel la couronne de Navarre. Plus de trente ans s'étaient déjà passés depuis que le roi Louis avait quitté ce monde. Proclamé saint de son vivant par tous ceux qui l'avaient connu, y compris ceux qu'il avait combattus, et par les infidèles eux-mêmes, depuis sa mort, au bout de vingt-sept ans, il l'était devenu légalement de par l'Église. La procédure et les enquêtes pour sa canonisation s'étaient prolongées tout ce temps avec les précautions et les délais d'usage ; mais enfin depuis 1297, l'arrêt étant rendu, on avait déjà vu plus d'une fois, en bien des églises de France, des autels nouvellement dressés ou consacrés à nouveau se parer de fleurs le vingt-cinquième jour d'août, et les populations reconnaissantes s'agenouiller avec bonheur devant ce nouveau patron. Malgré ces pompes et ces respects, malgré cette gloire religieuse, la reine de Navarre ne pensait pas que tout fût dit, et que la dette de la France envers cette sainte mémoire fût encore acquittée. Elle voulait qu'indépendamment de ces honneurs publics des confidences plus intimes éclairassent la postérité, que le regard pût pénétrer jusqu'au fond de cette vertu, et que des miracles d'abnégation, de fermeté, d'héroïsme, qui semblent dépasser les forces de la nature humaine fussent attestés et certifiés par un témoin irrécusable, poussant jusqu'à la rudesse la franchise et l'intégrité. A qui pouvait-elle s'adresser, si ce n'est au conseiller, à l'ami, au fidèle compagnon qui pendant vingt-deux années n'avait quitté son roi ni dans les bons ni dans les mauvais jours, partageant ses périls à la guerre, ses chaînes dans la captivité ? Était-ce sans dessein que la Providence le faisait vivre

18.

au delà du terme ordinaire? Ne voulait-elle pas que cette voix se fît entendre à ce XIVᵉ siècle qui venait de commencer, et que les générations nouvelles apprissent de sa bouche tant de grands et utiles souvenirs qui déjà s'effaçaient?

On sait gré à cette reine Jeanne d'avoir été chercher loin de sa cour ce serviteur d'un autre temps pour lui confier cette pieuse mission. Il est vrai qu'elle était Champenoise et que Joinville, à titre de compatriote et comme sénéchal de Champagne, ne pouvait lui être étranger; mais il y avait plus de trente ans qu'il prolongeait son exil volontaire. Il avait vu le fils et surtout le petit-fils de son maître se conformer si peu aux exemples qu'ils en avaient reçus, qu'il n'était guère sorti du château de Joinville. Trois fois pourtant il en franchit les portes. En 1282, les commissaires de l'enquête ouverte sur les œuvres, la vie du saint roi l'avaient mandé à Saint-Denis pour faire sa déposition, et lui-même nous apprend qu'ils le retinrent deux jours; puis en 1298, le 25 août, jour choisi pour la levée du saint corps, il assistait à la cérémonie; enfin en 1309 nous le voyons offrir le manuscrit de son histoire non pas à celle qui l'avait commandé, la reine Jeanne était depuis quatre ans descendue dans la tombe, mais à son fils, au prince Louis, héritier présomptif du royaume de France et du chef de sa mère déjà roi de Navarre. « Cher sire, je vous fais savoir que madame la reine, votre mère, qui m'aimait beaucoup (à qui Dieu fasse merci!), me pria, aussi instamment qu'elle put, que je lui fisse faire un livre des saintes paroles et des bons faits de notre roi saint Louis; je lui en fis la promesse, et avec l'aide de Dieu le livre est achevé. » — « Je vous l'envoie, ajoute-t-il plus loin, parlant toujours au prince, parce que je ne vois nul qui doive aussi bien l'avoir que vous qui êtes son héritier; je vous l'envoie pour que vous et vos frères et les autres qui l'entendront y puissent prendre bon exemple et mettre les exemples en œuvre pour que Dieu leur en sache gré. » Tel est le touchant début de ce livre. Ne sent-on pas dès ces premières paroles comme un parfum d'honneur, de dévouement, de bonne foi? Cette impression ne fera que s'accroître de page en page jusqu'au bout du volume. Ce que Joinville a promis à la reine, ce n'est pas un panégyrique, un éloge oratoire; ce sont ses souvenirs, c'est la pure vérité. Il ne loue que ce qu'il admire. Ce qu'il n'approuve qu'à moitié, ce qu'il blâme, il le dit. Ce n'est pas l'ami, ce n'est pas le commensal, c'est le témoin qui parle, le témoin scrupuleux qui comprend et garde son serment : il est, il se croit toujours à Saint-Denis, en 1282. Aussi comme il évite d'affirmer ce qu'il sait seulement par ouï-dire ! comme il s'abstient de s'en porter garant ! Et d'un autre côté quelle sécurité pour le lecteur quand il dit : J'étais là, j'ai ouï de mes oreilles et j'ai vu de mes yeux !

Cette vie commune en quelque sorte entre le roi de France et son sénéchal de Champagne, cet intime et libre commerce qui honore le monarque au moins autant que le sujet, quelle en fut l'origine ? Avant d'aller à la croisade, Joinville n'avait dû voir le roi que rarement. Il était plus jeune que lui ; une différence de neuf années est à peine sensible dans l'âge mûr ; au début de la vie, elle fait obstacle à toute relation. Joinville d'ailleurs, malgré sa haute naissance, n'avait pu être admis à aucun de ces emplois de noble domesticité qui de bonne heure l'auraient introduit dans les palais royaux. En langage féodal, il n'était pas l'homme du roi de France ; ses terres ne relevaient pas directement de la couronne, son suzerain était le comte de Champagne, et c'est seulement comme écuyer tranchant de ce prince qu'il put avoir dans sa jeunesse certaines occasions de voir de près le roi Louis. Ainsi lui-même nous raconte qu'en 1241, quand il n'avait encore que dix-sept ans, il assista dans les grandes halles de Saumur à un banquet donné par le roi en l'honneur du comte de Poitiers, son frère, qu'il venait d'armer chevalier, fête splendide, nous dit-il, et la mieux ordonnée qu'il ait jamais vue. Il *tranchait du couteau* pour le comte Thibaut, son seigneur, lequel mangeait non loin du roi, servi lui-même par le comte de Soissons et entouré d'une foule de barons qui, eux aussi, avaient pour officiers de bouches les fils des plus nobles maisons. Voilà comment à cette époque Joinville approchait le roi ; il ne le suivait pas à la guerre ; il ne fit pas la campagne de Poitou, ne combattit ni à Taillebourg ni à Saintes, car alors, nous dit-il, je n'avais pas encore vêtu le haubert [1].

Deux ans plus tard, lorsque le roi, gravement malade et tenu déjà pour mort, ne recouvra ses sens et la parole que pour demander la croix et faire vœu d'aller en terre sainte, Joinville n'était pas encore chevalier ; mais les pré-

1. Cotte d'arme réservée aux chevaliers. On ne pouvait être reçu chevalier qu'à vingt et un ans.

paratifs de la croisade durèrent près de quatre ans, et dans cet intervalle que de choses ne fit pas notre futur historien ! Il hérita de la charge de son père, devint sénéchal de Champagne, se maria et eut des enfants, ce qui n'empêcha pas qu'il prît la croix comme tant d'autres qu'entraînait l'exemple du roi. Il s'en fallait que la foi fût éteinte ; malgré tant de mécomptes, tant d'infructueuses tentatives, tant de revers essuyés depuis un siècle et demi, la délivrance des saints lieux était toujours le rêve, la passion de la chrétienté ; seulement l'enthousiasme était moins confiant, plus réfléchi, plus mélangé de point d'honneur et plus empreint de sacrifice. L'expérience était faite : on savait ce que le mot croisade voulait dire, ce qu'on risquait à un tel jeu. Aussi la joie fut courte pour Blanche de Castille lorsqu'elle sut que son fils recouvrait la santé : elle apprenait en même temps qu'il avait pris la croix, qu'il l'annonçait à tout le monde : dès lors, nous dit Joinville, « elle mena aussi grand deuil que si elle l'eût vu mort. »

Rien d'aussi solennel, d'aussi tristement poétique que les préparatifs de cette expédition. Personne n'en augurait bien, et tout le monde voulait en faire partie. C'était chez la noblesse de France une émulation de courage et un effort suprême pour obéir à Dieu. Joinville, toujours si sobre de détails quand il s'agit de lui, ne dit qu'un mot de son départ; mais que de choses dans ce peu de paroles ! quel tableau saisissant ! Malgré ses vingt-quatre ans qui le poussaient à guerroyer et à courir les aventures, il ne pouvait se défendre d'un sentiment très combattu, tant étaient forts les liens qui l'attachaient à la patrie. Il n'acceptait le sacrifice qu'à force de piété. « Alors, dit-il, je partis de Joinville sans rentrer au château, à pied, sans chausses et en chemise, et j'allai ainsi à Blecourt et à Saint-Urbain, et à d'autres reliques qui sont là. Et pendant que j'allais à Blecourt et à Saint-Urbain, je ne voulus jamais retourner mes yeux vers Joinville, de peur que le cœur ne m'attendrît du beau château que je laissais et de mes deux enfants. »

Peu de jours avant ce départ, il avait convoqué à Joinville, pour recevoir ses adieux, tous ses hommes, tous ses fieffés, tous les habitants de sa terre, et c'est pendant que son château était plein de ce monde, la veille de Pâques, dans l'année 1248, qu'il était devenu père pour la seconde fois. Le fils qui lui était né prit le nom de Jean, sire d'Ancerville. « Nous fûmes,

dit-il, en fêtes et en danses toute cette semaine.
Mon frère, le sire de Vaucouleurs, et les riches
hommes qui étaient là donnèrent à manger
chacun l'un après l'autre le lundi, le mardi, le
mercredi et le jeudi. » Mais le vendredi on fait
trêve aux festins. Joinville les assemble tous et
leur dit : « Seigneurs, je m'en vais outre-mer,
et je ne sais si je reviendrai. Or avancez : si je
vous ai fait tort de rien, je vous le réparerai l'un
après l'autre. » Sur ce mot, il se lève et s'é-
loigne, les laissant s'expliquer entre eux sans les
gêner par sa présence, et quand il rentre, il
maintient sans débat tout ce qu'ils ont décidé ;
puis il s'en va à Metz en Lorraine et y met en
gage une grande partie de sa terre, afin d'être
en mesure d'abord de payer ses dettes, « ne
voulant emporter nuls deniers à tort, » et en
outre de pourvoir aux frais de son voyage. Ce
n'était pas une petite affaire que de transporter
dans ces contrées lointaines tous les hommes
qui l'accompagnaient, savoir neuf chevaliers,
dont deux portant bannières comme lui. Or ces
neuf chevaliers avaient chacun près de quinze
hommes de service, tant écuyers et sergents que
valets, sans compter les chevaux et tout l'at-
tirail de bataille. Un cousin de Joinville, le sire
d'Apremont, comte de Sarrebruck, qui lui aussi

allait à la croisade avec neuf chevaliers, lui offrit de s'entendre pour louer à frais communs un navire à Marseille. Joinville accepta, et ils convinrent qu'ils feraient transporter par des charrettes le bagage encombrant, le *harnais*, jusqu'à Auxonne, où ils le mettraient en bateaux sur la Saône pour descendre jusqu'à Lyon, puis sur le Rhône jusqu'à Arles.

Pendant que Joinville combinait ces apprêts du départ, le roi avait convoqué à Paris tous les barons du royaume pour leur demander sous serment de garder foi et loyauté à ses enfants, si quelque chose lui arrivait dans le voyage. Joinville s'était rendu à cet appel du roi, et celui-ci lui demanda de s'engager comme les autres. « Mais je ne voulus point faire de serment, dit-il, car je n'étais pas son homme. » Aurait-on pu prévoir, après un tel début, que ce jeune sénéchal de Champagne serait bientôt pour le roi de France plus qu'un vassal et plus qu'un serviteur ?

Il ne partit pas avec lui : il retourna près de ses gens, rejoignit son cousin, se mit en route, et ce fut seulement au mois d'août qu'ils achevèrent de traverser la France, moitié par terre, moitié par eau jusqu'à la Roche-de-Marseille, où ils entrèrent dans leur vaisseau. Nous ne résistons pas à citer comme exemple de la couleur de ce récit le peu de mots qui peignent le moment du départ. Il avait fallu embarquer non-seulement le harnais et les hommes, mais les chevaux, « ces grands destriers » qu'on avait menés par terre à côté des bateaux. Ils étaient entrés par une porte ouverte au flanc du navire, puis on ferma la porte et « on la boucha bien, nous dit Joinville, comme quand on noie un tonneau, parce que quand le vaisseau est en mer toute la porte est dans l'eau. Quand les chevaux furent dedans, notre maître nautonier cria à ses nautoniers qui étaient à la proue du vaisseau et leur dit : « Votre besogne » est-elle prête ? » Et ils répondirent : « Oui, sire, » que les clercs et les prêtres s'avancent. » Aussitôt qu'ils furent venus, il leur cria : « Chantez, » de par Dieu ! » Et ils s'écrièrent tout d'une voix : *Veni, creator spiritus*. Et le maître cria à ses nautoniers : « Faites voile, de par » Dieu ! » Et ainsi firent-ils. Et en peu de temps le vent frappa sur les voiles et nous eut enlevé la vue de terre, tellement que nous ne vîmes que le ciel et l'eau, et chaque jour le vent nous éloigna des pays où nous étions nés. Et par là je vous montre que celui-là est un fou bien hardi qui s'ose mettre en tel péril avec le bien d'autrui ou en péché mortel, car l'on s'endort le soir là où on ne sait si l'on se trouvera au fond de la mer au matin. »

Après la navigation la plus lente et la plus difficile, ils touchèrent enfin l'île de Chypre, qui depuis le dernier siècle appartenait aux Lusignan. C'était le rendez-vous de la flotte. Le roi les avait précédés : il était descendu à terre et attendait pour continuer sa route que tout son monde l'eût rallié. Ce retard lui coûtait : il eût voulu reprendre aussitôt la mer et marcher droit à son but, mais ses barons s'y opposèrent. Les mauvais vents commençaient à régner, il fallait accepter l'hivernage, et ce ne fut qu'au printemps de 1249, aux approches de la Pentecôte, qu'on mit enfin à la voile.

Pendant ce long séjour en Chypre, l'armée n'avait manqué de rien, grâce à la prévoyante sollicitude du roi, qui ne cessait depuis deux ans de faire acheter dans l'île des vins et des grains en telle quantité qu'il y en avait sur le rivage des amas prodigieux ; mais au milieu de cette abondance certains croisés commençaient à gémir de cette inaction prolongée qui épuisait sans profit leurs ressources : Joinville était du nombre : il avait dans sa jeune ardeur pris une charge trop lourde et s'était engagé au delà de ses forces, car il n'avait alors que la moitié du revenu de ses terres, sa mère vivant encore et jouissant de l'autre moitié. Ses prévisions d'ailleurs avaient été de beaucoup dépassées, si bien que, son vaisseau payé, il ne lui restait plus à son entrée dans l'île que deux cent quarante livres tournois. Ses chevaliers en avaient pris l'éveil, et commençaient à lui dire sans façon qu'il cessât de compter sur eux, s'il ne se pourvoyait pas de deniers. Le roi fut averti des embarras du sénéchal, il l'envoya chercher, le fit venir à Nicosie, la capitale de l'île, où il était établi avec la reine Marguerite qui, comme tant d'autres jeunes femmes de croisés, avait bravé la mer pour suivre son époux. « Dieu, qui jamais ne me faillit, dit Joinville, me pourvut en tel manière que le roi me retint à ses gages et me mit huit cents livres dans mes coffres, et alors j'eus plus de deniers qu'il ne m'en fallait. » En d'autres termes, le roi avait constitué au profit de Joinville une rente perpétuelle à titre de fief et à charge d'homme lige. C'est là ce qu'on entendait par ces mots : retenir à ses gages. C'était un des moyens dont la royauté féodale avait le droit d'user pour étendre le cercle de sa suzeraineté. De ce moment Joinville, par son acceptation, était vassal de la couronne ; un lien indissoluble l'attachait à la personne du roi, il devenait *son homme*. Jamais libéralité fut-elle plus opportune et mieux placée? De ce jour évidemment dut naître chez Joinville une sorte de vasselage plus précieux et plus rare, ce culte reconnaissant envers son bienfaiteur, cette fidélité sincère et clairvoyante qui ne devait s'éteindre qu'avec sa vie.

Ce ne fut pourtant pas dès les premiers moments et aussitôt après cet entretien de Nicosie que le nouveau vassal fut admis aux honneurs de la royale intimité. La confiance et l'affection se développèrent chez le roi à mesure qu'il put mieux connaître ce mâle et simple courage ne marchandant jamais avec aucun devoir si périlleux qu'il fût, cet esprit prompt et alerte, piquant parfois, toujours dispos, toujours ferme et sensé, ce cœur compatissant et vraiment généreux. On assiste dans le récit de Joinville aux progrès de cette amitié : chaque jour deviennent plus fréquentes les occasions où le roi lui demande conseil, et fait appel à son sang-froid en lui confiant des missions difficiles ; mais il ressort en même temps de ce récit que, vivant alors sous la tente presque toujours avec ses chevaliers, Joinville ne voyait encore le roi que rarement et souvent même en était séparé. Ce ne fut vraiment qu'après la captivité, après la sortie d'Égypte, sur le sol de la Palestine, que le monarque contracta l'habitude d'avoir le sénéchal constamment près de lui.

Déjà pendant la traversée, qui dura six jours, il lui avait donné les soins les plus particuliers. Joinville était malade ; le roi le prit sur son vaisseau, le fit asseoir à son côté et ne cessa de l'entretenir ou de l'interroger sur leurs communes infortunes. « Alors il me conta, dit Joinville, comment il avait été pris, et comment il avait négocié sa rançon et la nôtre avec l'aide de Dieu, et il me fit conter comment j'avais été pris moi-même. » Dans ces conversations, le roi, à cœur ouvert, lui parle de ses frères et des chagrins qu'ils lui causent, combien il pleure le comte d'Artois, qui venait de mourir si follement, mais si bravement à Mansourah. Ce n'est pas lui qui, comme le comte de Poitiers, se serait abstenu de venir l'embrasser après sa délivrance, ou qui, comme le comte d'Anjou, à deux pas de lui, sur son propre navire, passerait tout son temps à jouer aux dés. Pendant qu'ils devisent ainsi, on est en vue de Saint-Jean-d'Acre, on aborde, on descend à terre, et Joinville, dans un état complet de dénûment, les infidèles lui ayant tout dérobé pendant qu'il était prisonnier, reste d'abord en ville pour aviser au moyen de se vêtir et de s'équiper. « Quand je me fus arrangé, dit-il, j'allai voir le roi, et il me gronda, et me dit que je n'avais pas bien fait quand j'avais tant tardé à le voir, et il me commanda, tout autant que son amour m'était cher, de manger avec lui tous les jours, et le soir et le matin. » L'affection du roi, comme on voit, ne laissait pas déjà que d'être vive, mais elle fut portée au comble dans une circonstance que Joinville nous rapporte, et dont à son insu il compose un délicieux tableau.

Il s'agissait d'une grave question. Le roi rendu à la liberté, que devait-il faire ? S'en retourner en France, ou demeurer en Palestine ? Avant de se résoudre, il voulut consulter les nobles compagnons qui lui restaient encore. Un dimanche (19 juin 1251), il envoya chercher ses frères, le comte de Flandre, le légat, tous les barons venus avec lui de France et ceux dont les pères, au temps des premières croisades, avaient fondé des châteaux et des fiefs en Syrie, puis il leur dit que la reine, sa mère, lui demandait avec prière de revenir en France, que son royaume avait besoin de lui, qu'il était en péril faute de trêve avec le roi d'Angleterre ; que d'un autre côté, s'il s'en allait, les chrétiens de la terre sainte la tenaient pour perdue ; que nul n'y voudrait rester après lui, et que les places où flottait encore l'étendard de la croix et qui pouvaient servir à reconquérir Jérusalem seraient aussitôt abandonnées. « Pensez-y, ajouta-t-il en terminant, et, parce que c'est une grosse affaire, je vous donne répit pour me répondre jusques à aujourd'hui en huit jours. » — Les huit jours expirés, on se réunit chez le roi, et Guy de Mauvoisin, prenant la parole au nom de tous, insiste fortement pour le retour en France. Le roi, voulant s'assurer que telle est bien l'opinion de chacun, s'adresse d'abord à ses frères, puis au comte de Flandre et à ceux qui viennent après lui : tous ils confirment ce que Guy de Mauvoisin vient de dire en leur nom. Devant cet avis unanime, le comte de Jaffa demande à s'abstenir, « parce que, fit-il, mon château est à la frontière, et si je conseillais au roi de demeurer, on croirait que ce serait pour mon profit. » N'importe, dit le roi, parlez toujours. Sur son commandement, le comte lui déclare « que, s'il pouvait rester seulement une année, il se ferait grand honneur. » Là-dessus le légat, pour effacer sans doute l'effet de ces paroles, car il était de ceux qui s'étaient prononcés le plus ardemment pour le départ, continue l'interrogatoire commencé par le roi. Tous ceux qui venaient après le comte de Jaffa se rangent à l'avis de Guy de Mauvoisin. Joinville seul, jusque-là, se tenait bouche close. « J'étais bien, nous dit-il, le quatorzième assis, en face du légat. Il me demanda ce qu'il m'en semblait, et je lui répondis que j'étais bien d'accord avec le comte de Jaffa. »

A ces mots, grand émoi. Le légat, tout fâché, demande à Joinville comment il veut que le roi tienne la campagne avec le peu de monde qui lui reste. « Je vous le dirai, puisqu'il vous plaît, reprend Joinville, aussi d'un air fâché : le roi (je ne sais si c'est vrai) n'a, dit-on, encore rien dépensé de ses deniers, mais seulement des deniers du clergé. Donc que le roi dépense ses deniers, et que le roi envoie quérir des chevaliers en Morée et outre-mer, et quand on entendra dire que le roi donne bien largement, les chevaliers lui viendront de toutes parts, et par là il pourra tenir la campagne pendant un an, s'il plaît à Dieu. Et en demeurant il fera délivrer les pauvres prisonniers qui ont été pris au service de Dieu et au sien, et qui jamais ne sortiront si le roi s'en va. » Or il n'y avait là personne qui n'eût dans les prisons d'Égypte quelque ami ou quelque parent : aussi ne dirent-ils mot, et la plupart se prirent à pleurer ; mais malgré cet attendrissement, comme ils se mouraient tous d'envie de retourner en France, ils firent à Joinville le plus mauvais visage. Guillaume de Beaumont, alors maréchal de France, s'étant permis de lui venir en aide et d'approuver ce qu'il avait dit, fut injurié, apostrophé, et les gros mots commençaient à voler, lorsque le roi leva la séance en disant : « Seigneurs, je vous ai bien ouïs, et je vous répondrai sur qu'il me plaira de faire d'aujourd'hui en huit jours. »

« Quand nous fûmes dehors, dit Joinville, l'assaut commença contre moi. » Ces colères cependant ne lui faisaient pas peur, et il en aurait ri, s'il n'avait eu secrètement la crainte d'avoir blessé le roi en parlant, comme il l'avait fait, « de ses deniers. » Bientôt cette appréhension se changea presque en certitude, car l'heure du repas était venue, les tables étaient mises, et, bien que le roi eût fait asseoir le sénéchal à côté de lui, comme il en avait l'habitude quand ses frères n'étaient pas là, il ne lui parla pas du tout tant que le repas dura. « ce qu'il n'avait pas coutume de faire, dit

Joinville, car il ne restait pas sans prendre toujours garde à moi en mangeant. » Aussi le pauvre sénéchal se leva de table le cœur gros, et pendant que le roi entendait réciter les grâces, « j'allai, dit-il, à une fenêtre grillée qui était en un renfoncement vers le chevet du lit du roi ; je tenais mes bras passés parmi les barreaux de la fenêtre, et je pensais que si le roi s'en venait en France, je m'en irais vers le prince d'Antioche jusques à tant qu'une autre croisade vînt au pays, par quoi les prisonniers fussent délivrés.

« Au moment où j'étais là, le roi se vint appuyer sur mes épaules, et me tint ses deux mains sur la tête. Et je crus que c'était Monseigneur Philippe de Nemours, » — un de ceux qui lui avaient causé le plus d'ennuis le matin à propos de l'avis donné par lui au roi. — Et je dis ainsi : « Laissez-moi en paix, monseigneur Philippe ! » Par aventure en faisant tourner ma tête, la main du roi me tomba au milieu du visage, et je reconnus que c'était le roi à une émeraude qu'il avait au doigt. Et il me dit : « Tenez-vous tout coi, car je vous veux demander comment vous, qui êtes un jeune homme, vous fûtes si hardi que vous m'osâtes conseiller de demeurer, contre tous les grands hommes et les sages de France, qui me conseillaient de m'en aller. Dites-vous donc que je ferais une mauvaise action si je m'en allais? — Oui, sire, fis-je, ainsi que Dieu me soit en aide! — Et il me dit : Si je demeure, demeurerez-vous? — Et je lui dis : Oui, si je puis, ou à mes frais, ou aux frais d'autrui. — Or soyez tout aise, me dit-il, car je vous sais bien bon gré de ce que vous m'avez conseillé ; mais ne ne le dites à personne toute cette semaine. » Joinville fut-il discret? Nous le pensons, bien qu'il convienne que, se sentant le cœur léger et tout à l'aise, il ne put s'empêcher de repousser plus hardiment les railleries qui l'assaillaient.

Tout est charmant dans cette scène, et rien de plus exquis que la douce malice de ce roi qui fait attendre son approbation pour l'exprimer ensuite d'une façon si aimable ; mais ne sent-on pas aussi quels liens profonds et tout nouveaux allaient attacher l'un et l'autre ces deux cœurs qui venaient de s'entendre? Joinville seul avait compris le roi. C'était bien le même sentiment, le même scrupule charitable, le même amour des captifs, la même inspiration chrétienne qui avait suggéré et la résolution du maître et le conseil du serviteur.

Deux ans auparavant, au moment où le jeune sénéchal allait quitter son château de Joinville, un de ses voisins, un de ses parents, le sire de Bourlemont, lui avait dit adieu en ces termes : « Vous vous en allez outre-mer ; or prenez garde au retour, car nul chevalier, ni pauvre ni riche, ne peut revenir qu'il ne soit honni, s'il laisse aux mains des Sarrasins le menu peuple de notre Seigneur en compagnie duquel il est allé. » Ces graves et belles paroles, Joinville les entendait toujours à son oreille, et quand après de premiers succès presque miraculeux, après la prise de Damiette sans coup férir, il vit ses frères les croisés payer de revers inouïs leur imprudent courage, leur relâchement et leur indiscipline, puis la fièvre et la peste abattre peu à peu ceux que le fer épargnait, et l'armée presque entière, son roi, ses principaux chefs, tomber aux mains des infidèles, les paroles du sire de Bourlemont se gravèrent encore plus avant dans son cœur, et il se fit serment de demeurer en Palestine et de servir au besoin quelque baron chrétien comme le prince d'Antioche plutôt que d'être *honni au retour* pour avoir, sans pitié, laissé aux bords du Nil dans un dur esclavage *le menu peuple du Seigneur avec lequel il s'en était allé.* Quant au roi, il n'avait eu besoin ni de conseils ni d'avertissements pour se préoccuper des malheureux demeurés en Égypte. S'ils étaient encore prisonniers, ce n'était pas faute que, prisonnier lui-même, il n'eût obstinément stipulé leur retour. Avec quel héroïsme n'avait-il pas rejeté tout projet de rançon personnelle, tout traité séparé qui n'aurait profité qu'aux riches! Il ne voulut entendre à rien qu'à un traité comprenant tout le monde et vingt fois il risqua de tout rompre, au grand effroi de ceux qui l'entouraient, plutôt que de permettre, pour sauver plus sûrement sa personne, qu'un seul captif fût oublié. Mais parvenu à Saint-Jean-d'Acre, il eut la douleur d'apprendre que les vaisseaux destinés aux captifs revenaient vides, que les émirs, soit impuissance, soit mauvaise foi, manquaient à leur parole, et que douze mille chrétiens peut-être restaient exposés aux tortures, à la mort ou à l'apostasie, cet autre genre de mort qui le désespérait le plus.

De là le parti aussitôt pris avec lui-même de travailler à leur délivrance et de rester en Orient jusqu'à ce qu'il les eût sauvés. C'étaient presque tous pauvres gens, menu peuple, soldats ou pèlerins, et quelques-uns languissaient

là depuis plus de vingt ans, depuis la trêve
de 1228. Si tous ces malheureux lui avaient été
rendus, il n'eût pas fait difficulté de retourner
en France. Son cœur aurait souffert de laisser à
l'abandon et presque démantelées les places
fortes de la terre sainte, de ne rien tenter pour
rétablir dans ces parages l'autorité du nom
chrétien; mais les devoirs du roi auraient fait
taire les regrets du croisé, tandis qu'un devoir
nouveau, plus saint, supérieur à tout venait de
lui apparaître. Du moment qu'il ne pouvait
partir sans laisser des milliers d'âmes chrétiennes exposées à l'apostasie, le départ lui semblait impossible. Ces âmes, n'était-ce pas lui
qui en répondait à Dieu? N'était-ce pas à sa voix,
sous sa bannière, que ces captifs avaient quitté
leur toit et leur famille ? Et on voulait qu'avant
d'avoir tout essayé, tout entrepris pour briser
leurs fers, il s'en allât tranquillement dans son
palais, à Vincennes ou dans la Cité, reprendre
son ancienne vie et ses royales habitudes ! Passe
encore pour un conquérant qui n'enrôle et
n'arme ses semblables qu'au profit de son ambition ! Celui-là se dérobe au plus vite quand la
bataille est perdue, s'épargnant le spectacle des
malheurs qu'il a faits, laissant là les blessés,
les mourants, échappant à leurs cris, à leurs

malédictions, et s'écriant bien haut dans son naïf orgueil : Tout est sauvé, je suis vivant, je suis dans mon palais ! Un chrétien, un héros, un chef d'armée chrétienne, comprend autrement le devoir et l'honneur.

Aussi le roi à aucun prix ne voulut quitter la Palestine. Il laissa tous ses compagnons libres de l'abandonner, et la plupart ne s'en firent pas scrupule, à commencer par ses deux frères. Peut-être les avait-il lui-même encouragés à suivre leur penchant. Ces jeunes princes pouvaient aider leur mère à défendre la France, s'il survenait quelque agression ; mieux valait que le roi les laissât partir, bien que, à voir froidement les choses et l'état du royaume vis-à-vis de l'Europe, il n'y eût alors aucun sujet de sérieuse inquiétude. Le roi savait que chez sa mère l'extrême envie de déposer le fardeau de la régence la poussait à grossir les périls ; il savait que le roi d'Angleterre, harcelé comme il l'était alors par ses barons et par son parlement, ne serait pas de longtemps en mesure de guerroyer sur le continent ; il pouvait donc sans trouble, sans manquer à son métier de roi, suivre la voix de sa conscience, obéir à sa charité et se montrer dans toute sa grandeur, car pour lui la gloire venait de commencer en même temps que les revers, et la fortune, en trahissant ses armes, lui avait fait cette insigne faveur d'apprendre au monde les beautés sans pareilles de son héroïque nature.

Ce n'en était pas moins, même au XIIIe siècle, en ce temps de chevalerie et de spiritualisme exalté, quelque chose d'extraordinaire, de presque étrange aux yeux de bien des gens que l'obstination du roi à demeurer en Palestine. Sans le blâmer ouvertement, ceux qui, profitant du congé qu'il leur avait donné, se hâtaient de mettre à la voile, avaient grand soin de rappeler que les chefs des croisades précédentes n'avaient jamais donné de tels exemples et ne s'étaient pas fait de ces points d'honneur exagérés. Quant à ceux qui restaient avec lui par attachement à sa personne, par fidélité féodale, quelques-uns même par intérêt, ils n'en gémissaient pas moins de son entêtement, et ne se cachaient pas de dire que cette résolution n'était qu'un coup de tête et presque une folie. Ainsi, même par ses plus fidèles, le roi n'était pas compris. Qu'on juge donc quelle fut sa joie de se voir deviné, approuvé sans réserve, et par qui ? Celui qui avait osé rompre en visière à tous ses conseillers, se faire son champion, soutenir non-seulement qu'il valait mieux rester en Palestine, mais que partir serait une honte, était-ce un fou ? était-ce un courtisan ? était-ce même un dévot ? Non, malgré sa jeunesse, le sénéchal était déjà en grand renom de prud'homie ; sa parole était écoutée, on le citait dans l'armée comme un modèle de loyauté et de bon sens non moins que de bravoure ; le soupçonner de complaisance, personne ne l'eût osé ; on le tenait plutôt pour quelque peu frondeur, car il n'aimait guère à se taire sur les choses qu'il n'approuvait pas ; enfin il était chrétien, très bon chrétien, profondément religieux, naïf dans ses croyances à l'égal d'un enfant et scrupuleux observateur des moindres commandements de l'Église, mais il n'avait pas le goût et prenait rarement sa part de ces pieux exercices si longtemps prolongés, de ces pratiques à demi monacales, où le saint roi trouvait tant de douceurs, les douceurs d'une vie presque contemplative. La dévotion de Joinville, à en juger par maint passage de son livre n'excluait pas en lui, sur les matières de foi, un certain tour d'esprit facile et enjoué. Les exemples en sont bien connus.

Ainsi le roi l'aborde un jour et le prie de lui dire ce qu'il aimerait mieux d'être lépreux ou d'avoir fait un péché mortel ? — « Moi, qui jamais ne lui mentis, dit Joinville, je lui répondis que j'aimerais mieux en avoir fait trente que d'être lépreux. » Comme il y avait là du monde, le roi se tut, ne voulant pas faire en public la leçon au sénéchal, mais il l'appelle à huis clos, le fait asseoir à ses pieds et lui dit : « Comment hier me dites-vous cela ? — Sire, je le dis encore, reprend Joinville. — Vous parlâtes en étourdi et en fou, car il n'y a pas lèpre si laide que d'être en péché mortel... Aussi je vous prie pour l'amour de Dieu et de moi, d'habituer votre cœur à mieux aimer que tout mal advienne à votre corps par lèpre ou autre maladie que si le péché mortel venait dans votre âme. » — « Une autre fois le roi, dit-il, me demanda si je lavais les pieds des pauvres le jour du jeudi saint. — Sire, dis-je, quel malheur ! les pieds de ces vilains, je ne les laverai pas. » Là-dessus nouvelle et douce réprimande, le roi le suppliant de ne pas tenir en tel dédain ce que, pour notre enseignement, Dieu lui-même avait daigné faire.

On le voit donc, entre ces deux chrétiens la différence est grande : l'un est un maître qui voit et comprend de haut les beautés de la foi, l'autre un novice, un écolier plein de naïves irrévérences. D'où vient alors qu'ils s'entendaient si bien et comme à demi-mot? D'où vient qu'à Saint-Jean-d'Acre Joinville s'était levé seul contre tous et avait parlé comme eût parlé le roi? Un lien secret, une invisible chaîne, un même esprit les unissait, l'esprit chevaleresque, cette autre religion où Joinville n'était pas novice. En ces temps de violences, au milieu des ténèbres d'une société encore à demi barbare, l'esprit chevaleresque faisait luire par moment les clartés consolantes de la plus pure civilisation. Tout ce que nos penseurs modernes, nos moralistes, nos réformateurs, croient avoir inventé en fait d'amour des hommes, de protection des faibles et de respect du droit, toutes ces théories humanitaires qu'ils professent en paroles, dans leurs leçons, dans leurs écrits, le moyen âge, il y a six siècles, les a vu professer en action. Il a senti, sous d'épaisses armures, dans de rudes poitrines, battre des cœurs uniquement occupés d'apaiser les souffrances, de venger les injures, de soulager les maux de leurs semblables. Le dévouement, l'abnégation, le sacrifice, sont devenus le but, la constante pensée, la profession de certains hommes, et non pas de moines ou de prêtres, non, de soldats, la plupart incultes et grossiers, mais adoucis, attendris, transformés par cette flamme chevaleresque, ce spiritualisme pratique tombé du ciel sur terre on ne sait pas comment. Vous niez les miracles, vous défiez le christianisme de vous en faire voir, et la chevalerie est là, issue du christianisme, attestée, certifiée par des milliers de faits, d'écrits, de témoignages, elle est là hors de doute ; que voulez-vous de mieux, de plus surnaturel, de plus miraculeux, de plus impossible à croire, et cependant de plus vrai ? Eh bien ! l'esprit chevaleresque dont ils étaient pénétrés l'un et l'autre, voilà par où saint Louis et Joinville s'étaient si vite et si bien entendus. De ce côté, l'harmonie est complète entre l'historien et son héros : même cœur et mêmes entrailles, même enthousiasme du bien, même culte de l'honneur, même sincérité, même horreur des blasphèmes, des jurements et des mensonges. Et maintenant si quelques dissidences se trahissent parfois, si la piquante bonhomie, l'esprit gaulois du sénéchal, se laissent entrevoir, si son ardeur pour la première croisade ne se réveille pas à la seconde, s'il en prévoit les désastres et refuse d'y participer, s'il garde un respectueux silence devant certains excès sublimes d'austérité et de piété, tant mieux ! Ces légers désaccords servent d'épreuve et de contrôle à sa constante admiration.

Supposez que la vie du saint roi ne soit aujourd'hui connue que par le témoignage de quelque adulateur béat, à genoux devant le moindre mot, le moindre geste du monarque, admirant tout, glorifiant tout, quelle confiance auriez-vous en ce Dangeau du moyen âge? Et si la voix chagrine de quelque Saint-Simon venait troubler ce plat concert, ne risqueriez-vous pas d'accepter sans réserve et sans choix de mordantes sentences et de prendre à la lettre de trop cruelles sévérités ? C'est là le juste châtiment des rois qui ont le malheur d'inspirer des Dangeau ; Dieu leur inflige des Saint-Simon. Tandis que les monarques vraiment selon son cœur, ces rois si rares dont le peuple conserve la mémoire, il les traite avec plus d'égards, leur ménageant du premier coup l'historien qu'il leur faut, un compagnon, un témoin de leur vie, intègre, intelligent et véritable ami, sachant les admirer sans leur nuire, parce qu'ils ne craignent pas de dire sur eux la vérité. Joinville fait penser à Sully. Juste à trois siècles d'intervalle et dans des circonstances à peine différentes, n'ont-ils pas tous deux rempli même devoir? Un grand roi, moins saint que son aïeul, mais par le cœur et par l'esprit marchant de pair avec lui dans l'histoire, meurt en laissant aussi un serviteur fidèle, un conseiller ferme et sévère qui, lui aussi, s'exile d'une cour où tout le blesse et qui le méconnaît, pour dresser au fond de sa retraite un loyal monument au maître qu'il a servi et à l'ami qu'il pleure. Les *Économies royales* sont une œuvre de plus longue haleine, plus politique et à certains égards plus instructive que l'*Histoire de saint Louis*; mais, sous d'autres aspects, comment ne pas donner toutes nos préférences à notre sénéchal? D'abord il est de sa personne bien autrement aimable. S'il lui arrive de fronder, c'est avec bonne grâce, sans morgue ni raideur; puis son œuvre, à ne parler que d'elle, est d'un ordre tout différent et joue un tout autre rôle dans l'histoire de la langue et de la pensée françaises. Si Joinville n'a pas écrit lui-même son récit, le clerc auquel il l'a dicté n'était qu'un instrument docile aux mouvements tout personnels de sa pensée; entre le lecteur et lui, on ne sent pas d'intermédiaire, tandis qu'en donnant la parole à ses respectueux secrétaires au lieu de la prendre lui-même, Sully s'est imposé une forme guindée où sa pensée s'embarrasse, et qui lui interdit toute liberté d'allure, toute originalité de style. Aussi les *Économies* n'ont d'autre mérite littéraire que de parler pertinemment des choses dont elles traitent et d'offrir sur les affaires du temps de précieuses indications, tandis qu'il y a tout autre chose dans l'œuvre de Joinville. Elle est aussi, elle est même avant tout, un document utile sans lequel on connaîtrait à peine la vraie personne de saint Louis : mais de plus, aux yeux de la critique, elle est d'un prix inestimable aussi bien par sa date, par sa valeur archéologique, que par sa valeur propre, comme jet spontané d'un esprit qui s'ignore, d'un écrivain sans art, habile à force de naturel et d'autant plus piquant qu'il est plus négligé.

II

Il faut pourtant tout dire : cette histoire, quel qu'en soit le charme, ne suffit pas tout à fait à sa tâche ; elle est vivante, mais dans un cadre circonscrit. Joinville, à proprement parler, n'est pas l'historien du règne de saint Louis ; il n'en a pris qu'un épisode, le plus grand, il est vrai. C'est la descente et le séjour en Égypte, les prouesses de ses frères d'armes, les travaux, les misères, les désastres de l'expédition, les horreurs de la captivité, les péripéties du rachat, et par-dessus tout l'héroïsme et la magnanimité du roi qu'il s'est attaché à décrire et qu'il a peint d'après nature. Ces pages-là sont complètes ; vous n'avez rien à y souhaiter. Rien ne manque non plus à ces précieuses confidences, où nous sont révélés les sentiments, les habitudes, les paroles même du roi ; mais vous contentez-vous de ces scènes intimes et de ce grand drame sous le ciel égyptien ? Avant et après la croisade, avant et après Damiette et Saint-Jean-d'Acre, n'y a-t-il pas tout un règne dont les événements, la conduite, les résultats, éveillent votre curiosité ? N'y a-t-il pas des règlements, des lois, tout un ensemble d'institutions qu'il vous importe de connaître, puisque des millions d'hommes en ce pays en ont ressenti les bienfaits ? Joinville indique bien d'une façon sommaire et les principaux faits du règne et les points essentiels de ces institutions, mais sans ordre chronologique et sans clarté suffisante. Comme il ne sait vraiment parler des choses que quand il les a vues, il y a pour lui dans ce règne deux lacunes forcées, le commencement et la fin. Ni les glorieux débuts du prince ni la touchante mort du chrétien ne l'ont eu pour témoin, et plus il est dans ses récits fécond et attachant, plus ses lacunes semblent vides, plus on aspire à les combler.

Ce qui résulte donc de la lecture de Joinville, c'est un très vif désir de savoir ce qu'il ne dit pas, de compléter son œuvre. Heureusement il n'est pas le seul dans le XIIIe siècle qui ait parlé des choses de son temps. Le bénédictin Guillaume de Nangis, le moine anglais Mathieu Paris, le moine de Cîteaux Albéric des Trois-Fontaines, le chroniqueur belge Philippe Mouskès, les chroniqueurs arabes Abou-Mahassen et Gemal-Eddin, bien d'autres encore ont raconté, chacun à sa manière, dans un esprit et à des points de vue tout à fait différents les faits du règne de saint Louis. Ces témoignages, pris à part, sont tous insuffisants; mis en regard les uns des autres, ils se complètent, ils sont la véritable histoire du règne, et, ce qui n'en est pas la moindre gloire, tous, amis et ennemis, Français, Anglais ou musulmans, parlent en mêmes termes du saint roi, avec le même accent de respect et d'admiration.

Mais ici nous tombons dans le même embarras qui nous menaçait tout à l'heure, lorsqu'il était question de faire lire à notre public Joinville dans l'original. Comment demander aux gens du monde, même aux esprits studieux et lettrés, de s'attaquer à tous ces chroniqueurs, de les lire et, qui plus est, de les collationner, d'en comparer, d'en relever les différences et d'en tirer des vues d'ensemble ? Si ceux-là seuls ont chance de connaître en entier le règne de saint Louis qui par eux-mêmes se livreront à ce genre d'exercice, résignons-nous, ils seront peu nombreux et réduits tout au plus aux érudits de profession; mais non, le bonheur veut que tant d'effort et d'étude ne soit pas nécessaire, le travail est tout fait, et fait de main de maître. Un des hommes à qui l'érudition française du XVIIe siècle doit le plus de reconnaissance, l'auteur de deux histoires critiques, en grande et juste estime, l'*Histoire des empereurs* et l'*Histoire ecclésiastique des six premiers siècles de l'Église*, Lenain de Tillemont, s'était épris du règne de saint Louis. Pour se préparer à en écrire l'histoire, il avait procédé, comme il savait le faire, au dépouillement complet, à l'examen comparatif et raisonné de tous les chroniqueurs contemporains. Cet immense travail, en partie perdu aujourd'hui, se résumait en six volumes, restés près de deux siècles en manuscrit et mis au jour, voilà vingt ans, par le choix judicieux de la Société de l'histoire de France. C'est un de ces services que, sans bruit et modestement, cette association a le secret de rendre aux sérieuses et nobles études qu'elle patronne. En imprimant ces six volumes, elle a donné un vrai modèle, un chef-d'œuvre en son genre, l'exemple le plus précoce de cette façon vraiment critique d'écrire l'histoire, qui ne puise qu'aux sources, n'accepte que les récits franchement originaux, rejette toute entremise de l'imagination et s'abstient de toute parure. On ne peut pas pousser la conscience érudite plus loin que ne l'a fait l'auteur de ces six volumes; mais, il faut bien le dire, l'érudition si sévèrement comprise et mise en œuvre, l'érudition du XVIIe siècle, est un genre d'aliment presque aussi mal approprié aux esprits d'aujourd'hui que les documents originaux des chroniqueurs eux-mêmes. Cette investigation, qui veut tout éclaircir et qui s'oublie quelquefois en chemin par amour de l'éclaircissement, n'est pas un guide toujours commode. Puis les chapitres dans cette histoire sont bien multipliés et tournent souvent en dissertations; souvent aussi le lien qui les unit paraît se rompre, enfin le style, quoique non dépourvu de grandes qualités, n'a ni les agréments, ni l'exacte propriété, ni la clarté limpide qui aujourd'hui séduisent un lecteur. Bref, tout en admirant, tout en prisant aussi haut qu'il soit possible cette excellente histoire, nous n'oserions en conseiller la lecture à tout le monde.

Ce n'est donc pas encore là ce complément aux Mémoires de Joinville qu'on cherche après les avoir lus. Il faudrait le même fond sous une forme plus engageante, moins de développements, plus d'unité de composition, quelque chose en un mot de plus facile à lire et qui fît à peu près pour Lenain de Tillemont ce que M. de Wailly vient de faire pour le sire de Joinville. Eh bien ! ce livre existe : une histoire de saint Louis a paru récemment en deux volumes au lieu de six, sans obscurités ni longueurs, empreinte de l'esprit et des principes critiques de Lenain de Tillemont, puisée comme la sienne directement aux sources et remarquablement complète malgré sa concision. Devant de tels mérites, l'Académie française ne pouvait guère rester indifférente, et l'auteur, M. Félix Faure, est devenu l'an passé un de ses lauréats dans un de ses plus sérieux concours. Si tout ce qu'il y a dans cet ouvrage d'exactitude et de méthode, de judicieux esprit et de savoir, d'intelligence des faits, des passions et des caractères, de vrai sens historique en un mot, était mis en valeur par un style non pas plus éclatant, plus à effet, — luxe inutile, — mais moins égal, moins tempéré, plus nerveux, plus original, le livre serait de premier ordre. Tel qu'il est, il n'en répond pas moins de la façon la plus heureuse, et comme à point nommé, à l'appel que provoque la lecture de Joinville. Pénétrez-vous de ces deux volumes, et tous les événements du règne de saint Louis, y compris ceux dont la conduite et l'honneur appartiennent à sa mère, vont se ranger devant vous ; vous les verrez, vous en suivrez la chaîne. Tous les points obscurs et douteux qui vous troublaient en écoutant le sénéchal sont éclaircis ou dissipés ; vous connaissez l'époque, vous y vivez vous-même.

III

Et maintenant ne vous en tenez pas là, retournez à Joinville, ne craignez pas de le relire ; vous trouverez à ses paroles un sens et un charme nouveaux. L'intelligence d'un auteur ne s'acquiert pas seulement par l'étude de son vocabulaire, elle s'obtient aussi par l'étude de son temps. C'est la mémoire encore toute fraîche de cette histoire de M. Félix Faure que nous vous demandons de reprendre Joinville. Si perspicace que vous soyez, sans ce commentaire préalable, sans cette préparation, vous ne sentez qu'à moitié, vous comprenez à peine, aussi bien l'homme que son temps.

Et c'est dommage en vérité. Le temps qui a produit de tels hommes, les saint Louis et même les Joinville, est entre tous les siècles grand pour la France et pour l'humanité. Nous n'entendons par là rabaisser aucune autre époque et ne voulons troubler aucune admiration ; mais, tout en respectant les renommées justement établies et sans nous engager dans de vains parallèles, n'y a-t-il pas lieu de soutenir certaines préséances et de mettre chacun à son rang ? Quel est dans la série des siècles déjà parcourus par la France le temps de sa plus vraie grandeur ? A ces mots, la grandeur de la France, tous les regards, nous le savons, se tournent comme d'eux-mêmes vers le XVII° siècle. L'éclat de cette illustre époque, cette suite de succès si longtemps prolongés, interrompus si tard, cette gloire persévérante célébrée en si noble langage, ces mœurs polies, cette culture exquise, cette suprématie exercée sur l'Europe entière par l'empire de l'esprit plus encore que par les armes, tout cela, c'est de la grandeur sans doute. Bien des misères, bien des frivolités, de petites raisons, de petits intérêts, des passions mesquines, alors comme toujours, se mêlent aux plus belles choses ; mais, à tout prendre, ce sont les idées nobles, les intérêts sérieux, les hautes vues qui prévalent. La France peut dire que ses affaires sont grandement conduites, et dans le champ de la pensée, dans les lettres surtout, jamais tant d'esprits hors de pair n'avaient à la fois brillé et enfanté des œuvres si bien construites pour braver les ravages du temps. Il n'y a donc rien d'étonnant que tout le monde se soit dit: Voilà le grand siècle par excellence ! Mais dans cette grandeur tout est-il donc de bon aloi ? Avant même que le majestueux monarque qui devait promulguer comme un dogme l'identité de sa personne et de l'État en fût venu à ces extrêmes conséquences du pouvoir absolu et les eût pratiquées au mépris de toute dignité humaine et au scandale de la raison, dans cette première moitié du siècle où toute indépendance n'est pas encore détruite, où quelque vie subsiste encore, époque agitée, remuante, presque libre, qui voit s'établir pied à pied, contre l'Europe conjurée, contre l'aveugle rage des discordes civiles, l'affranchissement, l'agrandissement, l'unité de la France, quel est au fond le but et le principe de tant d'efforts ? Chez les meilleurs, l'ambition, la gloire, l'honneur purement humain ; chez la plupart, l'esprit d'intrigue et de cour, les plus vulgaires convoitises ; chez tous, de médiocres scrupules sur le choix des moyens. Les idées de justice et de droit, d'amour et de respect des hommes, ces conditions suprêmes de la vraie civilisation, ces dons sublimes du christianisme, en quelle estime les tient-on ? On les honore plus qu'on ne s'y soumet. Comparé aux deux siècles qui l'avoisinent, au XVIe et au XVIIIe, le XVIIe est sans doute chrétien, il ne l'est guère dans le vrai sens du mot. L'exemple du monarque énerve le ressort du frein religieux. Si dans le fond des cœurs dorment encore les semences chrétiennes, elles ne germent qu'au déclin de l'âge, non sous le feu des passions. Pour ceux-là seuls qui sont près de mourir, le christianisme reste vivant. Il enseigne le repentir aux âmes qu'il n'a pas gouvernées et qui lui rendent un tardif hommage sans avoir accepté son joug. Ce qui est en progrès au contraire, à mesure que le siècle vieillit, c'est la misère du peuple, l'appauvrissement du sol, l'expatriement de l'industrie, l'épuisement des finances, et, par un enchaînement fatal, la désaffection des sujets, l'affaiblissement de l'autorité royale, l'ébranlement du trône. Un reste de grandeur survit encore et couvre ces ruines, mais l'édifice est vermoulu. Regardez bien : plus de jeunesse, plus d'avenir ; le système est à bout, et le prestige a fait son temps.

Telle n'est pas, il s'en faut, la France de saint

Louis. Les caractères sont encore rudes, presqu'à demi barbares ; la société, qui vient de naître, n'est pas encore élégante et polie, bien qu'à certains égards déjà subtile et raffinée ; elle n'a pas le crédit d'extirper d'un seul coup les habitudes guerroyantes et brutales que lui lègue la féodalité ; dans son sein, même aux rangs les plus hauts et les plus choisis, chacun de temps en temps se croit encore le maître d'attaquer son voisin, de ne compter que sur soi-même pour se défendre, se protéger et se faire justice ; mais une idée commence à naître, une idée qui domine et soutient les esprits, l'idée d'un pouvoir protecteur, ennemi de la violence, défenseur né de la faiblesse, tenant la balance égale entre les grands et les petits. Au siècle précédent, cette force médiatrice n'était encore qu'un rêve, le rêve des opprimés ; la voilà qui devient, sous les traits de Philippe-Auguste, de Blanche de Castille et de saint Louis une réalité consolante. La royauté existe, elle est à l'œuvre, sa mission s'accomplit : elle punit et protège, elle ordonne et régularise ; ce n'est pas un vain nom, un pouvoir vieillissant, une ombre qui décline : c'est la jeunesse, l'avenir, l'espérance. Aussi quel mouvement dans cette société qu'elle couvre de son aile, qu'elle anime de ses promesses ! Quel travail de rénovation ! quelle lutte incessante du bien contre le mal ! L'état des mœurs sans doute est loin d'être édifiant, témoin tous ces milliers d'écrits en prose comme en vers d'une morale plus qu'étrange et d'un ton presque obscène ; mais, à côté de ce cynisme, quels élans de vertu ! quelle ardeur pour le bien ! quelle pureté, quelle candeur, quelle sainteté chez certains hommes ! quels traits sublimes de dévouement et de sacrifice ! et comme ces exemples, de quelque part qu'ils viennent, élèvent le niveau moral dans la société tout entière ! La condition du peuple est encore malheureuse, mais chaque jour tout s'adoucit, aussi bien les impôts que les mœurs. Les tailles sont établies avec plus d'équité, perçues avec moins de rigueur ; les corvées sont moins lourdes, les monnaies plus loyalement frappées ; l'industrie dans les villes se développe et prospère ; les campagnes sont calmes, les moissons respectées ; on n'entend plus aux champs, surtout vers la fin du règne, ni colères ni murmures ; chacun bénit l'auteur de cette paix profonde qui depuis trente ans se prolonge, vrai miracle en ces temps de luttes et d'oppression ; la croisade elle-même, si mal qu'elle ait tourné et quelque deuil qu'elle ait jeté dans nombre de familles, n'est qu'un lointain désastre dont le pays lui-même n'est vraiment pas atteint : les trésors du clergé et l'épargne royale en ont seuls fait les frais ; en un mot, tout respire l'espérance et la vie, tout est plein de promesses. Encore vingt ans de paix, c'est-à-dire vingt ans de vie du roi, et les progrès acquis allaient s'accroître encore dans de telles proportions que l'avenir du monde et la marche de notre histoire en pouvaient être entièrement transformés.

Le roi mort, le miracle cessait. Cette paix, son ouvrage, ne pouvait durer que par lui. C'est lui que ses voisins acceptaient comme arbitre pour éteindre leurs différends. Plus de conflits, il les étouffait tous. On peut dire qu'il supprimait la guerre par l'ascendant de sa vertu, et l'honneur de la France, loin d'en souffrir, n'avait jamais été commis à des mains plus jalouses. Autant ce cœur chrétien semblait humble, soumis et prêt à tout céder quand son propre intérêt était seul en question, autant il devenait fier et presque exigeant dès qu'il voyait en jeu ou l'intérêt de sa couronne ou son devoir de roi. Il avait foi en sa mission royale presque autant qu'aux saintes vérités, et se tenait pour obligé devant Dieu même à rendre son pays plus puissant et plus grand qu'il ne l'avait reçu. Non qu'il eût l'orgueilleuse passion d'élargir ses frontières, il songeait à les affermir. Ses conquêtes à lui étaient plus difficiles que les heureux envahissements de son illustre aïeul : il voulait confirmer, consolider à force de sagesse et de modération ce qui avait été gagné par force et par adresse. De ces provinces confisquées, de ces acquisitions subites et par là même un peu précaires, il fit de solides possessions, de vraies provinces, nous dirions volontiers le cœur même de la France. Qu'il lui en ait coûté quelque chose, cela va sans dire ; s'il n'eût rien concédé à son frère d'Angleterre dans le traité de 1258, il n'aurait pas scellé la paix qu'il convoitait, la paix selon son cœur, une paix franche et durable, une de ces paix qui n'humilient personne, les seules qui ne soient pas menteuses. C'était, quoi qu'on en dise, par politique, non par scrupules chrétiens qu'il avait conclu ce traité. Il savait qu'avec ses voisins le grand art est de ne pas tout prendre, de restituer parfois, de donner peu pour recevoir beaucoup. Et non-seulement il s'assurait ainsi la possession incontestée, la pleine propriété de la Normandie, de l'Anjou, du Maine, de la Touraine et du Poitou, l'hommage direct du Berri, de la Bretagne, de l'Auvergne, de la Marche et de l'Angoumois, mais il acquérait en outre pour lui et pour son peuple, en Europe et dans le monde, un renom de loyauté, une autorité décisive et suprême dont jamais la simple adjonction d'un territoire, si grand qu'il fût, ne l'aurait investi.

Ce qu'était au XIIIe siècle le nom de la France chez les nations étrangères, dans toute la chrétienté, ce que ce nom inspirait de confiance et de souverain respect, bien peu de gens s'en doutent aujourd'hui. On oublie que cette suprématie, dont il y a deux cents ans, nos pères se glorifiaient et qu'ils croyaient nouvelle, n'était qu'une réminiscence. Richelieu, Louis XIV, n'avaient fait que reconquérir ce qui nous avait appartenu, ce que durant quatre siècles, de faute en faute, de hasard en hasard, nous avions peu à peu compromis et perdu. Cet ascendant dominateur, cet empire de la mode non moins que de la puissance, déjà nous l'avions exercé. Nous avions vu l'Europe s'inspirer de nos mœurs, copier nos manières, cultiver notre langue, imiter nos poètes, se façonner sur nos artistes. Ainsi les deux époques, à n'en considérer que les dehors, se valent pour le moins, toutes proportions gardées, et, quand vous allez au fond, quand vous sondez le cœur, l'âme de ces deux époques, quand d'un côté vous voyez une politique plus humaine, plus franche, plus vraiment habile, un peuple moins pressuré, l'Évangile moins méconnu, les grands principes plus respectés, les grands devoirs mieux accomplis, comment ne pas franchement reconnaître que la vraie grandeur est de ce côté ?

Reste de l'autre, il est vrai, un avantage inestimable, la gloire des lettres ; nous nous gardons d'en rabaisser le prix. Seulement n'oubliez pas que, si nos grands écrivains du XVIIe siècle sont d'incomparables modèles, il s'en faut que les arts à cette même époque vous puissent inspirer même culte et même admiration. Les arts, à peu d'exceptions près, sont alors aussi froids et aussi solennels qu'au temps de saint Louis ils furent touchants et animés. Nous ne prétendons pas que le sentiment du beau, le goût des arts plastiques, soient en ce monde la principale affaire, et que la valeur d'un règne ou d'une époque se mesure à l'habileté des architectes et des sculpteurs ; mais ce n'est pourtant pas un signe à dédaigner, quand on compare entre eux des hommes ou des siècles, que la manière dont ils sentirent le beau. Sous Louis XIV, à mesure que le pays se soumet et s'abaisse, le goût en matière d'art s'épaissit, s'alourdit; on sent qu'il porte la livrée du pouvoir absolu. Lesueur, Poussin, au milieu de ce temps, sont des voyageurs égarés ; ils marchent contre le courant, au rebours de la foule, cherchant le simple quand le faste triomphe. Sous saint Louis au contraire, c'est le courant qui porte au simple, au grand, au noble, au délicat, au faire exquis et distingué; c'est en suivant la foule, en lui obéissant, qu'on est fécond et créateur. Affranchi de ses liens hiérarchiques, l'art respire, prend une libre allure, un essor tout nouveau, et s'épanouit avec audace, non sans règles, mais sans servilité. Que ne pouvons-nous ici faire apparaître les merveilles de cet art du XIIIe siècle, ou tout au moins en faire comprendre la profonde originalité et l'honneur qui en rejaillit sur la France, son premier, son principal berceau ! Pour mettre à leur rang véritable nos artistes français de ce temps, c'est en regard de l'Italie qu'il faut les voir et les juger. Pendant qu'au-delà des monts rien de neuf n'apparaît encore, pendant que sur ce sol où germeront un jour tant de chefs-d'œuvre et où nous-mêmes nous ne prendrons que trop d'exemples, l'art se réveille à peine timide et encore enfant, imitant avec hésitation les antiques modèles qui l'entourent, chez nous il a déjà pris fièrement son parti, il est alerte, dégagé, svelte, brillant, diaphane, n'imite rien, n'emprunte rien, se suffit à lui-même. Qu'importe si la forme qu'il adopte ne lui permettra pas de survivre longtemps aux mœurs qui l'ont vu naître et dont il est la trop fidèle image ? qu'importe s'il y a chez lui certains germes cachés de complications et de raffinements qui hâteront sa fin ? Il n'en a pas moins eu son âge d'or, son heure de gloire, son siècle de grandeur : ses œuvres nous l'attestent; tout n'en est pas perdu ; nous en pouvons non sans orgueil contempler encore aujourd'hui d'éblouissants vestiges.

La Sainte-Chapelle du Palais, l'œuvre favorite du saint roi, la création par excellence de cet art intelligent et inspiré, la Sainte-Chapelle existe encore, privée d'air, de jour et d'espace, emprisonnée dans d'odieuses constructions qui l'étouffent, mais enfin saine et sauve ; elle est debout, grâce au secours qu'elle reçut, il y a trente ans, de cette restauration d'abord si prompte, si vivement conduite, puis presque interrompue, et continuée péniblement comme toute entreprise utile née à certaine époque, et dont le temps présent n'a pas seul tout l'honneur ! La voilà pourtant qui s'achève : l'édifice, affermi sur sa base, assuré contre l'injure du temps, rendu à sa splendeur première, restera, et, nous l'espérons, pour une nouvelle série de siècles, l'honneur, la vraie parure de notre vieux Paris et la consolation de ceux qui, comme nous, ont aujourd'hui le goût assez pervers pour ne pas admirer, et pour trouver parfois barbare, non moins que ruineuse, la façon dont on l'embellit. C'est là, sous le hardi réseau de ces souples nervures, sous l'éclat coloré de ces verrières étincelantes, dans ce tabernacle aérien, qu'il faut évoquer Joinville et l'appeler en témoignage. Lui seul nous force à croire aux vertus surhumaines de son royal ami. Quelles que soient les témérités de cette architecture en quelque sorte immatérielle, un bien plus étonnant miracle est l'âme de ce roi. Foyer d'amour, de charité, de compassion, de dévouement, ce n'est là rien encore. D'autres ont eu de telles âmes ; le surhumain est de n'avoir jamais succombé à aucune faiblesse, cédé à aucun entraînement, d'avoir su résister toujours, même à sa dévotion, même au clergé, même à Rome, aussi bien qu'à l'Europe, aux musulmans et aux menaces de torture ! On comprend que la royauté, n'eût-elle apparu qu'un seul jour sous les traits d'un tel homme, ait pris, et pour si longtemps, dans ce pays de France, un caractère mystérieux et divin. Le souvenir de saint Louis a protégé et fait aimer, presque adorer par habitude, même ses plus faibles et ses moins dignes successeurs.

Quel est donc le secret de cet héroïsme qu'a respecté Voltaire lui-même, dont il n'a jamais pu parler que sérieusement, et qui lui a fait trouver pour le peindre les plus admirables paroles ? Le secret de cet héroïsme est le mépris absolu de la mort. Le jour où le saint roi fit voir aux émissaires du Vieux de la Montagne que leurs poignards ne le faisaient ni trembler, ni pâlir, il fut maître en Europe, maître de tous comme de lui-même. On ne fait de vraiment grandes choses, on n'est digne de commander aux hommes qu'à ce prix. Ne demandons pourtant aux puissants de la terre qui, sous un nom ou sous un autre, sont appelés au dangereux honneur de gouverner leurs semblables, ne leur demandons pas d'être des saints, ni même des héros! Mais si, renonçant à la pratique encore plus inhabile qu'immorale de traditions surannées, ils empruntaient enfin au bienheureux monarque la plus facile de ses vertus, le fond de sa politique, sa sainte horreur du mensonge, s'ils s'habituaient à dire assez souvent la vérité pour qu'on pût croire qu'ils la disent toujours, quelle transformation de ce monde, quel gage de sécurité pour les peuples, et pour les rois quelle facile assurance d'être bénis et respectés !

TABLE

	Pages
AVANT-PROPOS	1
I. Le Louvre depuis Philippe-Auguste jusqu'à François Ier	7
II. Le Louvre sous François Ier et sous Henri II	23
III. Le Louvre sous les trois fils de Henri II	46
IV. Le Louvre sous Henri IV	64
V. Le Louvre sous Louis XIII	93
VI. Le Louvre sous Louis XIV	106
VII. Le Louvre depuis Louis XIV jusqu'à nos jours	153
VIII. Achèvement du Louvre	181
NOTE SUR LE PLAN DU LOUVRE	205
LE NOUVEAU LOUVRE ET LES NOUVELLES TUILERIES	209
JOINVILLE, SAINT LOUIS ET LE XIIIe SIÈCLE . .	295

Tours. — Imp. Mazereau.

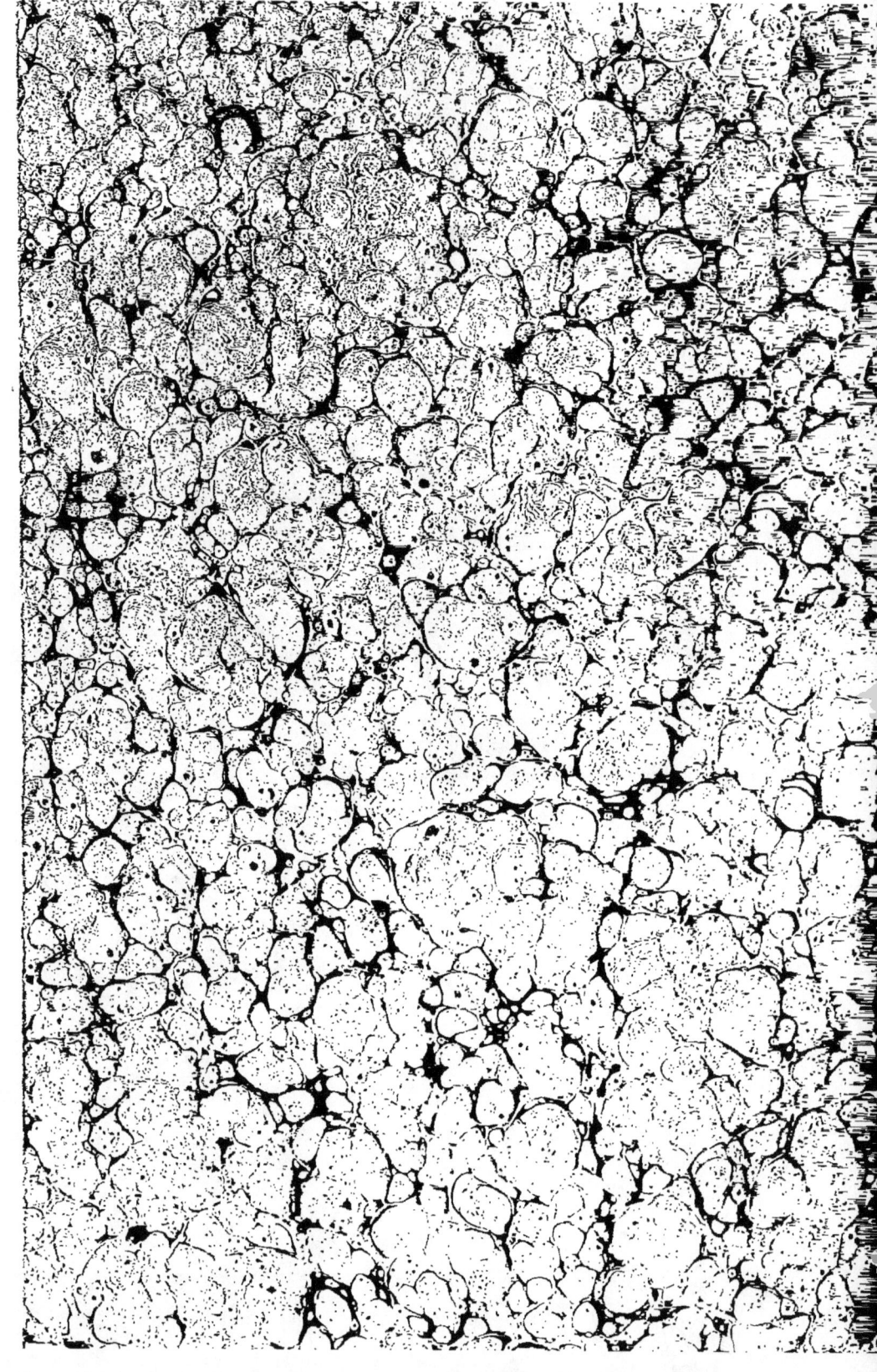

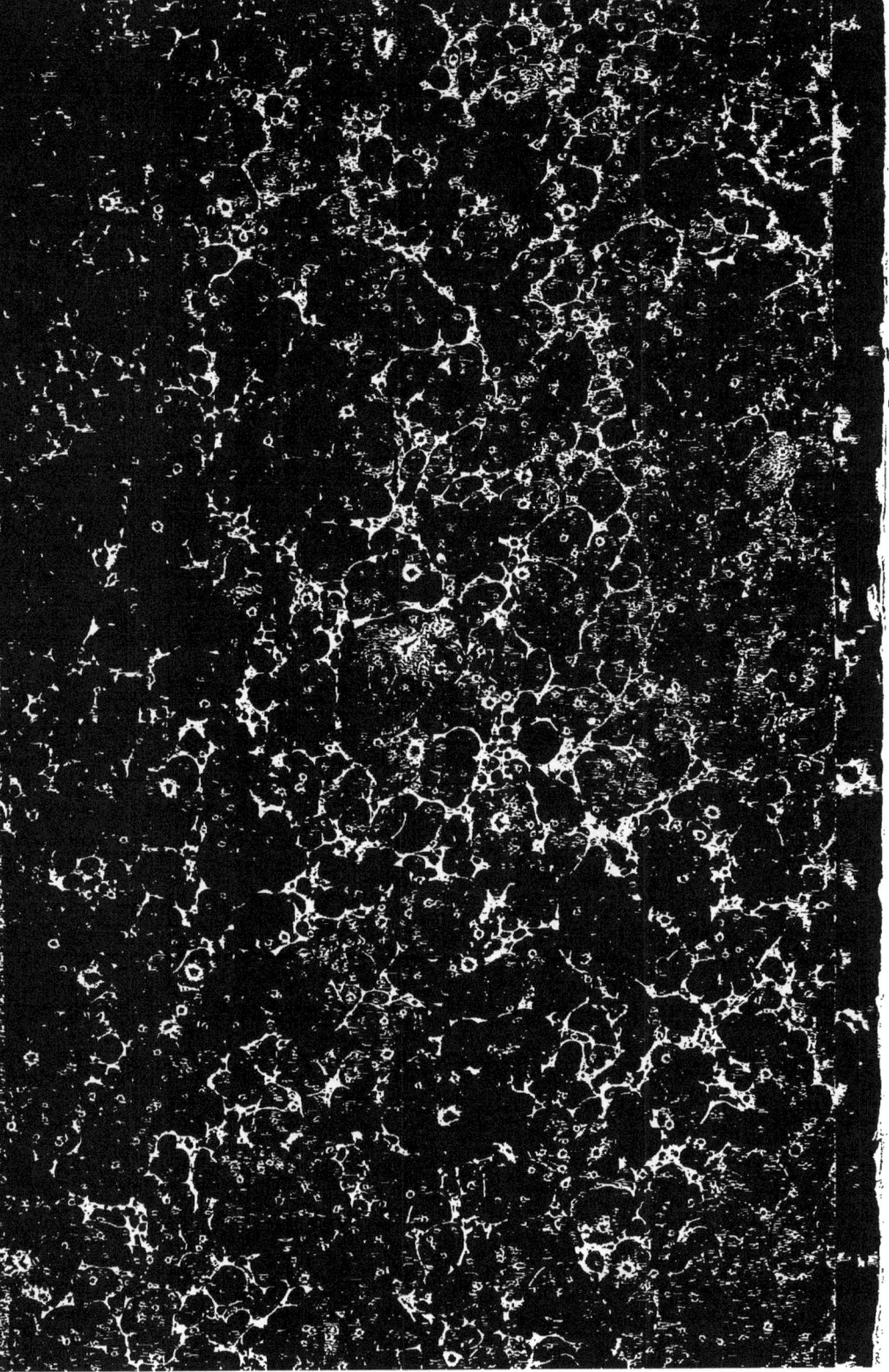

www.ingramcontent.com/pod-product-compliance
Lightning Source LLC
Chambersburg PA
CBHW060608170426
43201CB00009B/940